D1668511

Matthias Quent
Fabian Virchow (Hg.)
Rechtsextrem, das neue Normal?

MATTHIAS QUENT
FABIAN VIRCHOW (HG.)

RECHTS-EXTREM, das neue Normal?

Die AfD zwischen Verbot und Machtübernahme

PIPER

Mehr über unsere Autorinnen, Autoren und Bücher:
www.piper.de

Von Matthias Quent liegen im Piper Verlag vor:
Rechtsextrem, das neue Normal? (mit Fabian Virchow, Hg.)
Klimarassismus
Rechtsextremismus (33 Fragen – 33 Antworten)
Deutschland rechts außen

ISBN 978-3-492-07317-2
© Piper Verlag GmbH, München 2024
Satz: Uhl + Massopust, Aalen
Gesetzt aus der Minion
Litho: Lorenz & Zeller, Inning am Ammersee
Druck und Bindung: GGP Media GmbH, Pößneck
Printed in Germany

Inhalt

Einleitung

Fabian Virchow und Matthias Quent

Im Sommer 2023 äußerten bei einer Meinungsumfrage erstmals über 20 Prozent der Befragten, der AfD ihre Stimme geben zu wollen, wenn am nächsten Sonntag Bundestagswahl wäre. Im Laufe der folgenden Monate erwies sich die Partei in Umfragen in vier ostdeutschen Bundesländern als stärkste Kraft – mit zeitweise über 35 Prozent Zustimmung. Viele Beobachter:innen sind davon ausgegangen, dass sich der Siegeszug der Partei fortsetzen wird, und die Wahl des ersten AfD-Landrats und der Gewinn von Bürgermeisterposten lieferten für eine solche Prognose weitere Anhaltspunkte. Dass die Partei in den Jahren zuvor erkennbar an Zustimmung verloren hatte, schien vergessen. Und die Radikalisierung der AfD zu einer demokratiefeindlichen Partei, die hemmungslos gesellschaftliche Krisen und Notlagen ausbeutet, war dabei kein Hindernis, sondern geradezu eine Voraussetzung dieses Erfolgskurses.

Im Januar 2024 wurde durch Recherchen des Medienprojekts *CORRECTIV* ein Treffen von Rechtsextremist:innen in Potsdam bekannt; diese hatten sich dort getroffen und unter dem rechtsextremen Kampfbegriff »Remigration« Pläne entwickelt, wie mehrere Millionen Menschen, die nicht in das völkische und rassistische Weltbild passen, nach der Machtübernahme der AfD außer Landes gebracht werden sollen. Das Treffen versinnbildlicht, wie gezielte Einflussnahmen der extremen »Neuen Rechten« und der »Identitären Bewegung« seit Jahren den Empörungspopulismus der AfD radikalisieren.

Vielleicht war es die Tatsache, dass im Rahmen der »Remigration« auch Menschen mit deutscher Staatsbürgerschaft deportiert werden sollen, die für große Medienaufmerksamkeit und weitreichende Empörung sorgte; vielleicht war die Recherche nur der Tropfen, der das Fass zum Überlaufen gebracht hat in Zeiten eines Rechtsrucks, welcher sich auch in der Politik demokratischer Parteien ausdrückt und im Alltag spürbar ist; vielleicht war es die große Sorge vor Machtgewinnen der AfD bei den 2024 anstehenden Wahlen; vielleicht hatte die liberale Mehrheit die Nase voll von den Erfolgen der lauten rechtsextremen Minderheit: Millionen Menschen gingen in den folgenden Wochen auf die Straße, klagten Rassismus und Menschenfeindlichkeit an und forderten die Verteidigung der Demokratie. Die Rufe nach wirksamen Gegenmaßnahmen, auch nach einem Parteiverbotsverfahren, wurden lauter.

Von wegen »normal«

Tatsächlich besteht Anlass zu erheblicher Sorge und zu dringendem Handeln. Die AfD hat seit ihrer Gründung im Jahr 2013 rasch eine Stammwählerschaft aufgebaut und verfügt inzwischen über einen professionellen Parteiapparat. Mehrere Zeitungen und Zeitschriften treten als Sprachrohre der AfD auf. Social-Media-Plattformen werden professionell bespielt – immer wieder auch mit Fake News. Im Wirkungsbündnis mit Desinformationskampagnen mit teils ausländischem Hintergrund zersetzt die extreme Rechte das Vertrauen in die Demokratie. Längst hat die AfD auch neue Zielgruppen erschlossen, darunter junge Menschen und, widersprüchlicherweise, auch Menschen mit familiärer Migrationsgeschichte. Die der AfD zur Verfügung stehenden Finanzmittel – zum Großteil Steuergelder – nutzt sie zu Angriffen auf demokratische Institutionen und Projekte; das Parteiprogramm formuliert ein grundgesetzwidriges völkisches Gesellschaftsmodell. In Reden ihrer Funktionär:innen und Parlamentarier:innen werden unverhohlen rassistische Weltbilder propagiert; aus der Mitte der Partei werden teils antisemitische Verschwörungserzählungen zu Themen wie Migration, Geschlechtergerechtigkeit und Pandemiebekämpfung verbreitet. Bei Straßendemonstrationen macht sich die Partei auch mit Gewalttätern gemein, beschäftigt sogar vorbestrafte Neonazis im Bundestag. Trotz einer offiziellen Unvereinbarkeitsliste überschneidet sich die AfD längst personell und ideologisch mit diversen außerparlamentarischen rechtsextremen Organisationen, darunter mit der »Identitären Bewegung« als aktivistischer Arm der »Neuen Rechten«. Deren Vordenker aus dem Umfeld des selbst ernannten »Instituts für Staatspolitik« sind erfolgreich darin, ihre verfassungsfeindlichen Ideen eines als Ethnopluralismus verbrämten völkischen Nationalismus immer weiter in der AfD zu verankern.

Die Radikalisierung der AfD zu einer rechtsextremen Partei ist in der Forschung vielfach analysiert worden; in einer zunehmenden Zahl von Bundesländern haben die Behörden die Partei bzw. ihre Jugendorganisation (Junge Alternative) als gesichert rechtsextrem eingestuft. Dies hat den Erfolg bisher nicht sichtbar beeinträchtigen können. Trotz oder wegen der erfolgreichen Radikalisierung betrachten immer mehr Menschen die Partei als »normal« – sei es, weil die beständige Sichtbarkeit und die Wahlerfolge der Partei zu einer entsprechenden Bewertung führen, sei es, weil die demokratischen Parteien bisher keine überzeugende gemeinsame Antwort gegen die AfD gefunden haben. Die AfD kann nunmehr nicht nur ein national-autoritäres Potenzial in der Bevölkerung mobilisieren, das Einstellungsstudien seit Jahrzehnten in Deutschland messen, sondern durch Krisenagitation im Kontext von Migration, Demografie, Krieg, Inflation, Klimakrise und Transformationen auch neue Milieus erreichen.

Vor Ort ist die AfD in ländlichen Räumen teilweise stärker präsent als die demokratischen Parteien. Lokal verankerte Kandidat:innen gewinnen Wahlen und machen scheinbar oder tatsächlich normale Sachpolitik, während gleichzeitig die Rechtsradikalisierung der Gesamtpartei voranschreitet. Für viele Bürger:innen eine unstimmige Situation: »Der freundliche Nachbar, Stadtrat oder Bürgermeister, den man so lange kennt und der nun für die AfD – demokratisch gewählt – lokal die staatliche Macht repräsentiert, soll Teil einer rechtsextremen Bedrohung sein? Das müssen doch Lügen sein!«

Die AfD stellt gesellschaftliche Veränderungen als existenzielle Gefahren dar, speist sich aus Verunsicherungen und verdreht geschickt die Realität: »Deutschland, aber normal« ist ihr Slogan der Selbstverharmlosung, mit dem sie Veränderungen und Abweichungen ihrer Vorstellungen aus dem engen Spektrum ihrer Normvorstellungen ausschließt: allen voran Migrant:innen, sexuelle und geschlechtliche Vielfalt, Feminist:innen, Menschen mit Behinderungen, wirtschaftlich schlecht ausgestattete Menschen, Andersdenkende und so weiter. Ausschließende und ethnonationalistische Normalitätsideale von vorvorgestern als schützender Mantel gegen die Komplexität und Vielfalt offener Gesellschaften im 21. Jahrhundert: Dabei profitieren die Rechten von Pessimismus, wachsender Ungleichheit, demokratischen Kontrollverlusten und von der Schwäche zuversichtlicher Zukunftsperspektiven in einem globalisierten Kapitalismus, in dem die Demokratie in der Defensive ist und einschneidende Krisen offenbar schneller aufkommen, als Demokrat:innen mehrheitsfähige Lösungen finden können.

Die Rechtsextremen und die Mitte

Vieles gibt es in Deutschland zu verbessern: in der Bildung, in der Pflege, im öffentlichen Personenverkehr, bei bezahlbaren Wohnungen, gerechten Löhnen und Besteuerung, in der Wirtschafts- und Klimapolitik und auch in der Migrationspolitik. Dass Veränderungen, wie sie Gesellschaften stets begleiten und wie sie die Ampel-Regierung nach einem Reformstau in verschiedenen Bereichen angestoßen hat, umstritten sind, ist in einer Demokratie tatsächlich *normal*. Nicht gewöhnen dürfen wir uns aber an Falschdarstellungen, Hassbotschaften, Mord-, Umsturz- und Vertreibungsfantasien, an Menschenrechtsverletzungen und Realitätsverweigerungen, mit denen in (sozialen) Medien, auf Demonstrationen und in Parlamenten die Demokratie angegriffen wird. Die Wahrnehmung als »normal« erreicht die AfD weniger aus eigener Kraft, sondern durch Annäherungen oder gar die Übernahme rechter Positionen im demokratischen Spektrum.

Die AfD hat dabei nicht zuletzt davon profitiert, dass demokratische Parteien populistische Rhetorik und rechte Programmatik aufnehmen und insbesondere in Thüringen mehrfach CDU und FDP bewusst parlamentarische Mehrheiten mit dieser verfassungswidrigen Partei gesucht haben. Damit tragen sie dazu bei, einen Björn Höcke mit seinem offen nazistischen Gedankengut und Vokabular hoffähig zu machen. Angesichts der Wahlprognosen müssen alle demokratischen Parteien zusammenarbeiten, um kurzfristig die Machtübernahme der AfD auf Landesebene zu verhindern und langfristig die Normalisierung des Rechtsextremismus umzukehren. Beispielsweise könnte im Thüringer Landtag Björn Höcke nach den Landtagswahlen im September 2024 zum Ministerpräsidenten gewählt werden, wenn im dritten Wahlgang kein anderer Kandidat auf mehr Stimmen kommt als die AfD Mandate hat. Konkret heißt das angesichts der erwartbaren

Mehrheitsverhältnisse: Arbeiten CDU und Linkspartei nicht zusammen, schickt Thüringen bald den Neofaschisten Höcke in den Bundesrat. Auch eine (konservative) Minderheitsregierung, die ihre Politik nur mit Stimmen der AfD durchsetzen könnte, wäre ein beispielloser, aber denkbarer Dammbruch. Rechtsextremismus wäre damit im Land der nationalsozialistischen Verbrechen auch auf der staatspolitischen Ebene das neue Normal. Mit Blick auf die Zukunft der Demokratie ist im Wahljahr 2024 das Verhalten der Unionsparteien zentral. Die AfD macht kein Hehl daraus, dass ihr Ziel die »Zerstörung« der CDU ist, wie Maximilian Krah, AfD-Spitzenkandidat zu den Europawahlen, offen formuliert.

Krah verweist unter anderem auf die Entwicklung in Italien, wo die traditionelle Christdemokratie verschwunden ist und inzwischen verschiedene rechte und rechtsextreme Parteien gesellschaftlich dominant sind und seit Oktober 2022 die Regierung stellen. Ministerpräsidentin Georgia Meloni kann auf eine lange Geschichte in der extremen Rechten Italiens zurückblicken. Seit der Regierungsübernahme versucht sie, den Medienbereich und den Kultursektor unter ihre Kontrolle zu bringen; die Sozialhilfe für alleinstehende Bürger:innen wurde um bis zu 55 Prozent gekürzt. Rechtsextreme in Deutschland zeigen sich enttäuscht, dass Meloni nicht weit radikaler vorgeht.

Einige in der Union haben den Kern der Kampfansage der AfD verstanden und zeigen eine deutliche Ablehnung von Kooperationsbestrebungen. Die CDU-Ministerpräsidenten Daniel Günther (Schleswig-Holstein) und Hendrik Wüst (Nordrhein-Westfalen) betonen beispielsweise, wie gefährlich die AfD ist. Während Friedrich Merz einerseits immer wieder allein die Ampel-Regierung verantwortlich macht für den Höhenflug der AfD und andererseits mit populistischen Aussagen polarisiert, sieht Günther eine »Mitverantwortung« der Union für die Popularität der AfD. Er plädiert, wie Marco

Wanderwitz in diesem Buch, für ein AfD-Verbotsverfahren und ist offen dafür, dass die CDU in Thüringen mit der Linkspartei von Bodo Ramelow zusammenarbeitet, um die rechtsextreme Machtübernahme zu verhindern. Dieser Kurs der klaren Kante, der die Demokratie schützt, wird auch von den Wähler:innen belohnt: In Schleswig-Holstein wie in Nordrhein-Westfalen ist die AfD vergleichsweise schwach.

Zugleich lassen sich demokratische Parteien durch die AfD, rechtsextremistische Netzwerke und Teile des Boulevards insbesondere in der Frage der Migration, zunehmend aber auch in Fragen der Energie- und Klimapolitik vor sich hertreiben. Sie verbinden die Aufnahme von Menschen, die in Europa Schutz vor Verfolgung, Elend und Krieg suchen, vor allem mit einem tendenziösen Framing von Gewalt, Missbrauch des Rechts sowie dem Missbrauch sozialstaatlicher Leistungen. Dabei scheuen sie auch nicht vor der Verwendung von Falschinformationen zurück. Statt Fragen der gesellschaftlichen und sozialen Gerechtigkeit in den Mittelpunkt zu stellen und offensiv und kontinuierlich für eine offene Gesellschaft zu werben, sehen sich die Wähler:innen darin bestätigt, dass die Stimmabgabe für die AfD wirksam oder sogar notwendig ist.

Die mit der Abschottungs- und Abschiebepolitik verbundenen Erwartungen werden sich nicht erfüllen, Forderungen nach noch radikaleren Maßnahmen zur Zurückweisung und Abschiebung von Asylsuchenden werden die Folge sein. Nirgendwo hat ein solches Handeln zu einer signifikanten Schwächung rechtsextremer Parteien beigetragen. Vielmehr wurde das politische Koordinatensystem nach rechts gerückt, und humanitäre Standards wurden substanziell beschädigt. Im häufig genannten (und schon geografisch kaum vergleichbaren) Fall Dänemarks wird zwar auf die auch von der Sozialdemokratie mitgetragene restriktive Migrationspolitik als Mittel zur Schwächung der Rechten verwiesen, die maßgebliche Wirkung sozialer Gerechtigkeitspolitik sowie strukturelle Änderungen im Spektrum der rechten Parteien werden jedoch als Ursachen ausgeblendet.

Politische Macht beginnt nicht an der Regierung

Politische Macht beginnt nicht erst dort, wo Regierungsämter besetzt werden. Macht herrscht, wo ein Wille auch gegen das Widerstreben anderer wirkt. Längst wirkt die Drohmacht der AfD: Die Furcht vor ihrem Erstarken prägt die öffentlichen Debatten und konkrete Politik demokratischer Parteien, gerade in der Migrationspolitik. Menschen berichten, dass sie aus Frustration und Angst vor AfD und Rechtsextremismus wegziehen, gerade aus Ostdeutschland – vor allem Menschen mit Migrationsgeschichte. Es ist politisch gewollt, die Integration von Menschen zu verhindern und sie zu vertreiben. Das wird daran deutlich, dass sich die AfD hinter der Idee der »Remigration« versammelt, welche bereits im Programm zur Bundestagswahl 2021 formuliert wurde. Dem Begriff wohnt eine kalkulierte Ambivalenz inne. Zur Verteidigung gegen Kritik kann er für das naive oder wohlwollende Publikum mit dem migrationspolitischen Mainstream gleichgesetzt und mit konsequenten Abschiebungen verurteilter Ausländer:innen gleichgesetzt werden. Aber darum geht es der AfD in Wirklichkeit nicht. Für eine solch massenkompatible Wortbedeutung bräuchte es weder die »Identitäre Bewegung«, die AfD noch einen neuen Begriff. Remigration bedeutet, dass Menschen unabhängig von ihrer Staatsbürgerschaft deportiert werden sollen – einzig aufgrund ihrer Herkunft oder der fehlenden Assimilation an das künftige Regime der Rechtsextremen.[1]

Die Reichweite der seitens der AfD geplanten und propagierten Politik der massenhaften Deportationen ist vielen

Menschen in diesem Land inzwischen deutlich geworden. Sie sind alarmiert angesichts des rassistischen und antidemokratischen Tuns dieser Partei und der mit ihr zusammenwirkenden rechtsextremen Netzwerke.

Zu diesem Buch

Die Idee zu diesem Buch entstand im November 2023 aus dem Bedürfnis, denjenigen Fakten, Argumente und Positionierung an die Hand zu geben, die im Vorfeld der Wahlen des Jahres 2024 Hintergründe verstehen und sich über die AfD informieren wollen oder ihr in demokratischer und humanistischer Absicht entgegentreten. Dazu haben wir Expert:innen aus verschiedenen gesellschaftlichen Bereichen – Wissenschaft, Medien, Zivilgesellschaft und Politik – eingeladen. Wir sind den Autor:innen, die so rasch zugesagt haben, zu großem Dank verpflichtet, haben sie ihre wertvollen Beiträge doch in sehr kurzer Zeit, großer Verständlichkeit und hoher Qualität eingereicht. Wir danken außerdem Martin Janik und dem Piper Verlag für die Unterstützung und umsichtige Realisation des Buchprojekts.

Das Buch eignet sich sowohl zum Einstieg in das Thema als auch zur Vertiefung spezifischer Fragestellungen. Die Artikel besprechen Ursachen, Strategien, ideologische und politische Schwerpunkte, gesellschaftliche Reaktionen, Umgangsweisen und Bewertungen. Nicht zuletzt werden Handlungsmöglichkeiten gegen Rechtsextremismus und die AfD aufgeführt, auch mit konkreten Erfolgsbeispielen. Der begrenzte Umfang ließ zugleich keine ausführliche Behandlung aller relevanten Themen zu.

Klar ist: Dieses Buch soll und kann politisches Handeln nicht ersetzen. Die Auseinandersetzung mit der AfD darf sich nicht damit zufriedengeben, nur die moralische Verwerflichkeit und die destruktiven Folgen ihrer Politik zu kritisieren. Statt aus Furcht vor rechtsextremen Terraingewinnen lediglich auf die Verteidigung des Status quo zu setzen, braucht es entschlossene Gegenwehr und die schonungslose Aufarbeitung der Ursachen für den rasanten Aufschwung der extremen Rechten und für deren reale Machtoptionen – ebenso wie das Engagement für die zuversichtliche Gestaltung einer demokratischeren, gerechteren und lebenswerten Zukunft.

Januar 2024

Ernstfall für die Demokratie

Charlotte Knobloch

Der Rechtsextremismus ist zurück in deutschen Parlamenten. Der Satz wirkt noch immer surreal, aber nach fast einem Jahrhundert Unterbrechung hat heute eine extrem rechte Partei wieder Macht und Einfluss in diesem Land erlangt – wenn auch bisher »nur« in der öffentlichen Debatte und nicht an bundespolitisch entscheidender Stelle. Angesichts früherer und womöglich noch kommender Wahlergebnisse ist aber klar, dass die sogenannte »Alternative für Deutschland« mit ihrer endlosen Radikalisierung das demokratische Parteiensystem der Bundesrepublik schon jetzt in einer Weise bedroht, wie das seit den Fünfzigerjahren nicht mehr der Fall war.

Die jüdische Gemeinschaft in Deutschland hat sich nach 1945 zu keiner Zeit den Luxus geleistet, politisch indifferent oder desinteressiert zu sein. Als notgedrungen aufmerksame Beobachter der politischen Lage haben jüdische Menschen hierzulande die Aufstiege mehrerer rechtsextremer Gruppierungen erlebt, von den Republikanern über die DVU bis zur NPD. Sie alle haben wir auch wieder fallen und verschwinden sehen, weil die Wähler ihnen schlussendlich den Einfluss verwehrten, den es gebraucht hätte, um der demokratischen Ordnung ernsthaft gefährlich zu werden. Das stiftete in den Gemeinden ein gewisses Vertrauen in die Dauerhaftigkeit des politischen Systems und auch in die Vernunft der Bevölkerung, die es trug.

Neue alte Unsicherheit

Vor diesem Hintergrund mögen auch Außenstehende erahnen, wie sehr die Jahre seit Gründung der AfD dieses Vertrauen allermindestens schwer erschüttert haben. Mit der »Alternative« sind nach Jahrzehnten relativer Ruhe die alten Befürchtungen doch noch Wirklichkeit geworden. In ihr hat erstmals nach 1945 wieder eine Partei eine feste Klientel gefunden, die dem organisierten Extremismus nicht nur als »Protest«, sondern verlässlich und auf Dauer Parlamentsmandate erteilt. In den Volksvertretungen nehmen ihre Abgeordneten demokratische Umgangsformen unter Trommelfeuer, das die übrigen Parteien nicht direkt erwidern können, ohne ihrerseits die politische Kultur zu schädigen. Aus dieser asymmetrischen Kriegsführung erwächst im demokratischen Lager eine Hilf- und Orientierungslosigkeit, die sich in die gesamte Gesellschaft fortpflanzt. Hier trifft sie selbstverständlich auch die jüdische Gemeinschaft, deren Verunsicherung heute tiefer reicht als je zuvor seit Gründung der Bundesrepublik. Sie muss mit einer Situation zurechtkommen, für die es in der Lebenszeit fast aller heutigen Entscheider keine Vorlage gibt.

Die Frage, wie jüdische Menschen mit dieser neuen politischen Realität umgehen, wird mir als Präsidentin der größten jüdischen Gemeinde im deutschsprachigen Raum inzwischen fast bei jedem Termin gestellt. In meiner Antwort halte ich mich an die Formulierung des Journalisten Michael Bittner, der die zeitgenössische jüdische Erfahrung in Deutschland vor einigen Jahren als Leben »zwischen falschen Freunden und echten Feinden« beschrieb und damit ins Schwarze traf. Die AfD ist aus jüdischer Sicht längst beides zugleich, realer Albtraum und stete Drohung.

An der Wahlurne gegen Werte der Demokratie

Schwerer noch als der politische Flurschaden wirkt dabei das verbreitete Gefühl, sich in den nichtjüdischen Landsleuten zumindest zum Teil getäuscht zu haben. Als politische Gruppierung hat die AfD sichtbar gemacht, was in Deutschland zwar nie verschwunden war, aber lange einigermaßen schadlos ausgeblendet werden konnte: Sie hat diejenigen 20 bis 25 Prozent der Bevölkerung aktiviert, die ausweislich aller Studien (und der gelebten Erfahrung vieler jüdischer Menschen) zu antisemitischen Denkmustern neigen. Zwar verfasse ich diesen Text nicht als Politikwissenschaftlerin, aber auch als interessierte Bürgerin drängt sich mir der Eindruck auf, dass das im Gleichschritt mit der AfD politisch emporgekommene Milieu nie zu den tragenden Säulen des demokratischen Staates gehört und mit der Idee einer pluralistischen Gesellschaft von jeher gefremdelt haben dürfte. Und spätestens wenn aus einer solchen Ablehnung der komplexen Moderne eine Offenheit gegenüber Verschwörungserzählungen wächst, ist der Weg zum Judenhass nicht mehr weit.

Diese Gleichung funktioniert auch umgekehrt: Wer antisemitische Ideen hegt, ist davon abgesehen selten ein überzeugter Anhänger der liberalen Demokratie. Der gedankliche Pfad zum Judenhass war immer mit autoritären, kollektivistischen und nationalistischen Vorstellungen gepflastert, die keinen Raum für Freiheit und damit auch für individuelle Freiheiten ließen. Universelle Werte wie Menschenwürde und persönliche Autonomie mussten im extremen Denken gegenüber »Nation« oder »Volk« in den Hintergrund treten. Deshalb ist es auch kein Zufall, dass die AfD ihre größten Feindbilder in Migranten sowie in religiösen und sexuellen Minderheiten findet. Im völkischen Idealstaat haben diese Gruppen keinen Platz, und dass sie *einfach so trotzdem* in Deutschland leben, war für Rechtsextreme schon immer ein Ärgernis. Mit der AfD ist diese gefährliche Tradition heute wieder in einem gesamtdeutschen Parlament vertreten.

»Die Juden« als dankbare Projektion

Die jüdische Gemeinschaft fungiert dabei, genau wie früher, als wichtiger Kristallisationspunkt und Projektionsfläche. Anders immerhin als im klassischen deutschen Rechtsextremismus, der sich aus positiver Bezugnahme auf den Nationalsozialismus speiste und deshalb jede jüdische Anwesenheit in Deutschland mitunter auch gewaltsam ablehnen musste, benötigt die AfD »die Juden« aber zumindest auch als positive Legitimation eines Weltbilds, das das friedliche Zusammenleben verschiedener gesellschaftlicher Gruppen von vornherein als unmöglich versteht. In diesem Denken ist die jüdische Gemeinschaft ein geduldetes politisches Instrument, das sich als Hebel gegen die muslimische Bevölkerung in Stellung bringen lässt. Der alte, rein völkische Zugang zum Judentum war in der AfD allein aufgrund dieser taktischen Beschränkung aber nie überwunden, wie etwa der baden-württembergische Landtagsabgeordnete Wolfgang Gedeon bewies. Gedeon bezog sich in Veröffentlichungen unter anderem unkritisch auf die »Protokolle der Weisen von Zion«, wurde trotzdem lange geschont und erst nach zähem Ringen 2020 aus der Partei ausgeschlossen.

Praktisch setzte die AfD damit auf einen inhaltlich seichten, im Ton aber umso aggressiveren Philosemitismus, der am besten funktionierte, wenn die Partei ihn im luftleeren Raum ohne jüdische Beteiligung inszenieren konnte. Vor diesem Hintergrund waren Äußerungen wie die der früheren Bundessprecherin Frauke Petry zu verstehen, die die AfD als »politischen Garant jüdischen Lebens« pries, obwohl die Partei mit ihrer wachsenden Nähe zu rechtsextremen Milieus und dem

Aufrücken immer radikalerer Kräfte in Führungspositionen in Wahrheit alles tat, um das real existierende jüdische Leben in Deutschland zu schädigen. Auf Kritik von jüdischer Seite darauf reagierte die Partei beleidigt bis giftig. Mir ist bis heute der theatralische Auszug der AfD-Abgeordneten aus dem Bayerischen Landtag während der Veranstaltung zum Holocaustgedenktag 2019 in Erinnerung. Ich konnte damals vom Rednerpult aus verfolgen, wie die Partei eines ihrer größten öffentlichen Eigentore schoss.

Ziel der AfD: eine Gesellschaft ohne Erinnerung

Ablehnung kam freilich nicht nur von mir. Die so heftig umworbenen Mitglieder der jüdischen Gemeinden, die aus Generationenerfahrung sehr genau verstanden, womit sie es bei der AfD zu tun hatten, verzichteten in ihrer überwältigenden Mehrheit liebend gern auf den »Schutz« durch eine Partei, deren führende Vertreter laut darüber nachdachten, wie das Wort »völkisch« wieder positiv besetzt werden könne. Neben solchen kalkulierten Entgleisungen und den erwähnten Verbindungen, etwa zur rechtsextremen »Identitären Bewegung«, ist vor allem die vielfach wiederholte Ablehnung der über Jahrzehnte mühevoll etablierten deutschen Erinnerungskultur zu einem toxischen Markenkern der AfD geworden. Die »dämliche Bewältigungspolitik« (Björn Höcke) war dem rechten Rand in Deutschland zwar stets ein Dorn im Auge. Kaum jemand weiß aber besser als die jüdischen Bürger dieses Landes, von denen fast jeder entweder von Überlebenden oder von Befreiern abstammt, warum die Erinnerung an den Holocaust hierzulande die Luft ist, die die Demokratie zum Atmen braucht. Ohne Wissen um die Geschichte Deutschlands und ohne Verständnis der Tragweite der Verbrechen, die in deutschem Namen auch und vor allem an Juden begangen wurden, bleibt der demokratische Auftrag des Neubeginns, den das Grundgesetz formuliert hat, bedeutungslos. Wer so denkt, für den ist die freiheitliche Gesellschaft nicht mehr die Antwort auf den Zivilisationsbruch der Nationalsozialisten, sondern nur noch eine beliebig veränderbare politische Konvention; die bürgerliche Verantwortung für die Demokratie würde damit entfallen. Der seit 1949 geltende Gesellschaftsvertrag, auf dessen Grundlage jüdisches Leben sich in diesem Land wieder etabliert hat, wäre in einem solchen von den Vorstellungen der AfD geprägten Deutschland nichts mehr wert.

Diese sehr realen Sorgen der jüdischen Gemeinschaft spielen indes für die AfD keine nennenswerte Rolle. Anstatt vor der Neuauflage eines autoritären Rechtsextremismus, die sie selbst betreibt, will die AfD jüdische Menschen lieber vor der politisch genehmeren Bedrohung durch islamistischen Terrorismus schützen. Solcher Schutz ist zwar unbestreitbar nötig, aber kaum jemand wäre weniger qualifiziert, ihn zu leisten, als eine Partei am extremen rechten Rand. Deshalb noch einmal: Sollte die AfD in Deutschland politische Gestaltungskraft erlangen, müsste sich für jüdisches Leben hierzulande die Zukunftsfrage stellen.

Dies gilt noch umso mehr, als der philosemitische Lack der Partei auch im Hinblick auf das Verhältnis zu Israel spätestens nach dem Terrorangriff der Hamas vom 7. Oktober 2023 immer mehr abzublättern begann.

Das »Israel-Alibi« der AfD

Ursprünglich war auch das offizielle Israelbild der AfD von überschwänglichen Solidaritätsbekundungen und Davidsternfahnen in Social-Media-Profilfotos geprägt. Bereits das war angesichts unterwürfiger Besuche von AfD-Abgeordneten beim syrischen Diktator Assad 2018 bestenfalls Folklore und konnte nie darüber hinwegtäuschen, dass das Verhältnis deutscher Rechtsextremisten zu einem jüdischen Staat stets rein instrumenteller Art bleiben musste. Nicht anders als im Fall der jüdischen Gemeinschaft verstand die AfD auch Israel lediglich in einem für sie nützlichen Sinne als »Bollwerk gegen den Islam«, worüber man, wäre die Angelegenheit nicht so ernst, eigentlich herzhaft lachen müsste. Das imaginäre, islamfeindliche Israel, dem die AfD sich so gern verbunden gefühlt hätte, hatte nämlich mit der Wirklichkeit des Staates und seinen 17 Prozent muslimischen Bürgern – dreimal so viel wie in Deutschland – nie viel gemein.

Mit ihrem »Israel-Alibi«, das Shimon Stein, der ehemalige israelische Botschafter in Berlin, bereits 2016 in einem Zeitungsbeitrag korrekt als solches benannt hatte, blieb die Partei dementsprechend erfolglos, auch bei den wechselnden Regierungen in Jerusalem bekam sie keinen Fuß in die Tür. Noch Jeremy Issacharoff, Steins Amtsnachfolger in Berlin und als ehemaliger Berater von Benjamin Netanjahu sicherlich kein überzeugter Linker, vermied während seiner Amtszeit zwischen 2017 und 2022 peinlichst jeden Kontakt zur AfD, deren Äußerungen er als »hochgradig beleidigend für Juden, für Israel und für das ganze Thema des Holocausts« kritisierte.

Mit dieser klaren Positionierung versuchte Issacharoff auch die vergifteten Lobreden der Partei auf Israel abzuwehren, die damals in der Öffentlichkeit auftauchten und die dazu führten, dass viele politische Kompassnadeln in den jüdischen Gemeinden sich plötzlich im Kreis drehten. Mit Aufkommen der AfD wurde die Frage nach der Haltung zu Israel, ein über Jahrzehnte nicht unfehlbarer, aber oft sehr hilfreicher Maßstab zur politischen Einordnung, für die jüdische Gemeinschaft als Bewertungskriterium unbrauchbar: In einer Welt, in der ein Henryk Broder sich 2019 bei der Umarmung durch Alice Weidel in den Räumen der AfD im Bundestag fotografieren ließ, war am Verhältnis zu Israel nicht länger abzulesen, wer als Verbündeter gelten konnte und wer nicht. Dass Feinde der jüdischen Gemeinschaft sich plötzlich als enge Freunde Israels ausgaben: Das war neu.

Ambivalenz von Anfang an

Dabei gab es in der AfD abseits der großen Öffentlichkeit schon früh Wortmeldungen, die in dieser Frage inhaltliche Spannungen erkennen ließen. So erklärte der heutige Ehrenvorsitzende Alexander Gauland auf einer Parteiveranstaltung in Hamburg bereits 2017, dass er sich bei Fragen zu Israel zurückhalte, »irgendwo in der Öffentlichkeit Stellung zu nehmen«, da »uns die Last von Auschwitz letztendlich daran hindert, Kritik an Israel zu üben«. In dieser als Demut getarnten Schuldabwehr zeigten sich bereits die Verwachsungen der Israelposition in der »Alternative«, die nach dem 7. Oktober zu voller Blüte gelangten. Nach den Angriffen der Hamas am 7. Oktober 2023 herrschte auf oberster Ebene der Partei zunächst tagelang Schweigen, ehe Bundessprecher Tino Chrupalla sich am 11. Oktober – vier Tage *ex post* – in einem Tweet zu Wort meldete. Darin trauerte er lediglich vage um »alle Kriegstote[n]« und war ansonsten bemüht, so viele Politbinsen (»auf Deeskalation setzen«, »Flächenbrand [abwenden]«, »Diplomatie ist das Gebot der Stunde«, »tragfähige Lösung für alle Seiten«) in 280 Zeichen unterzubringen wie möglich. Mit seiner Nullaussage wollte Chrupalla offenbar die wenigen verbliebenen »Moderaten« der Partei ebenso zufriedenstellen wie das völkische Lager. Letzteres hatte auch in puncto Israel stets näher an rechtsextremen Traditionslinien gestanden und blickte grundsätzlich kritisch auf einen jüdischen Staat, »mit dem man sich vergangenheitspolitisch ohnehin nie wird einigen können«, wie Volker Weiß in einer lesenswerten Analyse in der *Süddeutschen Zeitung* ausführte.

Wichtigster Stichwortgeber nicht nur zu diesem Thema, sondern in der gesamten politischen Arbeit der AfD war und ist der Verleger Götz Kubitschek mit seinem »Institut für Staatspolitik«. In einem Beitrag seiner Zeitschrift *Sezession* räsonierte Kubitschek Mitte Oktober, zu einem Zeitpunkt, als noch nicht einmal alle Opfer des Terrorangriffs in Israel identifiziert waren, demonstrativ teilnahmslos über eine »andere deutsche Position als die einer Bestandsgarantie Israels« und beklagte eine »unfreie Solidarisierung«, die Deutschland zwinge, »mit Folgen zu leben, die sich gegen unser Interesse richten«. Mitgefühl oder gar Solidarität mit den Opfern sucht man im Text vergebens, statt auf »hypermoralische Maßstäbe« blickt Kubitschek allein auf »deutsche Interessenspolitik«. Schließlich sei Deutschland, »wenn auch auf andere Weise, ebenfalls in seiner Existenz bedroht«, nicht zuletzt, weil »starke jüdische Lobbyorganisationen« »die Destabilisierung der Bundesrepublik Deutschland durch Masseneinwanderung unterstützt« hätten. Solche Zeilen aus den Untiefen rechtsextremer Befindlichkeiten konnte man noch vor Jahren allenfalls in der *Deutschen Stimme* oder aber schief kopiert im Selbstverlag lesen; heute werden sie in einer im Bundestag vertretenen Partei, der zu Beginn des Jahres 2024 mehr als ein Fünftel der Deutschen ihre Stimme geben würden, aufmerksam rezipiert.

Alle Mittel nutzen

Der *FAZ*-Journalist Justus Bender brachte es deshalb im Januar 2024 mit seinem Kommentar, den er in Reaktion auf das Potsdamer »Remigrations«-Treffen von AfD-Größen mit Martin Sellner verfasst hatte, auf den Punkt: Die AfD ist der Ernstfall, den das Grundgesetz vorgesehen hat.

Die Reaktion muss dementsprechend ausfallen. Dazu zählt zunächst die schmerzhafte Einsicht, dass alle anfänglichen

Hoffnungen auf eine Selbstdemontage und ein Verschwinden der AfD ohne äußeres Zutun naiv waren; auch ich muss mir das vorwerfen. Vergleiche mit den späten Zwanzigerjahren des letzten Jahrhunderts sind zwar – noch – übertrieben. Damit die Demokratie sich aber nicht erneut an der Urne abschafft, braucht es mehr als nur warme Worte und periodisches Händeringen am Wahlabend.

Aus meiner Sicht entscheidend ist, dass der Staat alle zulässigen Mittel demokratischer Repression nutzt, die ihm zu Gebote stehen. Dazu zählt unter anderem der sinnvolle Vorschlag, prominenten Vertretern der AfD nach Artikel 18 des Grundgesetzes die Wählbarkeit abzuerkennen; die engmaschige Überwachung durch Nachrichtendienste und Sicherheitsbehörden sowieso. Die Debatte um ein Parteiverbot habe ich lange als kontraproduktiv betrachtet, zumal der beste Zeitpunkt dafür längst verpasst wurde. Trotzdem: Sollte die politische Erosion sich fortsetzen, dürfen die Demokraten nicht einfach die Hände in den Schoß legen. Der Weg nach Karlsruhe muss ausdrücklich offenbleiben.

Bildung und Vertrauen

Darüber hinaus ist aus meiner Sicht auch politische Bildung der jungen Generationen für das Bestehen der Demokratie überlebensnotwendig. Wer begreift, wie ein repräsentatives parlamentarisches System funktioniert, und dabei auch gelernt hat, weiter zu denken als bis zur eigenen Nasenspitze, der wird vielleicht erkennen, dass er den »Denkzettel« einer demokratiefeindlichen Wahlentscheidung nicht »denen da oben« gibt, sondern sich selbst. Wo Extremismus regiert, da leiden alle. Minderheiten sind nur der Anfang.

Damit bin ich beim letzten Punkt: Auch wenn es gelingt, der Bedrohung durch die AfD wieder Herr zu werden und wenn unser demokratisches System seine Feuerprobe besteht, bleibt es entscheidend wichtig, dass Politik und Zivilgesellschaft an der Seite der Minderheiten und allen voran der jüdischen Gemeinschaft stehen. Vertrauen ist schnell zerstört, aber es wiederherzustellen wird viele Jahre brauchen. Als jüdische Repräsentantin, die daran mitwirken und selbst miterleben durfte, wie die Gemeinden in Deutschland wieder Fuß gefasst haben, wünsche ich mir mit ganzem Herzen, dass jüdisches Leben in diesem Land nicht nur eine Gegenwart, sondern auch eine Zukunft hat. Dafür muss mehr als bislang in ein Miteinander investiert werden – beileibe nicht nur im finanziellen Sinne.

Die Frage, ob ich dieses positive Szenario für realistisch halte, kann und will ich nicht beantworten. Die Frage, ob ich an die Menschen in diesem Land genug glaube, um die Hoffnung nicht aufzugeben, beantworte ich dagegen mit einem klaren Ja. Mein g'ttseliger Vater, dessen unverbesserlichen Optimismus ich geerbt habe, entschied schon kurz nach der Befreiung 1945, Deutschland erneut eine Chance zu geben. Die Chance, die ich dem Land als junges Mädchen anfangs unfreiwillig gab, war für mich die erste. Heute vertraue ich darauf, dass es die zweite ebenso nutzt – weil es das muss. Für jüdische und nichtjüdische Bürger, für Freiheit und Wohlstand, für ein Miteinander in Würde und Respekt. Für alles, was in den letzten 75 Jahren aufgebaut wurde: für das Gute, das Deutschland auch ausmacht. Dazu gibt es für mich keine Alternative.

Charlotte Knobloch (*1932) überlebte den Holocaust unter falschem Namen in Franken und kehrte 1945 in ihre Geburtsstadt München zurück. Seit 1985 ist sie Präsidentin der Israelitischen Kultusgemeinde München und Oberbayern, von 2006 bis 2010 war sie Präsidentin des Zentralrats der Juden in Deutschland.

Strategien der Machteroberung

Fabian Virchow

Das Ziel der AfD ist die Eroberung der politischen Macht und die Errichtung eines auf völkischem Nationalismus, traditionellen Geschlechter-, Familien- und Sexualitätsvorstellungen und sozialdarwinistischen Leistungskonzepten basierenden Ordnungssystems. Zur Erreichung dieses Ziels bedient sie sich verschiedener strategischer Ansätze und Vorgehensweisen; diese werden nicht zwingend zentral orchestriert, sondern von AfD-Mitgliedern je nach politischer Konstellation, individuellen Vorlieben und Fähigkeiten sowie konkreten Handlungsgelegenheiten verfolgt. In der Breite zielen aktuelle Strategien auf die Verschiebung des Sagbaren, auf das Schließen der eigenen Reihen, auf die Forcierung und politische Ausbeutung von Angst, auf die Eroberung parlamentarischer Mehrheiten und die Kontrolle staatlicher Aufgaben und Strukturen sowie den gewaltsamen Umsturz.

Rechte Einheit

Dass es in der Bevölkerung eine relevante Minderheit mit rassistischen, nationalistischen und antisemitischen Einstellungen und Weltbildern gibt, ist durch zahlreiche Studien belegt. Um die Gunst dieser Wähler:innen konkurrierten lange Zeit gleich drei extrem rechte Parteien; diesen gelang seit den späten 1980er-Jahren zwar der Einzug in mehrere Landesparlamente, nicht jedoch in den Bundestag. Immer wieder beklagten rechtsextreme Aktivist:innen die Zersplitterung des eigenen Lagers als eine zentrale Ursache für diese Situation. Die AfD tritt mit dem Anspruch auf, Sammlungsbewegung rechts von CDU/CSU zu sein. Bisher hat sie damit Erfolg gehabt, auch wenn als Ergebnis der Radikalisierung Tausende konservative Mitglieder die Partei verlassen haben. Bisherige Abspaltungen von der AfD sind politisch bedeutungslos geblieben. Solange die AfD erfolgreich ist und es politische und materielle Pfründe zu verteilen gibt, bleiben die internen Differenzen und Konflikte zweitrangig.

Die AfD positioniert sich mit den ihr zur Verfügung stehenden Ressourcen (Personal, Geld, Zugang zu Informationen, Zugang zu Medien) als zentrale Akteurin der extremen Rechten. Mit Blick auf das Verhältnis zwischen Partei und vielfältigen weiteren Strukturen und Gruppen, beispielsweise der »Identitären Bewegung« oder dem »Institut für Staatspolitik«, hat Benedikt Kaiser, Mitarbeiter des AfD-Bundestagsabgeordneten Jürgen Pohl, das Konzept der »Mosaik-Rechten« entwickelt. Dieses zielt darauf ab, das Verhältnis zwischen parlamentarischer und außerparlamentarischer Tätigkeit zu bestimmen und trotz Differenzen in Weltanschauung und in Fragen von Strategie und Taktik die extreme Rechte zu vereinen und handlungsfähig zu machen.[1] De facto zeigt sich das in einer zunehmenden personellen Verflechtung der verschiedenen rechtsextremen Strukturen in und mit der AfD. Flankiert wird dies durch das offensive Zurückweisen öffentlicher Forderungen an die AfD, sich von extrem rechten Personen, Strukturen und Aktivitäten abzugrenzen. Vielfach sind Ausschlussverfahren gegen offen antisemitisch oder nazistisch auftretende Personen im Sande verlaufen.

Den Raum des Sagbaren ausweiten

Am ersten Juni-Wochenende 2018 sprach der damalige AfD-Fraktionsvorsitzende im Deutschen Bundestag, Alexander Gauland, beim Bundeskongress der AfD-Nachwuchsorganisation im thüringischen Seebach. Im Rahmen seiner Rede bezeichnete er die Zeit des Nazi-Regimes als »Vogelschiss« in der deutschen Geschichte.[2] Im Nachgang zu dieser Relativierung der NS-Massenverbrechen sprach Gauland in einem Interview mit der *Frankfurter Allgemeinen Zeitung* davon, dass es der AfD darum gehe, »die Grenzen des Sagbaren auszuweiten«.[3] Dieser Maxime folgte auch Björn Höcke, als er am 29. Mai 2021 bei einer öffentlichen Veranstaltung der AfD in Merseburg die verbotene SA-Parole »Alles für Deutschland« verbreitete.

Der extremen Rechten geht es zentral darum, in der öffentlichen Debatte Themen zu besetzen und die eigene Deutung gesellschaftlicher Ereignisse und Entwicklungen für möglichst viele Menschen anschlussfähig zu machen. Der seit dem Treffen in Potsdam vielfach wiederholte Begriff der »Remigration« ist ein rechtsextremer Kampfbegriff: Er schließt an eine aktuelle politische Debatte an, bringt ein zentrales Anliegen auch der AfD auf den Punkt und klingt sachlich. De facto geht es bei den damit verbundenen Plänen um die Deportation von Millionen von Menschen, um das Ziel der völkischen Reinheit zu erreichen. Gab es in der Vergangenheit starke öffentliche Kritik an skandalösen Äußerungen von AfD-Politiker:innen, so behauptete die Partei vielfach, die entsprechende Formulierung sei missverstanden worden. Gern stellt sich die AfD dann als Opfer dar. Inzwischen fühlt man sich mit Blick auf die Umfrageergebnisse stark genug, immer öfter Begriffswahl und Inhalt offensiv zu verteidigen. Der Brandenburger AfD-Bundestagsabgeordnete René Springer schrieb nach den Enthüllungen: »Wir werden Ausländer in ihre Heimat zurückführen. Millionenfach. Das ist kein Geheimplan. Das ist ein Versprechen.«[4] Die Fraktionsvorsitzenden der in den ostdeutschen Landtagen vertretenen AfD erklärten Mitte Januar eine Politik der »Remigration« zum »Gebot der Stunde«.[5]

Die AfD-Propaganda zielt nicht zuletzt auf eine Emotionalisierung und Radikalisierung von Themen wie Islam und Migration/Asyl. Einerseits werden dabei – immer wieder auch mit erfundenen Behauptungen – Ängste geschürt; andererseits werden positiv besetzte Gefühle wie Zusammenhalt und Stolz angesprochen. Die AfD hat ein umfassendes System der Direktkommunikation entwickelt, bei der sie umfangreich Social-Media-Plattformen nutzt, um zielgruppenspezifisch ihre rassistischen und nationalistischen Botschaften zu verbreiten.[6]

Kampf um die Parlamente

Rasch nach ihrer Gründung im Jahr 2013 gelang es der AfD, flächendeckend in die Parlamente einzuziehen. Damit sind nicht nur finanzielle Ressourcen verbunden, sondern auch der Zugang zu sensiblen Informationen und erhöhte mediale Sichtbarkeit. Die Abgeordneten genießen zudem weitgehende strafrechtliche Immunität. Schwerpunkt des Auftretens der AfD ist nicht die Mitwirkung in den Ausschüssen, die im parlamentarischen System der Bundesrepublik Deutschland für die Gestaltung von Politik und demokratische Aushandlungsprozesse zentral sind; vielmehr nutzt sie vor allem die Möglichkeit der öffentlichen Rede und das Instrument der Kleinen Anfragen. In hoher Zahl, äußerst kleinteilig und sich vielfach wiederholend werden damit nicht nur zeitliche Ressourcen der Verwaltung gebunden; die AfD trachtet damit danach, Informationen zur Bestätigung ihres rassistischen und nationalistischen Weltbildes zu bekommen und demokratische Akteure zu diskreditieren und unter Druck zu setzen.[7] In einem solchen Vorgehen materialisiert sich, was der AfD-Ehrenvorsitzende Gauland nach dem Erfolg bei der Bundestagswahl 2017 in die Fernsehkameras formulierte: »Da wir ja nun offensichtlich drittstärkste Partei sind, kann sich diese Bundesregierung […] warm anziehen. Wir werden sie jagen, wir werden Frau Merkel oder wen auch immer jagen – und wir werden uns unser Land und unser Volk zurückholen.«[8]

Die AfD trägt nicht nur in Parlamenten massiv zur Verrohung der politischen Auseinandersetzung bei; ihr Ziel bleibt die Eroberung der politischen Macht. Die Wahlen in den drei ostdeutschen Bundesländern Sachsen, Thüringen und Brandenburg im Herbst 2024 sollen der AfD erstmals eine Regierungsbeteiligung ermöglichen. Höcke hat als Regierungsprogramm unter anderem formuliert, den öffentlich-rechtlichen Rundfunk nachhaltig zu schwächen und Demokratieförderprogramme zu streichen. In beiden Fällen stört ihn das Eintreten für gesellschaftliche Vielfalt sowie die kritische Positionierung gegenüber der AfD.

Obwohl seitens der AfD offen das Ziel formuliert wird, die CDU zerstören zu wollen, gibt es deutliche Signale aus der CDU, eine Kooperation mit der rechtsextremen Partei nicht eindeutig auszuschließen. Jedoch würden bereits ein Drittel der Sitze in Thüringen ausreichen, um der AfD Machtoptionen zu eröffnen.

Eroberung der Exekutive und Judikative

Neben der gesetzgebenden Gewalt sind für staatliches Handeln die Judikative und die Exekutive von zentraler Bedeutung. Inzwischen ist es der AfD – wenn auch noch vereinzelt – gelungen, Ämter als Bürgermeister und Landrat zu besetzen. In deren Aufgabenbereich fallen gesetzlich zu erbringende

Leistungen, aber auch jene, die freiwillig von der jeweiligen Verwaltungsstruktur erbracht werden. Hier gibt es also für AfD-Politiker:innen ebenfalls Möglichkeiten, einem rechtsextremen Programm Geltung zu verschaffen, etwa durch die Streichung von freiwillig erbrachten Leistungen bei der Aufnahme und Versorgung von Schutzsuchenden oder im sozialen Bereich.

Angesichts der hohen Zustimmungswerte für die AfD ist davon auszugehen, dass zahlenmäßig relevant auch Angehörige der Polizei, der Bundeswehr und der Justiz mit den verfassungswidrigen Zielen der AfD sympathisieren.[9] Das stellt für einen demokratischen Rechtsstaat eine signifikante Gefahr dar; dies gilt etwa für politisch tendenziöse Ermittlungsarbeit oder Urteilspraxis. Grundsätzlich allerdings geht es um die Frage, wie es um die beamtenrechtlich gebotene Pflicht zur Verfassungstreue steht.[10] Längst argumentiert die extreme Rechte, dass Beamt:innen sich auf das im Grundgesetz verbriefte Widerstandsrecht berufen sollten, um beispielsweise die Umsetzung der Maßnahmen zur Einhegung der Pandemie zu verweigern oder die Unterbringung von Geflüchteten aktiv zu verhindern. Wie in allen Teilen der extremen Rechten, so ist auch bei der AfD die Vorstellung weitverbreitet, dass sich die Gesellschaft auf einen Bürgerkrieg zubewegt bzw. ein solcher in Ansätzen bereits heute zu beobachten sei. Dass sie dabei die Waffenträger:innen der Nation gern auf ihrer Seite sähe, ist evident.

Gewaltstrategie und Putschfantasien

Die ungeliebte demokratische Republik zu beseitigen hatte sich Anfang der 2020er-Jahre auch eine Gruppe namens »Patriotische Union« vorgenommen. Die Mitglieder der Gruppe sind seit Dezember 2023 vor dem Oberlandesgericht in Frankfurt/Main wegen Gründung einer terroristischen Vereinigung, Vorbereitung eines hochverräterischen Unternehmens und Verstößen gegen das Waffengesetz angeklagt. Die Indizien wiegen schwer. Zu den führenden Mitgliedern der Gruppe gehört Birgit Malsack-Winkemann, zwischen 2017 und 2021 für die AfD im Deutschen Bundestag, im Anschluss erneut als Richterin am Landgericht Berlin tätig. Die AfD-Parteiführung hat die Putschvorbereitungen zu verharmlosen versucht; mehrere AfD-Bundestagsabgeordnete halten durch Besuche im Gefängnis den Kontakt zu Malsack-Winkemann aufrecht, auch Solidaritätsbekundungen aus der AfD sind zu verzeichnen.[11] Diese hatte als Bundestagsabgeordnete im August 2021 wiederholt Mitbeschuldigte durch das Bundestagsgebäude geführt, darunter die beiden ehemaligen Angehörigen von Bundeswehr-Spezialverbänden Peter Wörner und Maximilian Eder. Letzterer hatte mit seinen Gewaltplänen öffentlich nicht hinter dem Berg gehalten: Am 24. Mai 2021 rief er als Redner einer Demonstration in Berlin dazu auf, das Kommando Spezialkräfte (KSK), eine militärische Spezialeinheit der Bundeswehr, »zum Aufräumen« nach Berlin zu schicken.[12]

Dass Gewaltfantasien und Umsturzwünsche in der AfD keine Einzelfälle sind, zeigen weitere Beispiele. In einer Telegram-Gruppe hoffte der brandenburgische Landtagsabgeordnete Daniel Freiherr von Lützow auf »Kesselschlachten in Berlin«.[13] In einer Chatgruppe des bayerischen AfD-Landesverbandes mit dem Namen »Alternative Nachrichtengruppe Bayern« bestätigten sich AfD-Funktionäre gegenseitig in ihrem Reden vom Umsturz.[14] In den Mitteilungen einer Chatgruppe der AfD-Bundestagsfraktion, an der sich die große Mehrheit der Abgeordneten beteiligt hat, findet sich ebenfalls deutliche Umsturzrhetorik.[15]

Fazit

Die AfD strebt in ideeller wie realer Kooperation mit weiteren extrem rechten demokratiefeindlichen Gruppen die Eroberung von Machtpositionen an. Mit den Mitteln der Polemik und der verzerrten Verbreitung von Informationen agitiert sie Wähler:innen, um in den Parlamenten mehrheitsfähig zu werden. Systematisch wird daran gearbeitet, dass die Partei hinsichtlich ihres völkischen Programms und der reaktionären Zielsetzungen als akzeptabel und ihre Existenz im Parteiensystem der Bundesrepublik Deutschland als normal angesehen werden. Sie macht sich mit rechten Gewalttätern gemein, und in ihren Reihen wird vom gewaltsamen Sturz des Systems gesprochen. Die AfD ist bereits jetzt eine reale Gefahr für eine demokratische Gesellschaft, die sich nicht zuletzt den Menschenrechten und dem Schutz von Minderheiten verpflichtet weiß.

Fabian Virchow ist Professor für Theorien der Gesellschaft und Theorien politischen Handelns an der Hochschule Düsseldorf sowie Leiter des dortigen Forschungsschwerpunkts Rechtsextremismus/Neonazismus. Er forscht und publiziert zur Geschichte, Weltanschauung und politischen Praxis der populistischen/extremen Rechten.

Ist die AfD eine Protestpartei?

Kai Arzheimer

Einleitung

»Radikalisierung einer Protestpartei« (DLF Nova, 06.02.2023),
»Von der Professoren- zur Protestpartei« (BR, 30.03.2023) oder
»Nicht mehr nur Protestpartei« (*Tagesschau,* 09.10.2023) – so
oder so ähnlich lauten die Schlagzeilen zu Beiträgen, die nach
Motiven für die Wahl der AfD fragen. Ist die AfD tatsäch-
lich eine Protestpartei? Wird sie wirklich aus Protest gewählt?
Die Antworten auf diese scheinbar einfachen Fragen und die
Schlüsse, die man aus ihnen ziehen kann, hängen davon ab,
was man unter »Protest« versteht.

Aber was ist in der Diskussion überhaupt mit »Protest«
und »Protestpartei« gemeint – und wie wichtig sind Protestmotive für die Wahl der AfD?

»Protest« bedeutet eigentlich einen Akt des öffentlichen
Widerspruchs gegen einen wahrgenommenen Missstand,
gegen eine spezifische Entscheidung oder gegen Entschei-
dungsträger. Protestiert wird seit der Antike im Rahmen von
Aufmärschen, Besetzungen, Blockaden oder sogar Aufstän-
den. Naturgemäß ist Protest dabei oft mit starken negativen
Emotionen wie Angst, Unzufriedenheit oder Empörung verbunden.

Mit der Ausbreitung der modernen Demokratie als Staats-
form ab Ende des 19. Jahrhunderts gewann der Protest eine
neue Qualität: Wenn das Volk der Souverän ist, kann sein
lautstarker Widerspruch nicht mehr so einfach ignoriert oder

niedergeschlagen werden: Der Protest wurde gewissermaßen demokratisch geadelt.

Als sich die westlichen Parteiensysteme in den 1970er-Jahren zu wandeln begannen und neue Parteienfamilien entstanden, wurde der Protestbegriff dann von der Straße auf die Ebene der Wahl- und Parteipolitik übertragen. In der deutschen Debatte galten sowohl die Grünen als auch die Rechtsaußenparteien der 1980er-Jahre (DVU, NPD, »Republikaner«) und schließlich die PDS/Linkspartei als »Protestparteien«, deren Unterstützung als »Protestwahl« interpretiert wurde.

Gemeint waren damit verschiedene, aber miteinander verbundene Aspekte. Erstens nahmen diese Parteien wenigstens zu Beginn ihrer Existenz eine konfrontative Außenseiterposition innerhalb des politischen Systems ein. Zweitens wurde angenommen, dass sich solche Parteien und ihre Wählerschaft vor allem *gegen* die bestehenden Verhältnisse und Akteure richteten, aber keine eigenen Ziele entwickeln. Drittens unterstellt der Protestbegriff zumindest unterschwellig, dass Emotionen für die Wahl dieser Parteien wichtiger sind als Inhalte.

Ausformuliert wurden diese Ideen im Zusammenhang mit den früheren Erfolgen der »Republikaner« in der Hypothese der »reinen Protestwahl«. Diese besagt, dass Bürgerinnen und Bürger Protestparteien nicht wegen, sondern trotz ihrer Programmatik wählen, um so gegen die echte oder vermeintliche Korruption oder Unfähigkeit der etablierten Parteien zu protestieren. Protestwahl funktioniert aus dieser Perspektive als eine Art Überdruckventil: Wenn die Wählerinnen und Wähler auf diese Weise den sprichwörtlichen Dampf abgelassen haben und die Parteien sich mehr Mühe geben, sollte sich der Protest wieder legen, und die Politik kann zum Normalbetrieb zurückkehren.

Ähnlich lauteten auch die ersten Einschätzungen, als die

AfD 2013 innerhalb weniger Monate flächendeckend Landesverbände aufbaute und dann knapp an der Fünfprozenthürde scheiterte: »neue Euro-Rebellen« (ntv, 29.04.2013), »Ihr Hauptberuf ist Protest« (*Cicero*, 12.06.2013) oder »Professoren und Protestwähler« (*FAZ*, 24.09.2013). Wie bei den »Republikanern«[1] zeigte sich schnell, dass die Hypothese der reinen Protestwahl nicht zu halten war. Zwar hat die AfD von Anfang an die rhetorischen Figuren des Protests genutzt, und negative Emotionen wie Angst und Unzufriedenheit spielen eine große Rolle bei ihrer Wahl. Zugleich hat die AfD jedoch rasch ein klares ideologisches Profil entwickelt, und die inhaltliche Übereinstimmung mit diesem ist der mit Abstand wichtigste Faktor zur Erklärung der Wahl der Partei.

Programmatik der AfD: Protest gegen ein modernes, diverses Deutschland

Der Gestus des Protests gehört zur DNA der AfD. Seit ihrer Gründung bezeichnet die Partei ihre politischen Gegner als »Altparteien« – ein Begriff, den sie vom Sprachgebrauch der Grünen in deren Anfangsjahren übernommen hat. Diese Aneignungsstrategie ist raffiniert, denn sie stiftet politische Verwirrung und nimmt zugleich das Erbe der großen Protestbewegungen der Siebziger- und Achtzigerjahre in Anspruch, die allerdings ganz andere, nämlich progressive Ziele verfolgt haben.

Noch offensichtlicher sind die Versuche der ostdeutschen Landesverbände, sich in die Tradition der Bürgerproteste am Ende der DDR zu stellen. So schmäht die AfD das heutige Deutschland als »DDR 2.0«, stilisiert ihre Mitglieder zu »Bürgerrechtlern«, wirbt für sich selbst mit dem Slogan »Vollende die Wende« und feiert ihre Erfolge als »friedliche Revolution an der Wahlurne«.

Tatsächlich sind es aber ganz andere Bewegungen, denen die AfD nahesteht. Vor allem Vertreter der »Flügel«-Strömung in der AfD, allen voran Björn Höcke, verbreiten bei geschlossenen Veranstaltungen wie bei öffentlichen Aufmärschen Ideen und Vokabular des klassischen Rechtsextremismus – bis hin zu dem Punkt, an dem Höcke sein Publikum dazu animiert, eine verbotene Parole der »Sturmabteilung« (SA) zu skandieren (ntv, 13.12.2023). Mitglieder der rechtsextremen »Identitären Bewegung«, deren relativ kleine Proteste vor allem für die spätere Verbreitung in sozialen Medien inszeniert werden, sind in den Jugendverbänden der AfD aktiv und wurden in größerem Umfang als Mitarbeitende von AfD-Abgeordneten eingestellt. Während der COVID-19-Pandemie beteiligte sich die Partei an den Demonstrationen von »Querdenkern«, Impfgegnern und Verschwörungserzählern, und auch beim versuchten Sturm auf den Reichstag am 29.08.2020 waren einige (wenig prominente) AfD-Politiker beteiligt.

Ein (niemals strikt durchgesetzter) Parteibeschluss von 2016, der Ansprachen von AfD-Mitgliedern bei Kundgebungen des rechtsextremen PEGIDA-Bündnisses und seiner Ableger untersagte, wurde bereits 2018 wieder aufgehoben. Weit über Dresden hinaus beteiligt sich die AfD an rechten Straßenprotesten. Besonders deutlich zeigte sich das im September 2018 bei dem sogenannten »Trauermarsch« in Chemnitz, der von mehreren AfD-Landesvorsitzenden angeführt wurde. Etwas weiter hinten im Zug marschierten neben prominenten Vertretern von PEGIDA, die die Kundgebung gemeinsam mit der AfD angemeldet hatten, zahlreiche bekannte Rechtsextremisten.

Die Programmatik der AfD beschränkt sich jedoch nicht auf Parolen und die Teilnahme an rechten Aufmärschen. Zur Bundestagswahl 2013 legte die neu gegründete Partei nur einen knappen Katalog mit allgemein gehaltenen Forderungen vor. Seitdem hat die Partei eine ganze Reihe von umfangreichen Grundsatz- und Wahlprogrammen verabschiedet, die alle Politikfelder abdecken. Breiten Raum nehmen dabei stets die Themenfelder Migration und Multikulturalismus ein. Im Programm zur Europawahl 2024 machen die Kapitel »Fundamentalistischer Islam – Gefahr für Europa« und »Die Identität der Nationen bewahren« zusammen fast 20 Prozent des Gesamtumfangs aus.

Im Umkehrschluss bedeutet dies aber auch: Die AfD ist keine Ein-Themen-Partei. Vielmehr positioniert sie sich zu allen relevanten Themen und propagiert dabei eine radikalisierte Version dessen, was vor einigen Jahrzehnten als »normal«[2] galt: ein Deutschland mit weitgehend geschlossenen Grenzen, in dem mit der D-Mark in bar bezahlt und (Diesel-)Verbrenner gefahren wird, ohne Gendern, Windräder, Klimaschutz, Inklusion oder Frauenförderung und nach Möglichkeit auch weitestgehend ohne Muslime. Offen rechtsradikale bis rechtsextreme Aussagen vermeidet die AfD dabei in ihren Programmen.

Ebenfalls zur Normalität der AfD gehört weiterhin die Versorgung mit billigem russischem Gas. Die Partei fordert deshalb im aktuellen Programm zur Europawahl die »sofortige Aufhebung der Wirtschaftssanktionen gegen Russland sowie die Instandsetzung der Nord-Stream-Leitungen« und generell engere Handelsbeziehungen mit der Eurasischen Wirtschaftsunion.

Mit diffusem Unbehagen haben diese detaillierten Vorschläge nichts zu tun. Vielmehr entwickelt die AfD in ihren Programmen einen Gegenentwurf zu den politischen und gesellschaftlichen Entwicklungen der letzten drei bis vier Jahrzehnte. Darüber hinaus attackiert sie die Institutionen der liberalen Demokratie, insbesondere den öffentlich-rechtlichen Rundfunk, aber auch private Medien, die ihr nicht gewogen sind (»Lügenpresse«).

Insgesamt lässt sich festhalten, dass die AfD der parlamentarisch-programmatische Arm der (zahlenmäßig kleinen) extrem rechten Straßenproteste ist. Darüber hinaus formuliert sie Politik für die sehr viel größere Gruppe derjenigen, die sich zwar nicht an diesen Protesten beteiligen, aber die Veränderungen der letzten Jahre und Jahrzehnte radikal ablehnen.

Die Wahl der AfD: getrieben von Unzufriedenheit und Nativismus

Anders als bei den früheren Rechtsaußenparteien haben die Wählerinnen und Wähler der AfD keine besonderen Hemmungen, sich in repräsentativen Befragungen zu ihrer Wahlentscheidung zu bekennen. Die Datenlage zu ihren Motiven ist deshalb ausgesprochen gut. Für die Bundestagswahlen von 2013, 2017 und 2021 stehen die sehr detaillierten Umfragedaten der nationalen wissenschaftlichen Wahlstudie GLES allen Interessierten zur freien Verfügung.[3] Darüber hinaus erheben die Unternehmen Infratest dimap und Forschungsgruppe Wahlen im Auftrag von ARD und ZDF mindestens zweimal pro Monat repräsentative Daten zur politischen Stimmung. Damit liegen auch zwischen den nationalen Wahlen Mittel- und Anteilswerte vor, mit denen sich aktuelle Entwicklungen nachvollziehen lassen.

Das Bild, das sich dabei ergibt, ist eindeutig. Zum Zeitpunkt ihrer Gründung im Frühjahr 2013 waren der Widerstand gegen die Euro-Rettungspakete und die Verweigerung weiterer Integrationsschritte die zentralen Themen für die Partei wie auch für ihre ersten Anhängerinnen und Anhänger. Bereits im Laufe des Wahlkampfes gewann die Ablehnung von Zuwanderung und Zugewanderten aber an Bedeutung für die Wahlentscheidung. Für die zahlenmäßig größere Gruppe derjenigen, die sich erst unmittelbar vor dem Wahltag für die AfD entschieden, war sie bereits damals das zentrale Motiv für die Unterstützung der Partei,[4] obwohl das Thema in deren Programmen zunächst kaum eine Rolle spielte.[5]

Dieser Trend setzte sich in den Jahren von 2013 bis 2017 fort. Während sich die AfD programmatisch von einer moderat euroskeptischen zu einer typischen populistisch-rechtsradikalen Partei entwickelte[6] und unter dem Eindruck der Flüchtlingsbewegungen von 2015/16 zahlreiche Erfolge bei Landtagswahlen feiern konnte, wurde der Effekt der allgemeinen Ideologie – Befragte stufen sich selbst als »rechts« ein – auf die Wahlwahrscheinlichkeit der AfD immer größer. Noch stärker wuchs aber der Effekt der negativen Einstellungen zur Zuwanderung.[7] Vereinfacht könnte man sagen: Nicht alle, die Zuwanderung skeptisch sehen, wählen die AfD. Aber alle, die die AfD wählen, lehnen Zuwanderung ab.

Diese Ablehnung ist emotional stark aufgeladen: Anhängerinnen und Anhänger der AfD sehen in der Immigration eine wirtschaftliche und kulturelle Bedrohung für Deutschland. So wurden in der Studie zur Bundestagswahl 2021 die Untersuchungspersonen gefragt, ob sie angesichts der Zuwanderung nach Deutschland »Angst« empfinden. Auf einer Skala von 1 (»überhaupt keine Angst«) bis 7 (»sehr große Angst«) erreichten die AfD-Wählerinnen und -Wähler einen Mittelwert von 6. Der Mittelwert für alle übrigen Befragten lag sehr viel niedriger, nämlich bei 3,8. Diese Mischung aus Nationalismus und Furcht vor dem vermeintlich Fremden wird in der internationalen Forschung als »Nativismus« bezeichnet und ist charakteristisch für die Wählerschaft populistisch-rechtsradikaler Parteien.

Die starken ideologischen Überzeugungen der AfD-Wählerinnen und -Wähler widersprechen offensichtlich der oben skizzierten Hypothese der reinen Protestwahl. Dies bedeutet aber nicht, dass Protestmotive überhaupt keine Rolle bei der Wahl der AfD spielen. Ein Instrument, das häufig zur

Messung von Protesthaltungen verwendet wird, ist die Frage nach der Zufriedenheit mit dem Funktionieren in Deutschland. Diese zielt *nicht* auf eine völlige Ablehnung der Demokratie an sich ab, sondern soll vielmehr eine grundlegende Unzufriedenheit mit den bestehenden Verhältnissen – eben Protest – erfassen. In der Wahlstudie von 2021 wurden solche Haltungen auf einer Skala von 1 (»sehr zufrieden mit dem Funktionieren der Demokratie«) bis 5 (»sehr unzufrieden mit dem Funktionieren der Demokratie«) gemessen. Die Wählerinnen und Wähler der AfD erzielten dabei einen Mittelwert von 4 und waren damit einen ganzen Skalenpunkt unzufriedener als die Anhängerschaft aller übrigen Parteien, die sich im Mittel bei einem Wert von 3 (»teils/teils«) einordnete.

Das Zusammenwirken von Ideologie und Protestmotiven bei der Wahl der AfD

Ablehnung Immigration	Unzufrieden mit Funktionieren der Demokratie	% AfD-Wahl
nein	nein	1
nein	ja	5
ja	nein	6
ja	ja	30

Wie aber gestaltet sich das Zusammenspiel von ideologischen Überzeugungen und Protestmotiven bei der Wahl der AfD? Die vorangehende Tabelle zeigt dies auf Grundlage der Studie zur Bundestagswahl 2021. Einstellungen zur Immigration wurden hier auf einer Skala von 1 (»Zuzug von Ausländern erleichtern«) bis 11 (»Zuzug von Ausländern einschränken«) erfasst. Alle Personen, die einen Wert höher als 6 (»teils/teils«) ausgewählt haben, wurden zur Kategorie »Ablehnung«

zusammengefasst. Analog dazu wurden alle Personen, die mit dem Funktionieren der Demokratie »unzufrieden« oder »sehr unzufrieden« sind, in die Kategorie »unzufrieden« eingeordnet. Jede Zeile entspricht damit einer Kombination beider Merkmale. Ganz oben finden sich die mit der Demokratie zufriedenen Migrationsbefürworter, ganz unten die unzufriedenen Gegnerinnen und Gegner der Migration.

Im Ergebnis stellt sich heraus, dass die Ablehnung von Immigration eine wichtige Voraussetzung für die Wahl der AfD ist. Personen, die eine positive oder zumindest neutrale Haltung zur Immigration haben (die beiden ersten Zeilen), unterstützen die Partei nur in geringem Umfang. Selbst dann, wenn sie in hohem Maße unzufrieden mit dem Funktionieren der Demokratie in Deutschland sind, erwarten wir in dieser Gruppe nur einen relativ kleinen Stimmenanteil für die Partei. Dies spricht abermals gegen die Idee des »reinen Protests«.

Ähnlich niedrig ist aber auch der Stimmenanteil in der Gruppe derer, die immigrationskritisch sind, aber das Funktionieren der Demokratie positiv oder neutral bewerten (dritte Zeile). Nur dort, wo Ablehnung von Immigration und Unzufriedenheit zusammenkommen (letzte Zeile), steigt die Zustimmung zur AfD rapide an. Die Wahl der AfD ist also durch *ideologisch motivierten Protest* zu erklären.

Weiterführende Analysen der Daten aus der Wahlstudie zeigen, dass sich die Überzeugungen der AfD-Wählenden nicht auf das Thema Zuwanderung beschränken. Anhängerinnen und Anhänger der AfD bewerten in der Tendenz Impfungen und Anti-Corona-Maßnahmen negativer als der Bevölkerungsdurchschnitt. Sie misstrauen der Wissenschaft, relativieren oder leugnen den Klimawandel und fühlen sich durch eine vermeintliche *Cancel-Culture* eingeschränkt.

Zahlreiche Befragungen seit dem Februar 2022 zeigen außerdem, dass sie die Unterstützung der Ukraine in ihrem Abwehrkrieg gegen Russland skeptischer betrachten als die

Bevölkerungsmehrheit. Alle diese Sachfragen sind aber weniger wichtig als die Ablehnung von Zuwanderung. Sie ergänzen den Problemhaushalt der AfD-Wählenden. Die Ablehnung von Zuwanderung ist jedoch die zentrale Voraussetzung für die Wahl der AfD.

Es bleibt aber ein letzter Punkt: Die Bundestagswahl 2021 liegt nun schon wieder einige Zeit zurück. Im Verlauf des Jahres 2023 hat die AfD in den Umfragen deutlich an Unterstützung hinzugewonnen und erzielt aktuell Zustimmungsraten im Bereich von etwa 20 Prozent. Das würde gegenüber dem Ergebnis von 2021 fast einer Verdoppelung entsprechen. Werden diese neuen Anhängerinnen und Anhänger bei den nun anstehenden Wahlen tatsächlich für die Partei stimmen, und sind sie in gleicher Weise wie die Wählerinnen und Wähler von 2021 von ideologischem Protest motiviert?

Zum gegenwärtigen Zeitpunkt lassen sich beide Fragen nicht sicher beantworten. Fest steht aber, dass die Wahlergebnisse der AfD in der Vergangenheit meist sehr nah an dem lagen, was aufgrund der Umfragen zu erwarten war. Außerdem zeigen diejenigen, die sich aktuell in Umfragen zur AfD bekennen, eine große Übereinstimmung mit der Programmatik der Partei. Und auch der Anteil derjenigen, die sich selbst als langfristige Anhängerinnen und Anhänger der AfD betrachten, ist recht hoch, was ebenfalls gegen »reinen« Protest spricht.

Der aktuelle Aufschwung der AfD ist aus dieser Perspektive also nicht aus einer unideologischen Unzufriedenheit mit der Ampelkoalition zu erklären. Er geht vermutlich nicht einmal auf größere Veränderungen bei den Einstellungen zur Zuwanderung zurück. Vielmehr deuten die Ergebnisse der Forschung in Deutschland und Europa darauf hin, dass die bestehenden Einstellungen durch die Folgen des Angriffs auf die Ukraine, aber auch durch die permanente politische und mediale Erzählung von einer Migrationskrise aktiviert und emotional aufgeladen werden. Damit werden sie wichtiger für die Wahlentscheidung. Zugleich scheint die AfD trotz ihrer seit Jahren andauernden Radikalisierung in den Augen mancher zu einem normal(er)en politischen Akteur zu werden – darauf deuten zumindest die Ergebnisse des Politbarometers hin.

Zusammenfassung

Ist die AfD eine Protestpartei? Wird sie aus Protest gewählt? Die Antwort auf diese Fragen muss differenziert ausfallen. Die AfD inszeniert sich erfolgreich als Protestakteur, ist aber keine reine Anti- oder Ein-Themen-Partei. Vielmehr hat sie umfangreiche Programme entwickelt, die sich primär gegen Zuwanderung und Multikulturalismus und sekundär gegen all jene Entwicklungen der letzten Jahrzehnte richten, die man im weiteren Sinn als progressiv bezeichnen kann.

Gewählt wird sie nicht trotz, sondern gerade wegen dieser Programmatik. Ihre Anhängerinnen und Anhänger haben starke politische Überzeugungen und sind *deshalb* in hohem Maße politisch unzufrieden. Sie wünschen sich eine andere Gesellschaft und identifizieren sich zu einem größeren Teil mit ihrer Partei. Für die allermeisten ist die Wahl der AfD deshalb ein ideologisch motivierter Protest gegen die bestehenden Verhältnisse.

Bessere politische Leistungen allein werden diese Form des Protests genauso wenig beenden wie die Versuche der bürgerlichen Parteien, Unterstützung zurückzugewinnen, indem sie die Themen und Schlagworte der AfD kopieren und Debatten über weitere Verschärfungen bei der Immigration anstoßen. Das Thema »gehört« der AfD, und diese profitiert davon, wenn es auf der politischen Agenda weit oben steht. Stattdessen sollten sich die Akteure auf jene Themen konzentrieren, bei denen sie selbst als kompetent wahrgenommen werden, die Verbindungen der AfD zum Rechtsextremismus klar markieren und die Partei politisch weiter isolieren.

Kai Arzheimer ist Professor für Innenpolitik und Politische Soziologie an der Johannes Gutenberg-Universität Mainz. Er forscht unter anderem zum Stand der inneren Einheit Deutschlands und zu Rechtsextremismus, Rechtspopulismus und Rechtsradikalismus.

Wer wählt die AfD und warum?

Beate Küpper und Andreas Zick

Mehr als ein Fünftel der Wähler:innen gaben in Wahlumfragen im Januar 2024 an, der Partei Alternative für Deutschland (AfD) ihre Stimme geben zu wollen. Demnach könnte sie ihr Wahlergebnis von 2021 mehr als verdoppeln. Der Zuspruch ist seit Frühsommer 2023 nach einer langen Pandemie und Zeiten der (tatsächlichen und gefühlten) Krisen noch einmal rasant gestiegen. An immer neuen Aufregerthemen – den Maßnahmen gegen die Coronapandemie, der Unterbringung von Geflüchteten, Wärmepumpen, der Rücknahme von Subventionen für den Dieselkraftstoff von Bauern oder dem Dauerbrenner »Gendern« – heizt sich die Wut auf und zahlt auf das Konto der AfD ein. Ihr gelingt es inzwischen, auch breitere Milieus der Mitte der Gesellschaft anzusprechen.[1] Prognosen für Ostdeutschland sehen die AfD gar mit Abstand als stärkste Kraft. Doch auch im Südwesten kann sie Erfolge verbuchen, zuletzt bei den Landtagswahlen in Bayern mit knapp 15 Prozent und Hessen mit über 18 Prozent Stimmenanteil. Bei der Europawahl lagen die Prognosen Anfang 2024 bei rund 24 Prozent für die AfD, und auch hier wäre sie zweitstärkste Kraft, obwohl – oder weil – sie die EU ablehnt oder gar zerstören möchte.

Was veranlasst Menschen, einer Partei ihre Stimme zu geben, die weder durch ihre Positionen noch durch ihr Personal sonderlich überzeugt – wie selbst ihre Wähler:innen eingestehen –, die der Verfassungsschutz mittlerweile als in Teilen gesichert rechtsextrem einstuft und gegen die Hunderttausende Menschen auf die Straße gehen?

Im Folgenden werfen wir einen kurzen, auf Studien ge-
stützten Blick auf gängige Thesen zu den Motivlagen der
AfD-Wähler:innen. Insbesondere berichten wir von Befun-
den der »Mitte-Studie« 2022/23, einer repräsentativen Bevöl-
kerungsumfrage zu rechtsextremen, menschenfeindlichen
und demokratiegefährdenden Einstellungen in Deutschland,
durchgeführt im Auftrag der Friedrich-Ebert-Stiftung.[2] Zum
Zeitpunkt der Befragung im Winter 2022/23 gaben darin
12 Prozent der telefonisch Befragten an, der AfD ihre Stimme
geben zu wollen, wenn am kommenden Sonntag Bundestagswahl wäre. Zudem räumten weitere 3 Prozent auf Nachfrage
ein, schon einmal mit dem Gedanken gespielt zu haben, die
AfD zu wählen. Während in den Jahren zuvor viele Befragte
erst auf Nachfragen ihre mögliche Sympathie zur AfD äußerten, tun dies inzwischen viele potenzielle Wähler:innen ganz
offen und selbstbewusst.

Vorweg: Nein, es sind nicht alle, die mit der AfD sympathisieren, rechtsextrem eingestellt. Aber zwei Drittel von ihnen
stehen nicht sicher auf dem Boden der Demokratie, darunter
teilt ein Fünftel tatsächlich ein geschlossen rechtsextremes
Weltbild. Die AfD holt ihre Wähler:innen also durchaus bei
deren politischen Meinungen ab. Umgekehrt bietet sie zwei
Dritteln von jenen, die der Demokratie mindestens ambiva-
lent gegenüberstehen, eine Heimat.

Wer wählt die AfD?

Diverse Studien beschreiben den typischen AfD-Wähler als
männlich, mittleren Alters, mit geringerer bis mittlerer Bildung, Gleiches gilt für das Einkommen. Er ist mit seinem
Leben und dem Zustand der Gesellschaft unzufrieden. Jenseits eines solchen Prototyps erhält die AfD jedoch auch in
anderen Bevölkerungsgruppen überraschend viel Zustim-

mung. So ist die AfD wie alle Rechtsaußenparteien zwar eine
»Männerpartei«, blickt man auf Mitglieder und Funktionäre,
doch immerhin ein Drittel ihrer Wählerschaft sind Frauen.[3]
Besonders häufig neigen Personen im mittleren Erwachsenenalter der AfD zu. Diese Altersgruppe stellt zahlenmäßig
die meisten Wahlberechtigten, und sie geht auch häufiger
wählen als Jüngere, entsprechend einflussreich ist sie. Bei den
letzten Landtagswahlen zeichnet sich jedoch inzwischen eine
wachsende Akzeptanz der AfD auch unter jüngeren Wähler:innen ab. Die junge Generation übernimmt also in Teilen
die politischen Einstellungen der Älteren.

Personen, die mit der AfD sympathisieren, fühlen sich
im Vergleich zu anderen besonders häufig kollektiv benachteiligt, im Sinne von: »Die kriegen mehr als wir.« Auch im
beruflichen Kontext fühlen sie sich weniger anerkannt.[4] Begleitet wird dies auffallend oft von einer Anspruchshaltung,
wie die Mitte-Studie zeigt. So meinen etwa 44 Prozent der
AfD-Sympathisant:innen zumindest teilweise, Menschen wie
ihnen stünde mehr zu als anderen. Unter jenen, die nicht mit
der AfD sympathisieren, sind dies nur 27 Prozent. Zugleich
vertreten sie etwas häufiger als andere eine neoliberale Grundhaltung. So stimmen beispielsweise 31 Prozent eher oder voll
etwa der Aussage zu: »Menschen, die wenig nützlich sind,
kann sich keine Gesellschaft leisten.« Es sind dagegen nur
19 Prozent unter jenen, die nicht mit der AfD sympathisieren.

Gleichzeitig fühlen sie sich häufiger gesellschaftlich orientierungslos. Beispielsweise stimmen 54 Prozent der AfD-Anhänger:innen der Aussage zu: »Es ist heute alles so in Unordnung geraten, dass niemand mehr weiß, wo man eigentlich
steht.« Nur 27 Prozent der Wähler:innen anderer Parteien
empfinden so. Auffällig ist, wie häufig Erstere den Eindruck
haben, der Zusammenhalt der Deutschen sei gefährdet; dies
meinen fast 79 Prozent derjenigen, die mit der AfD sympathisieren, im Vergleich zu 45 Prozent jener, die dies nicht tun.

Diese Mischung aus Demografie und Einstellungen ist bemerkenswert. Offenkundig findet die AfD insbesondere Zuspruch bei Menschen, die mitten im Leben stehen, welches ihnen aber ihrem Anspruch nach nicht das bietet, was sie sich vorgestellt haben. Der Fingerzeig auf andere, denen es vermeintlich besser geht oder die Unterstützung bekommen, kann auch der Entlastung von eigener Verantwortung für die (gefühlte) Misere dienen. Dies gilt gerade für jene, die eine neoliberale Werthaltung vertreten, die also auch meinen, wer es zu nichts bringt, habe versagt und sei selbst daran schuld. Zugleich vermissen sie Orientierung und Zusammenhalt, wünschen diesen aber exklusiv, nicht gleichberechtigt und inklusiv. Mit traditionellen Vorstellungen von Gemeinwohl, Solidarität und sozialer Gerechtigkeit wird man AfD-Sympathisant:innen nicht kommen können, sie wollen schlicht die eigene Vorrangstellung.

Soziale Lage?

Liegt es letztlich an den ökonomischen Verhältnissen, dass so viele Menschen einer Rechtsaußenpartei ihre Stimme geben? Diese These hält sich hartnäckig, ist aber zu einfach, wie der Blick auf die Fakten zeigt. Ja, ärmere Menschen und Arbeiter:innen neigen häufiger der AfD zu, und unter arbeitslosen Personen erhält die AfD besonders viel Zuspruch, auch unter kleinen Selbstständigen.[5] Aber die AfD ist keine Partei der finanziell Abgehängten. De facto gibt es in Deutschland als einem der reichsten Länder auf der Welt arme Menschen, aber eben nicht so sehr viele. Zudem gehen viele ärmere Menschen nach wie vor gar nicht wählen. Der Großteil der Wähler:innen der AfD gehört sozialwissenschaftlich gesehen zur unteren bis mittleren Mittelschicht. Dies entspricht auch ihrer Selbstverortung in der Gesellschaft. Inzwischen wird die Partei zunehmend auch von etlichen durchaus Wohlhabenderen gewählt, zu ihren Spendern gehören reiche Unternehmer:innen. Auch die lange Zeit herbeigezogene Erklärung, es läge an der hohen Arbeitslosigkeit, dass die Leute rechts wählen, widerlegt sich derzeit; trotz Arbeitskräftemangel ist die AfD im Aufwind.

Wenn, dann ist die AfD eine Partei der sich im Vergleich zu anderen abgehängt Fühlenden, auch jener, die Sorge vor einem sozialen Abstieg haben. Dies schließt auch solche ein, die aus einer durchaus komfortablen Position heraus befürchten, ihre Pfründe gegen sozial Schwächere verteidigen zu müssen. Die Unterscheidung zwischen gefühltem Abstieg und Bedürftigkeit ist für die politische Steuerung zentral: Etwas gegen Armut zu tun ist sozial geboten – aber nicht, weil man damit etwas gegen den Rechtsruck ausrichten kann. Zudem ist Armut etwas anderes als soziale Ungleichheit, also die Diskrepanz zwischen Arm und Reich. Gerade AfD-Sympathisant:innen befürworten die soziale Hierarchie zwischen Oben und Unten und fordern ein autoritäres Durchgreifen gegen Abweichende. Die ausgeprägte autoritäre Unterwerfungshaltung der AfD-Anhänger:innen koppelt sich mit der Inanspruchnahme individueller Freiheit, Carolin Amlinger und Oliver Nachtwey sprechen hier von »libertärem Autoritarismus«.[6] Hinzu kommt eine hohe Selbstidentifikation von Personen mit rechtsextremen Einstellungen im Osten mit einer »starken deutschen Wirtschaft«.[7]

Regionale Besonderheiten – strukturelle und kulturelle Prägungen

Generell ist die Neigung zur AfD im Osten deutlich verbreiteter als im Westen. In der Mitte-Studie 2022/23 gaben doppelt so viele der Befragten im Osten (24 Prozent) verglichen mit denen im Westen (13 Prozent) an, mit dem Gedanken zu spielen, der AfD ihre Stimme zu geben. 32 Prozent der Befragten im Osten, aber nur 22 Prozent im Westen waren der Ansicht: »Die AfD ist eine Partei wie jede andere auch.« Allerdings sind die Unterschiede nicht so groß wie manchmal gedacht, und auch der Westen zieht inzwischen mancherorts nach. Dies zeigt sich sowohl in den Wahlergebnissen und Prognosen als auch in den Einstellungen der Bevölkerung.

Ebenso erhält die AfD in ländlichen Regionen mehr Zuspruch als in Städten. Besonders viel in strukturschwachen ländlichen Gebieten im Osten, wie eine Studie des Deutschen Instituts für Wirtschaftsforschung (DIW) belegt.[8] Hier paart sich ökonomische Strukturschwäche mit sozialer. In diesen Gegenden kann man den Rechten schlecht entrinnen, wenn sie da sind und den Ton angeben. Mit der Zeit gewöhnt man sich an diesen Ton, hält ihn irgendwann für normal; wer widerspricht, wird zum Außenseiter. Bemerkenswert sind die rechten Kontinuitäten – wo bereits während der Zeit des Nationalsozialismus die NSDAP stark war, gibt es auch heute noch rechtsextreme Umtriebe und Wahlerfolge für die AfD. Gesellschaftspolitische Grundhaltungen werden eben auch über die Generationen vererbt.[9]

Rechtsextreme Einstellungen

Immer wieder wird behauptet, die Menschen würden der AfD aus Protest ihre Stimme geben. Dies ist ebenso verkürzt wie falsch. Erstens ist Protest nie unpolitisch, sondern höchst politisch. Protestwähler:innen sind offenkundig mit der Politik der Regierung nicht einverstanden und setzen auch kein Vertrauen in andere Parteien, sondern haben andere Politikvorstellungen. Zweitens bietet die AfD ihren Wähler:innen ziemlich genau das, was deren politischen Einstellungen entspricht: Personen, die mit der AfD sympathisieren, sind deutlich häufiger rechtsextrem eingestellt.[10] Die großen bundesweiten Studien, die dies belegen, erfassen rechtsextreme Einstellungen über sechs Dimensionen; die ersten drei spiegeln den politisch-historischen, die letzteren drei den sozialvölkischen Charakter des Rechtsextremismus: Befürwortung einer Diktatur, nationaler Chauvinismus, Verharmlosung des Nationalsozialismus, Fremdenfeindlichkeit, Antisemitismus, Sozialdarwinismus. Unter (potenziellen) AfD-Anhänger:innen in der Mitte-Studie 2022/23 sind alle sechs Dimensionen rechtsextremer Einstellungen signifikant verbreiteter. 21 Prozent von ihnen (versus 6 Prozent der Nicht-Sympathisant:innen) weisen sogar ein geschlossen rechtsextremes Weltbild auf, d. h., sie stimmen allen 18 Aussagen, die zur Erfassung verwendet werden, auf der fünfstufigen Antwortskala eher oder voll zu. Jede dieser Aussagen widerspricht der Idee einer liberalen und pluralen Demokratie, wie sie auch das Grundgesetz formuliert. So sind beispielsweise 52 Prozent derjenigen, die mit der AfD sympathisieren, der Ansicht: »Was Deutschland jetzt braucht, ist eine einzige starke Partei, die die Volksgemeinschaft insgesamt verkörpert.« Deutlich mehr der AfD-Sympathisant:innen (47 versus 16 Prozent der Nicht-Sympathisant:innen) fallen auch in einen Graubereich, d. h., sie sind zwar nicht rechtsextrem eingestellt, aber auch nicht klar demokratisch. Darin liegt weiteres Potenzial für die Partei, denn ein Teil dieser Wähler:innen geht bislang nicht wählen oder weiß noch nicht, was er bzw. sie wählen will.

Auch vorgelagerte demokratiegefährdende Einstellungen sind unter AfD-Sympathisant:innen verbreiteter: eine mangelnde Demokratieorientierung, Verschwörungsmythen, Populismus gegen »die korrupten Eliten«, die das moralisch reine »Volk« um das betrügen, was ihm vermeintlich zusteht. Zudem vertreten (potenzielle) AfD-Wähler:innen häufiger als jene anderer Parteien Einstellungen, die soziale Gruppen abwerten und ausgrenzen. Sie neigen eher zu Antisemitismus,

Rassismus, Hetero-Sexismus gegen Frauen, homosexuelle und transgender Personen sowie zu Klassismus, der arme und unter prekären Bedingungen lebende Menschen herabwürdigt. Diese »-ismen« lassen sich in einem Syndrom gruppenbezogener Menschenfeindlichkeit abbilden, verbunden über einen gemeinsamen Kern einer Ideologie der Ungleichwertigkeit, wie sie für den Rechtsextremismus zentral ist.[11] Der AfD scheint es gelungen zu sein, insbesondere die fremdenfeindlich Eingestellten aus dem Reservoir der Nichtwähler:innen, aber auch aus anderen Parteien für sich zu gewinnen. Dies legt die zuletzt zunehmende Wahlbeteiligung verbunden mit dem Blick auf die politischen Einstellungen der Wähler:innen nahe – die AfD wird insbesondere aufgrund ihrer migrationsfeindlichen Positionen gewählt.[12] Stimmungsmache gegen Migrant:innen führt zu noch mehr Zuspruch zur AfD: Seit die Union auf diese Strategie setzt, verliert sie Wähler:innen an die AfD, statt sie zurückzugewinnen.[13]

Krisen und Verunsicherung

Die Megatrends der letzten Jahrzehnte – Globalisierung, Digitalisierung, der Klimawandel, aber auch die Demokratisierung mit ihrem gestiegenen Augenmerk auf Diversität, also für Vielfalt in Gleichwertigkeit – bedeuten Veränderungen nicht nur hierzulande, sondern auf der ganzen Welt. Spitzen sich Veränderungen zu und greifen übliche Regulationen nicht, werden sie zu Krisen. Machen sie sich gehäuft und verschärft bemerkbar, ist, wie derzeit, die Rede von Polykrisen. Krisenzeiten – ob sie nun einzelne Menschen oder eine ganze Gesellschaft erfahren – bringen Chancen mit sich, aber auch Erwartungen, und können zu Enttäuschung, Verunsicherungen und Gegenwehr führen. Dabei geht es jedoch nicht allein um faktische Krisenlagen, sondern auch um das Reden darüber und das Fühlen. Das bietet den Raum für Populismus, der Herausforderungen zu Bedrohungen erklärt, Veränderungen leugnen will und ein nostalgisches Zurück verspricht, das es so nie gab, den gestiegenen Lebensstandard und die dadurch mitverursachte Aus- und Abnutzung der Welt kurzerhand wegignorierend, um Menschen an sich zu binden oder eben Wählerstimmen zu gewinnen.

Im Winter 2022/23 fühlten sich in der Mitte-Studie 31 Prozent der Menschen in Deutschland persönlich stark von den Krisen betroffen, 39 Prozent sahen Menschen wie sie selbst stark betroffen und 55 Prozent Deutschland. Je weiter weg, desto stärker also die gefühlte Betroffenheit, was Krisen in Teilen in der Wahrnehmung auch zum Scheinriesen macht. Keineswegs führt das Gefühl der Krisenbetroffenheit gleich zu Verunsicherung. Doch bei 42 Prozent der Befragten tut es das, sie fühlten sich bereits vor einem Jahr durch die vielen Krisen verunsichert. Das Gefühl dürfte sich eher noch verschärft haben, geht der Blick doch ganz überwiegend auf Negatives und Bedrohliches, nicht auf positive Entwicklungen. Gerade der Eindruck, Deutschland sei stark von Krisen betroffen, ist unter den AfD-Anhänger:innen besonders ausgeprägt, und sie fühlen sich auch eher dadurch verunsichert. Und wer sich von den Krisen verunsichert fühlt, neigt signifikant eher zu antidemokratischen Einstellungen.

Das Bild der »Sorgenbürger« trifft auf die Wähler:innen der AfD zu, jedoch mit wichtigen Einschränkungen. Sie zeichnen sich durch ein hohes und doppelt so großes Potenzial an Sorgen und einem Gefühl von Belastung aus, nicht nur finanzieller Art, sondern ganz genereller Natur. Allerdings machen sie sich vor allem um ihren Lebensstandard und aufgrund der Migrations- und Fluchtbewegungen Sorgen, nicht aber wegen des Klimawandels und einer möglichen Ausweitung des Kriegs Russlands gegen die Ukraine.[14]

Wer wählen geht, will ernst genommen werden

Ganz offenkundig verfängt die Botschaft der AfD »Wir gegen die« bei vielen Menschen, wobei mit »die« gleichermaßen »die korrupten, links-rot-grün-versifften Eliten« wie »die Fremden, die Anderen« gemeint sind. Das bietet scheinbar Zugehörigkeit, Selbstaufwertung und das Versprechen, die Kontrolle über die soziale Ordnung zurückzugewinnen, und das alles ohne Anstrengung und Verantwortung. Die Botschaften der (rechts)populistischen Parteien weltweit kommunizieren genau das. Es geht vor allem um die Sorge, etwas zu verlieren, und um das Gefühl, nicht das zu erhalten, was einem vermeintlich zusteht. Letztlich geht es vor allem auch darum, die Vormachtstellung zu haben, zu erhalten und auszubauen, die einem vermeintlich zusteht, weil man zu den »Normalen« gehört. Nicht von ungefähr lautete der Slogan der AfD bei der vergangenen Bundestagswahl »Deutschland, aber normal«. Er knüpft an gerade in Deutschland kulturell tief verwurzelte rechtsextreme Ideologiefragmente einer völkisch-rassistischen Vorstellung von Volksgemeinschaft an. Es geht um eine Mischung aus sozialen, ökonomischen und politischen Gründen, vor allem aber um eine Grundhaltung, an die der Populismus anknüpfen kann. Populismus setzt auf das Gefühl, benachteiligt und bedroht zu sein. Die AfD weiß dies für sich zu nutzen und ruft zum Widerstand gegen alle Zumutungen von Veränderungen auf.

Dabei schreckt es die Wähler:innen auch nicht ab, dass de facto das Programm der AfD ihren Wähler:innen selbst zuvorderst schaden würde, wie der Ökonom Marcel Fratzscher, Direktor des Deutschen Instituts für Wirtschaftsforschung, hervorhebt.[15] Das gilt allerdings nicht nur für Ökonomisches, sondern auch für Soziales – vieles, was sie sich selbst als Freiheit der Lebensgestaltung und Abweichungen vom »Normalen« zubilligen, ist mit den Positionen der AfD und ihren eigenen Positionen eigentlich nicht vereinbar. Doch die Partei bietet viel Raum für Ambivalenzen: Ihre am Eigeninteresse ausgerichtete Vorstellung von Freiheit ohne Verantwortung trifft auf die neoliberalen Einstellungen ihrer Wähler:innen. Nicht wenige Führungspersonen rechtspopulistischer und -extremistischer Parteien fallen durch antisoziales Verhalten wie Betrug oder zu schnelles Fahren auf. Sie schmücken sich mit Begriffen wie »Ordnung und Sicherheit«, sorgen aber selbst für Unordnung und Unsicherheit – auch ganz gezielt Verbreitung von Hetze und Bedrohung gegen Teile der Bevölkerung und demokratisch Engagierte.

Das Parteiprogramm und die Grundhaltung der AfD sind offenkundig für viele attraktiv, verspricht sie doch Aufwertung qua »Normal-Sein«, auch wenn dies aus vielerlei Hinsicht das Land schwächt. Sie eint das narzisstische Gefühl, »Elite« zu sein, als Einzige den Untergang der Gesellschaft zu erkennen, zugleich aufgrund ihrer Unangepasstheit angefeindet zu werden, begleitet von einer »nihilistischen Wut«, so eine bemerkenswerte Beobachtung einer Befragung von AfD-Wähler:innen.[16] Sie vermissen Anerkennung, ohne diese aber anderen zu geben. Dies lässt einen Schluss zu: Gewählt wird die AfD ganz offenkundig nicht, obwohl, sondern weil sie rechtsextrem ist. Die Partei bedient dies mit ihrer Strategie, sich nach außen hin moderat und demokratisch zu geben, aber provokant augenzwinkernd nach ganz rechtsaußen zu blinken. Ihre Wähler:innen können sich also mit dem Brustton der Überzeugung »normal« fühlen und zugleich ihrer rechtsextremen Gesinnung freien Lauf lassen. Wer meint, man müsse die Sorgen der AfD-Wähler:innen ernst nehmen, ist am Ende auch gefragt, auf deren Sorgen einzugehen. Es sind nicht zuletzt auch Sorgen, die die Grundwerte der Demokratie infrage stellen.

Beate Küpper ist Professorin für Gruppen und Konflikte und stellvertretende Leiterin des Instituts SO.CON – Social Concepts an der Hochschule Niederrhein, Mitherausgeberin der Mitte-Studie, Verbundpartnerin im Wissensnetzwerk Rechtsextremismusforschung und Teil der Redaktion der Zeitschrift Demokratie gegen Menschenfeindlichkeit *für Wissenschaft und Praxis.*

Andreas Zick ist wissenschaftlicher Direktor des Instituts für interdisziplinäre Konflikt- und Gewaltforschung (IKG) und Professor für Sozialisation und Konfliktforschung an der Universität Bielefeld. Er koordiniert das Wissensnetzwerk Rechtsextremismusforschung und baut derzeit eine Konfliktakademie auf.

»Stolz, Arbeiter:in zu sein!«: Vom Aufbegehren der Vergessenen

Klaus Dörre

> »Also ich bin der Ansicht, es gibt nur noch eine Partei
> in Deutschland, die wirklich wählbar ist, und das ist die
> AfD. Und was immer so gesagt wird, dass die AfD die
> Rechtsextremen, die Nazis sind. Das ist Blödsinn. Das
> ist einfach nur Propaganda. Und blöde Sprüche von den
> anderen Parteien, weil die AfD einfach den Finger in die
> Wunde legt. Sie sprechen die kritischen Themen offen an,
> die nehmen da kein Blatt vor den Mund, und die sind
> halt noch auf der Seite des Volkes.«[1]

So äußert sich ein befragter Arbeiter aus dem Eisenacher
Opel-Werk. Ungewöhnlich ist, wie offen sich der gewerkschaftliche Vertrauensmann zur AfD bekennt. Betriebsräte
des Werks schätzen, dass bis zu einem Drittel der Belegschaft zur radikalen Rechten tendiert. Doch nur wenige sprechen das aus. Für diesen Teil der Belegschaft ist die AfD eine
demokratische Partei, die »dem Volk« eine Stimme gibt. Mit
der »Nazikeule« versuchten die etablierten Parteien deshalb,
die unliebsame politische Konkurrenz niederzumachen –
so ein Deutungsmuster, das viele teilen. Der zitierte Arbeiter und das Opel-Werk sind keine Einzelfälle. Rechtspopulistische oder rechtsradikale Formationen rekrutieren ihre
Anhängerschaft in der Regel aus allen Klassen und Schichten
der Bevölkerung. Auffällig ist jedoch die überdurchschnittlich hohe Zustimmung, die Parteien der radikalen Rechten

in der Arbeiterschaft genießen. Der Einfluss von AfD und anderen reicht offenkundig bis in die gewerkschaftlich organisierte und aktive Arbeiterschaft hinein. Gewerkschaftsmitglieder fallen im Vergleich zu Nichtmitgliedern »durch eine überzufällig häufigere Verharmlosung des Nationalsozialismus sowie mehr Zustimmung zum Antisemitismus und Sozialdarwinismus« auf; etwa 13 Prozent haben ein »manifest rechtsextremes Weltbild«, heißt es beispielsweise in der Bielefelder Mitte-Studie.[2] Wie ist das zu erklären? Und warum gelingt es einer Partei wie der AfD, die sich programmatisch teilweise marktradikal positioniert, die soziale Frage von rechts zu besetzen?

Verschwinden der Arbeiterschaft

Wer nach Ursachen sucht, stößt auf eine komplexe Gemengelage. Da wäre zunächst die Beobachtung, dass sich Produktionsarbeiterinnen und -arbeiter heute als Großgruppe im sozialen Abstieg wahrnehmen. Sie empfinden sich als gesellschaftlich abgewertet – zu Recht! Zu Recht nicht, weil die erfahrene Abwertung als solche angemessen wäre, sondern weil entsprechende Erfahrungen einen Wahrheitsgehalt besitzen. Industrielle Produktion und diejenigen, die produzieren, stehen heute im »Sturmzentrum« der sozial-ökologischen Transformation. Mit ihren Problemen und Interessen kommen sie in den meinungsbildenden Öffentlichkeiten aber kaum vor. Dafür gibt es zahlreiche Beispiele.

Nehmen wir die Coronapandemie und deren Folgen. In einem viel beachteten Essay schildert Eva von Redecker ein Glücksgefühl, das sie überkam, als sie pandemiebedingt eine Vortragsreise nach New York absagen musste: »Es war einfach ein verblüffender Genuss von Offenheit – keine Termine, keine Fristen heute.«[3] Bleibefreiheit nennt die Philosophin dieses Glücksmoment. Was jedoch bei allen, die solche Erfahrungen gemacht haben, außen vor bleibt, ist, was Millionen von Arbeiterinnen und Arbeitern erlebt haben. Sie mussten die Produktion aufrechterhalten und unterlagen deshalb einem Bleibe- und Mobilitätszwang, der sie gesundheitlichen Risiken in besonderem Maße aussetzte. Die daraus resultierende soziale Spaltung reproduzierte sich tagtäglich am Arbeitsplatz. Während die Angestellten im Homeoffice arbeiteten und das häufig bis in die Gegenwart weiter praktizieren, war der »Hallenboden«, eine alltagssprachliche Bezeichnung für die in der unmittelbaren Produktion Tätigen, in den Betrieben präsent. Gesundheit hin, Gesundheit her. Die Arbeiterinnen und Arbeiter empfänden das als »zutiefst ungerecht«, schildert ein befragter VW-Betriebsrat. Doch der Unmut wächst im Verborgenen. Zwar gibt es mittlerweile eine Fülle an Studien zum Homeoffice, darüber, wie es denen mit Bleibezwang ergangen ist, weiß man aber wenig.

Diesem Beispiel für das Vergessen der Arbeiterschaft ließen sich viele weitere hinzufügen. Tatsächlich handelt es sich um ein internationales Phänomen. Die Arbeiterschaft werde politisch marginalisiert, schreiben Geoffrey Evans und James Tilley in ihrer einflussreichen Studie zur britischen Klassengesellschaft.[4] Das Klassenbewusstsein sei einer »class cluelessness«[5], einer Klassenahnungslosigkeit, gewichen. Die Eliten fühlten sich nicht mehr mit der eigentlichen sozialen Mitte der Gesellschaft verbunden, diagnostiziert Joan C. Williams für die USA. Arbeiterinnen und Arbeiter werden, so lässt sich zuspitzen, politisch, kulturell und medial zum Verschwinden gebracht. Die Folgen öffentlicher Ignoranz sind allenthalben spürbar.

Klassenkampf von oben

Industriearbeiterinnen und -arbeiter der reichen Staaten zählen, an ihren Anteilen am Wohlstandskuchen gemessen, zu den Hauptverlierern der Globalisierung.[6] Die Hauptgründe hat der Internationale Währungsfonds mit technologischem Wandel, daraus resultierender Ersetzbarkeit von Beschäftigten, der Marktmacht großer Unternehmen und der anhaltenden Schwäche von Gewerkschaften einigermaßen präzise benannt. Man könnte von einem Klassenkampf von oben sprechen, der überaus erfolgreich gegen die von Löhnen abhängigen Klassen geführt worden ist. Die Möglichkeit international agierender Unternehmen, ein Weltproletariat von mehr als drei Milliarden Arbeitskräften überwiegend in prekären Verhältnissen zu beschäftigen, schlägt in Gestalt von Standortkonkurrenzen, Produktionsverlagerungen, Outsourcing-Strategien sowie infolge des Drucks auf Löhne und Arbeitsbedingungen auf die Beschäftigten in den verursachenden alten kapitalistischen Zentren zurück. Eine über Jahre hinweg fortschreitende Entkollektivierung der Arbeitsbeziehungen ist die Folge. In Deutschland ist allenfalls noch jeder zehnte Lohnabhängige Gewerkschaftsmitglied. Die Tarifbindung von Betrieben geht kontinuierlich zurück, und die mitbestimmungsfreien Zonen wachsen. Deshalb fällt es zunehmend schwer, den Problemrohstoff, der sich in der Arbeiterschaft anhäuft, in solidarisches Handeln zu transformieren.

»Fuck you, Greta«

Stattdessen erleben wir die Übersetzung von spontanen Klassenerfahrungen in exklusive, ausgrenzende Solidarität, die sich, wie beim eingangs zitierten Opel-Arbeiter, über den Volksbegriff vollzieht. Aus dem Anspruch auf Gleichbehandlung, der sich im Streben nach Mitte und Normalität artikuliert, wird »Wir sind das Volk, Deutsche zuerst!«. Mithilfe des Migrationsthemas ist es der radikalen Rechten gelungen, die soziale Frage von Oben-Unten- in Innen-Außen-Konflikte umzudeuten. Den mit legitimen sozialen Rechten ausgestatteten Inländern stehen demnach vermeintlich weniger leistungsbereite, integrationsunwillige Einwanderer gegenüber, die keinerlei Anspruch auf das Volksvermögen haben. Im Zuge der sozial-ökologischen Transformation werden Ausgrenzungs- und Abwertungskämpfe nun auf neuem Terrain ausgetragen. Bleiben wir bei der Autoindustrie, wo im Zuge der Umstellung auf Elektromotoren bis zu eine Viertelmillion Arbeitsplätze verloren gehen könnten. Der zentrale Befund unserer Studie, die wir bei Opel in Eisenach und bei VW im Baunataler Werk durchgeführt haben, lässt sich so zusammenfassen: In beiden Werken ist die Umstellung auf grünes Wachstum und E-Mobilität in vollem Gange, doch die Haltung der Belegschaft ist zwiespältig. Überzeugt von der neuen Technologie sind die oberen Führungskräfte. Auch die Belegschaft weiß, dass die Umstellung auf E-Antrieb die Zukunft ihrer Werke sichern kann. Doch je näher man dem Hallenboden kommt, desto stärker wird die Kritik am E-Auto. Diesen Konflikt greift die radikale Rechte auf. Das zeigt etwa das Beispiel des neu gewählten AfD-Bürgermeisters im sächsischen Pirna, der als erste Amtshandlung ankündigte, Parkplätze für E-Autos abzuschaffen.

Hinter der Kritik in den Werkhallen verbirgt sich nicht nur Skepsis hinsichtlich technischer Veränderungen, sondern auch eine viel tiefer gehende Unzufriedenheit. Teilweise speist sich die Arbeiterkritik an der E-Mobilität aus der Hoffnung, mit E-Fuels und grünem Wasserstoff könne der individuelle Pkw-Verkehr zukunftsfähig gemacht werden. Viele Kritikpunkte könnten aber auch von Klimabewegungen stammen: Überausbeutung und Naturzerstörung bei der Beschaffung von Lithium und Kobalt, wachsender Strombedarf, der derzeit aus Kohle und Erdgas, also fossil, erzeugt wird, dazu hohe Preise für E-Autos. Doch während die Betriebsratsspitzen besonders in Baunatal deshalb für nachhaltige Verkehrssysteme mit weniger Pkw-Verkehr plädieren, gelangen viele Beschäftigte am Hallenboden zu einem anderen Schluss. Es sei richtig, den Klimawandel zu bekämpfen – aber langsamer und mit größerer Kompetenz. »Für mich ist der Verbrennungsmotor aktuell mit das Sauberste, was es gibt«, argumentiert ein Eisenacher Arbeiter und spricht damit vielen seiner Kolleginnen und Kollegen aus der Seele.

Ökologie im Modus ideologischer Beherrschung

Hinter dieser konservierenden Grundhaltung, die sich bei vielen Arbeiterinnen und Arbeitern findet, verbirgt sich ein widersprüchliches Bewusstsein. Einerseits wissen die Befragten, dass die Antriebswende die Zukunft ihrer Werke sichert, andererseits wird die Wende zu grünem Wachstum und elektrifizierten Pkws im Modus ideologischer Beherrschung erlebt. Was das bedeutet, lässt sich am Beispiel eines Opel-Arbeiters verdeutlichen, der sich selbst als »Autonarr« bezeichnet und große Freude dabei empfindet, seinen Pkw auf »über 220 km/h zu tunen«, um auf der Autobahn Teslas zu jagen, bis diese »mit überhitztem Motor von der Spur müssen«. Die Zwänge seines Arbeitslebens – Bandarbeit in engen Taktzeiten, die körperlich wie psychisch stark belastet – nimmt der Befragte in Kauf, um während seiner Freizeit wirklich frei zu sein. Wie er lebt, was er nach der Arbeit macht, will er sich unter keinen Umständen vorschreiben lassen. Und das schon gar nicht von Leuten mit privilegiertem Klassenstatus, die von »Bandarbeit nichts wissen«, sich aber moralisch überlegen fühlen. Weil er solch abschätzige Haltungen bei Grünen und Klimabewegung wahrzunehmen glaubt, betrachtet der angehende Vertrauensmann beide als Gegner. Besonders harsch fällt die Kritik an den sogenannten Klimaklebern aus:

> »*Auf die Straße kleben, das ist auch für mich so eine ungeheuerliche Frechheit eigentlich, weil wen triffst du damit? Du triffst nicht da die Leute, die wirklich was machen können. Du triffst den einfachen Mann, der einfach nur seine scheiß Termine einhalten muss, der auf Arbeit muss, der seine Kinder von der Schule nur abholen will. Nicht den, der es auslöst. Dieses Wirtschaftssystem, was nun mal zurzeit einfach darauf ausgelegt ist: › Wir brauchen mehr, immer mehr, mehr Neues, mehr, mehr, mehr.‹*« (Arbeiter, Opel Eisenach)

Die harsche Kritik an einer als homogen wahrgenommenen Klimabewegung resultiert auch daraus, dass ziviler Ungehorsam, wie ihn die Letzte Generation praktiziert, an jenen Arrangements rüttelt, die ein fremdbestimmtes Leben einigermaßen lebenswert machen. Notgedrungen fügt man sich einem System des »Immer mehr und nie genug!«, das für den Klimawandel hauptverantwortlich zeichnet. Die Klimaproteste treffen, so die Deutung, aber nicht dieses expansive System, sondern den »kleinen Mann«, dem die Anpassung an die Zwänge der Lohnarbeit ohnehin viel abverlangt. Deshalb kann sich der Zwang zum Selbstzwang in aggressiver Ablehnung entladen: »Wir sagen immer scherzhaft: ›Sie sollten sich nicht vor uns auf die Straße kleben. Das wäre schlecht für sie. Hupps. Von der Kupplung gerutscht. Tut mir leid!‹«

In derartigen Gewaltfantasien offenbaren sich reale Klassenerfahrungen. Das wird deutlich, wenn man betriebliche Herrschaft in den Blick nimmt. Hier entscheidet bürokratische Kontrollmacht, welche Deutungen des ökologischen

Gesellschaftskonflikts sich durchsetzen. Führungskräfte in mittleren Positionen haben selbst Vorgaben umzusetzen, im Arbeitsprozess sind aber auch sie in der Lage, den ihnen unterstellten Personen unternehmenskonforme Vorstellungen von ökologisch akzeptablen Arbeits- und Lebensweisen aufzuzwingen. Da die Mittelklassenperspektive häufig eine ist, die ökologische Nachhaltigkeit ohne soziale Gerechtigkeit denkt, stoßen entsprechende Deutungsschemata in der Arbeiterschaft auf Ablehnung. Auch weil die Zugänge zu den attraktiven Positionen der werksinternen Mittelklasse, die ein höheres Maß an Selbstentfaltung erlauben, für Arbeiterinnen und Arbeiter weitgehend verschlossen sind, wird jede Art von Doppelmoral, wie man sie bei privilegierten Kreisen zu erkennen glaubt, heftig attackiert. Führungskräfte können sich einen ökologisch-nachhaltigen Lebensstil leisten, einige von ihnen sympathisieren offen mit den Klimaprotesten. Befragte Arbeiterinnen und Arbeiter nehmen »grüne« Orientierung dann als hoch problematisch wahr, wenn sie von privilegierten Positionen aus administriert und im Modus bürokratischer Beherrschung durchgesetzt werden.

In der betrieblichen Arena entfaltet sich das Konfliktpotenzial solcher Herrschaftsmechanismen zumeist im Verborgenen, Autoritäten werden nur selten infrage gestellt. Dafür attackieren befragte Arbeiterinnen und Arbeiter doppelte Standards in Gesellschaft und Politik umso heftiger. Die »grüne Regierung« mache das Autofahren »einfach so teuer, dass es sich der normale Mensch nicht mehr leisten« könne. »Und dann kommen wir wieder bei der Ungerechtigkeit an. Ich darf als einfacher Arbeiter mein Hobby nicht ausleben. Und der, der die Millionen auf'm Konto hat, der kauft sich trotzdem einen Porsche«, lautet das bezeichnende Statement des bereits zitierten Tesla-Jägers. Besitzen solche Haltungen nicht einen rationalen Kern? Und wie ist zu verhindern, dass solcher Unmut zum Treibstoff für jenes »Weiter so!« avan-

ciert, welches eine radikale Rechte, die mit dem »Klimage-
döns«[7] aufräumen will, mit scheinrebellischem Gestus vor-
trägt?

Ansatzpunkte für Gegenstrategien

Zwar gibt es keine Patentrezepte, unsere Forschungen verwei-
sen jedoch auf Ansatzpunkte für erfolgreiche Gegenstrategien.
Erstens hängt in den Betrieben vieles von der Grundhaltung
und Konfliktbereitschaft meinungsbildender Persönlichkeiten
ab. Davon zeugt das Beispiel einer Gewerkschafterin, die ihre
sexuelle Orientierung in den alltäglichen Auseinandersetzungen mit rechtsaffinen Kolleginnen und Kollegen offensiv zum
Thema macht:

> »*Das sind viele, die halt aus Protest AfD wählen. Da
> mache ich immer meinen Lieblingsspruch: ›Hm (fra-
> gend), du wählst AfD?‹, ›Ja‹, ›So, wie findest denn du
> mich? Findest du mich scheiße? Findest du mich gut
> oder so?‹, ›Ja, ich finde dich gut. Ich mag dich‹, ›Na
> ja, da finde ich es aber scheiße, dass du AfD wählst‹,
> ›Warum?‹, ›Na ja, ich bin lesbisch, ich lebe mit einer
> Frau in einer Beziehung. Was möchte die AfD? Die ist
> gegen Homosexuelle. Die möchte, dass die Frau wieder
> am Herd steht und am besten zehn Kinder kriegt und
> ein eisernes Mutterkreuz hat. Also bist du gegen mich.
> Also magst du mich doch nicht so. Also findest du mich
> überhaupt nicht cool.‹ Und da denken die Leute dann
> auch mal drüber nach, gell? Also ein paar habe ich da
> schon überzeugen können, dass die halt dann Die Partei
> gewählt (lacht) haben.*« (Opel-Arbeiterin)

Die offenbar erfolgreiche Auseinandersetzung mit rechtslastigen Beschäftigten findet auf der Ebene persönlicher Beziehungen statt. Nicht Zahlen, Daten, Fakten, sondern soziale Nähe und Freundschaft werden Ausgangspunkt einer Auseinandersetzung mit politischen Folgen.

Möglich wird dies *zweitens,* weil die Gewerkschafterin darauf vertrauen kann, dass sie im Betriebsrat und seitens der IG Metall Rückendeckung erhält. Anders gesagt: Mitbestimmungsmöglichkeiten und aktive gewerkschaftliche Vertrauensleutekörper schaffen überhaupt erst die Voraussetzungen für eine erfolgreiche Auseinandersetzung mit jenen, die mit der AfD sympathisieren. Das Hauptproblem sind daher nicht rechtslastige Gewerkschaftsmitglieder, sondern es ist die Tatsache, dass es sich beispielsweise in der klein- und mittelbetrieblichen Zulieferindustrie immer häufiger um mitbestimmungsfreie Zonen handelt. Bei Opel treffen alle, die sich zur AfD bekennen, auf Gegenwind. Wo es weder Betriebsräte noch engagierte Gewerkschaftsmitglieder gibt, ist das nicht der Fall. Besorgte Stimmen aus den Wirtschaftseliten, die es glücklicherweise inzwischen gibt, können solche Repräsentationsdefizite nicht ausgleichen, denn auch diese Besorgnis wird von den Vergessenen im Modus ideologischer Beherrschung erlebt.

Das ändert sich *drittens,* wenn Klassensolidarität praktisch erlebt wird. Für Opel-Arbeiter und -Arbeiterinnen war ein Aktionstag, mit dem gegen eine befürchtete Werksschließung protestiert wurde, geradezu ein Festtag, weil er die Vergessenen und ihre Anliegen für einen kurzen Moment öffentlich sichtbar gemacht hat. Zu einem Höhepunkt der Veranstaltung wurde das Zusammentreffen der Eisenacher Opelaner mit einer Gewerkschaftsdelegation aus dem Peugeot-Werk von Sochaux:

» Was natürlich gut war, zum 29.10. waren von der französischen Gewerkschaft, der CGT, Kollegen mit da zu dem Aktionstag. Das fand ich total toll. Das war schon eindrucksvoll, auch für die französischen Kollegen. Die Franzosen haben dann zu uns gesagt: ›Ey, die Deutschen, die verstehen es zu kämpfen‹, ne?« (Opel-Vertrauensmann, KAK)[8]

Viertens schließlich ist Ehrlichkeit angesagt. Man mag sich über den Teslas jagenden Opel-Arbeiter empören, doch die Aufregung über dessen Verhalten wird unglaubwürdig, wenn das Problem klassenspezifischer Entscheidungsmacht ignoriert wird. Es sind winzige Minderheiten innerhalb einer herrschenden Klasse von nicht einmal einem Prozent der Erwerbsbevölkerung, die Entscheidungen über Geschäftsmodelle, Produkte und Produktionsverfahren monopolisieren.[9] Selbst die stärksten Betriebsräte und Gewerkschaftsorganisationen sind von solchen Entscheidungen weitgehend ausgeschlossen. Doch dieser Ausschluss wird in Klimadebatten, die ausschließlich Konsummuster in den Blick nehmen, vollständig tabuisiert. Hauptursache der klimaschädlichen Emissionen sind die Investitionen, nicht der Konsum.[10] Eine Opel-Betriebsrätin deutet an, was geschehen müsste, um auf Investitionsentscheidungen Einfluss zu nehmen:

» Ich glaube, wir brauchen eine Demokratisierung in der Gesellschaft. Ich glaube, dass in den Betrieben zu wenig Mitbestimmung da ist. In was für Produkte wird investiert? Wie wird gearbeitet? Mit wie viel Leuten wird gearbeitet? Unter welchen Bedienungen wird gearbeitet? Da haben wir einen unwahrscheinlichen Nachholbedarf.« (Betriebsrätin Opel)

Anders gesagt: Nötig wäre eine radikale Demokratisierung von Produktionsentscheidungen, die gegenwärtig winzigen kapitalistischen Eliten vorbehalten bleiben, denn nur so kann Verantwortung der Produzenten für ihre Produkte entstehen.

Die AfD – erfrischend inkompetent

Um dies zu erreichen, müssen dicke Bretter gebohrt werden. Auf dem Weg dorthin ist jedoch einiges möglich. Das auch, weil die AfD eine erfrischende Inkompetenz an den Tag legt. Wer – wie geschehen – vor dem Eisenacher Werkstor Flugblätter verteilt, in denen für die Beibehaltung des Diesel-Motors geworben wird, könnte dem Werk, dessen Existenz an der Herstellung eines vollelektrischen Fahrzeugs hängt, gleich einen Totenschein ausstellen. Leider nimmt die gesellschaftliche Öffentlichkeit von solchen Schelmenstücken kaum Notiz, weil Produktion, Industriearbeit und Gewerkschaften seit Langem nur selten Thema sind. Deshalb ist es wichtig, die Unsichtbaren sichtbar zu machen und den Vergessenen eine Stimme zu verleihen. In der Arbeiterschaft zählen Fachlichkeit und Kompetenz. Politisch kalkulierte Gesundbeterei ist man leid, Klartext wird bevorzugt. Für Klimaschutz sind die Belegschaften offen, wenn Beschäftigte einbezogen werden. Starke Betriebsräte und Gewerkschaften reichen dafür nicht aus, für eine zukunftsträchtige Auseinandersetzung in den Betrieben, Beschäftigungssicherung in der Transformation und ein Umsteuern zugunsten ökologisch nachhaltiger Arbeit sind sie jedoch unersetzlich. »Demokratiezeit«[11], jede Woche zumindest eine Stunde für die Diskussion von Transformationsthemen während der Arbeitszeit, wäre ein kleiner, aber dennoch wichtiger Schritt, dem viele weitere folgen müssen, um Transformationskonflikte produktiv zu bewältigen. Es wäre ein Ansatz, um jene Abwertungsspirale zu durch-

71

brechen, der sich vor allem Produktionsarbeiterinnen und -arbeiter ausgesetzt sehen. »Stolz, Arbeiter:in zu sein«, lautet die Aufschrift einer Jutetasche der österreichischen Produktionsgewerkschaft Pro-Ge. Das Produkt hat sich als Renner erwiesen und war rasch ausverkauft. Symbolisch zeigt das, was geschehen muss, um dem neuen Autoritarismus in der Arbeiterschaft allmählich den Nährboden zu entziehen.

Klaus Dörre ist seit 2005 Professor für Arbeits-, Industrie- und Wirtschaftssoziologie an der Friedrich-Schiller-Universität Jena. Seine Arbeitsschwerpunkte sind Kapitalismustheorie, Prekarisierung von Arbeit und Beschäftigung, Arbeitsbeziehungen, soziale Folgen der Digitalisierung sowie Rechtspopulismus.

Die AfD und das Bündnis Sahra Wagenknecht: Die verlorene Mitte – Aufstieg der Extreme?

Wolfgang Schroeder

Der Wandel des deutschen Parteiensystems folgt schon lange nicht mehr der volksparteilichen Logik. Vielmehr macht die zurückgehende Integrationsfähigkeit der Volksparteien CDU/ CSU und SPD Platz für Neugründungen, die Parteienwettbewerb und Koalitionslogik verändern. Durch die Entstehung von Grünen und der Linkspartei schien es lange Zeit so, dass sich diese Prozesse eher im linken Spektrum der Parteienlandschaft abspielen. Mit der Gründung der AfD, des Bündnisses Sahra Wagenknecht, dem konservativen Bündnis für Deutschland und der Werteunion als Partei wird nunmehr das Parteienspektrum rechts der Mitte neu vermessen. Bereits seit einigen Jahren gewinnen populistische Kräfte enorm an Zulauf, und die Stabilität von Parteien- und Regierungssystemen erodiert. Dabei haben wir es mit einer internationalen Entwicklung zu tun.

In nur zehn Jahren nach ihrer Gründung (2013) hat sich die rechtspopulistische AfD eine treibende Rolle im bundesdeutschen Parteienwettbewerb erarbeitet: Ihr gelang der Zugang zu Teilen der bürgerlichen Mitte. Dadurch konnte sie sich vom Feld der nach dem Zweiten Weltkrieg gegründeten rechten Parteien absetzen, denen es nicht gelungen war, sich über den Status von mehr oder weniger irrelevanten Kleinstparteien hinaus zu entwickeln. Dagegen schafft es die AfD, sich als politische Fundamentalopposition gegen das »Establishment« zu platzieren. Mit einem spezifischen Gemisch aus Protest und Bewegung, aus Populismus und Extremismus veränderten sie auch den parlamentarischen Alltag in den deutschen Parlamenten.

Mit der am 8. Januar 2024 gegründeten Partei Bündnis Sahra Wagenknecht – Vernunft und Gerechtigkeit (BSW) ist ein Akteur aufgetreten, der vorgibt, eine Alternative für einen Teil des AfD-Wählermilieus anbieten zu können, um so den Aufstieg der AfD zu bremsen. Das BSW reklamiert für sich, eine Antwort auf die links-konservative Repräsentationslücke zu sein. Als links-konservativ oder links-autoritär werden Wähler:innen beschrieben, die in ökonomischen Fragen links, in kulturellen Fragen jedoch konservativ eingestellt sind. Sie wollen einen starken Sozialstaat und Umverteilung, fordern aber ebenso Begrenzung von Migration und sind gegen die übermäßige Förderung von »Randgruppen«. Die so adressierten Wähler:innenmilieus werden bislang in keinem politischen System in Europa repräsentiert. Was trennt und was verbindet AfD und BSW? Könnte es gar zu einer »Querfront«-Kooperation kommen?

Populistische Deutungen und Praktiken: AfD und Sahra Wagenknecht

In der wissenschaftlichen Auseinandersetzung gibt es unterschiedliche Definitionen von Populismus. Auf der einen Seite wird Populismus als eine Politik simplifizierender Antworten, als reines Protestphänomen oder politischer Stil verstanden, der beispielsweise mit gezielten Übertreibungen und Tabubrüchen einhergeht. Auf der anderen Seite wird mitunter diskutiert, ob dem Populismus ein schlanker ideologischer Gehalt innewohnt, wobei die vertikale Bipolarität zwischen

»dem Volk« und »der Elite« thematisiert wird. Der Unterschied zwischen Populismus und Rechtspopulismus besteht demnach darin, dass die vertikale Abgrenzungslogik um eine horizontale Konfliktachse ergänzt wird, die eine Differenzierung zwischen einem homogenen »Wir« und einem »die Anderen« vornimmt. Insofern ergänzt der Rechtspopulismus den antielitär auftretenden Populismus (vertikale Antihaltung) um eine antipluralistische Dimension (horizontale Antihaltung), ohne damit schon automatisch rechtsextrem und systemoppositionell zu sein. Eine linkspopulistische Strategie mobilisiert gegen die strukturellen Bedingungen sozialer Ungerechtigkeit auf Basis eines demokratischen Projekts. Dabei wird die bipolare Struktur von oben und unten, von wir und sie weniger genutzt, um Ressentiments zu schüren, sondern um Affekte für soziale Gerechtigkeit und im Kampf um die Hegemonie zu generieren.[1]

Die AfD als populistische Partei

Die AfD war von Anfang an ein heterogenes Gemisch, das sich unter dem Label zusammengefunden hatte, gegen das »Establishment« zu kämpfen. Seitdem stehen sich intern zwei Lager gegenüber: einerseits die AfD als konservativ-radikale Partei jenseits der CDU, die darauf zielt, koalitions- und regierungsfähig zu werden; andererseits die AfD als Bewegungspartei, die als ebensolche den parlamentarischen Arm gegen die repräsentative Demokratie bildet. Beide Positionen treten keinesfalls in Reinform auf. Vielmehr nutzen sie wechselseitig Stilelemente der anderen Seite, um sich stärker zu machen, als sie jeweils sind, und um in ihrer Bipolarität immer auch mit dem jeweils anderen Part verträglich zu sein. Zugleich bekämpfen sich diese Richtungen auch immer wieder bis »aufs Messer« – schließlich geht es darum, jeweils den eigenen Kurs durchzusetzen und die entsprechenden Personen abzusichern. Dabei hat der extrem rechte Flügel in den vergangenen Jahren entscheidende Siege erlangt, die unter anderem zu diversen Parteiaustritten von Personen aus dem moderateren Lager führten.

Zentral für die politische Linie der Partei ist ein Polarisierungsansatz, der vor allem zwischen Bevölkerung und »Establishment« sowie deutscher und »nichtdeutscher« Bevölkerung eingesetzt wird. War anfänglich noch ein Euro-Skeptizismus der zentrale politische Motor, bewegte sich die Partei in den Jahren nach ihrer Gründung sukzessive immer weiter nach rechts. Sie mobilisierte mit dem angeblichen Kampf der Regierung gegen die Bevölkerung, mit Antielitismus und Volkszentrierung. Jüngst wurde die Politik der Sanktionen gegen Putin so umgedeutet, dass daraus ein Krieg der als zu links deklarierten Ampel-Regierung gegen die eigene Bevölkerung wurde. Mit dieser Polarisierungsstrategie versucht die AfD, in allen Politikfeldern ein Alleinstellungsmerkmal zu etablieren – insbesondere in der Europa-, Migrations- oder Sicherheitspolitik oder auch hinsichtlich einer neuen konservativen Familien- und Gesellschaftspolitik. Die AfD hat mit ihrem bipolar ausgerichteten Politikverständnis und ihrer emotionalisierenden Affektmobilisierung tiefe Spuren im Parteiensystem hinterlassen.

Das Bündnis Sahra Wagenknecht als populistische Partei

Das Bündnis Sahra Wagenknecht – Vernunft und Gerechtigkeit wurde im Januar 2024 als Partei gegründet, nachdem Mitte 2023 bereits ein gleichnamiger Verein zur Vorbereitung ins Leben gerufen worden war. Die Mitglieder um Sahra Wagenknecht, die ehemalige Vorsitzende der Bundestagsfraktion der Linkspartei, rekrutieren sich vor allem aus Mitgliedern dieser Partei. Die Strategie, zunächst einen Verein zur Vorbereitung zu gründen, dürfte eine Erfahrung aus dem letztlich misslungenen Projekt »Aufstehen« sein, mit dem Wagenknecht 2018 versuchte, eine neue linke Kraft zu etablieren. Im Gegensatz zu diesem ist das BSW keine Sammlungsbewegung von unten, sondern ein Top-down-Projekt, das auf einer starken Personalisierung aufbaut. Der Gründung vorausgegangen war eine immer stärkere Entfremdung zwischen Wagenknecht und ihren Anhänger:innen und dem Rest der Partei, die sich vor allem an Fragen von Migration/ Integration, dem Verhältnis zu Russland und der Klima- und Umweltpolitik entzündete. Das BSW will dabei klassisch linke Positionen wie den Fokus auf einen starken Sozialstaat, gute Renten und Löhne und gerechte Steuern mit einem migrationskritischen und russlandfreundlichen Kurs verbinden. Wagenknecht hat dem Neoliberalismus und dem Rechtspopulismus gleichermaßen den Kampf angesagt, da sie untrennbar miteinander verbunden seien. Denn der Neoliberalismus, wie er ihrer Ansicht nach auch von der Ampel-Regierung verkörpert wird, sei maßgeblich schuld am Erfolg und Aufstieg des Rechtspopulismus: »Die AfD ist so stark, weil die Politik in Berlin so katastrophal ist.«[2]

Wagenknecht und das BSW bedienen sich ebenso wie die AfD der (vermeintlich) antagonistischen Konfliktlinie zwischen »der Elite« und »dem Volk«. Die politische Elite, in aktuellen Fragen vor allem in Form der Ampel-Regierung, sei abgehoben und habe den Kontakt zum einfachen Volk verloren. Sie kümmere sich nicht um die drängenden Themen der »normalen« Leute, sondern verfange sich in »woken« Nischenthemen (z. B. Gendern und Antidiskriminierung). Gleichzeitig schaffe sie mit ihrer neoliberalen Politik und der Energie- und Klimapolitik soziale Schieflagen in breiten Teilen der Gesellschaft. Damit richtet sie sich insbesondere gegen die »Lifestyle-Linke«, die sie sowohl in der Linkspartei, aber auch bei der SPD und vor allem bei den Grünen ausmacht. Diese Politiker:innen »bewegen sich in einer Blase, großstädtisch, akademisch, gut situiert, aber das ist weit weg vom Leben vieler Menschen«.[3] Sie wolle hingegen die einfachen Leute vertreten und ihnen eine Alternative zur aktuellen Politik bieten, denn sie befürchte, dass diese aus Verzweiflung die AfD wählen (könnten), weil sie nicht wüssten, wie sie ihren Protest sonst ausdrücken sollten: »Ich kenne selbst nicht wenige Menschen, die mir sagen, wenn ihr jetzt nicht startet, wählen wir AfD, weil wir einfach nicht mehr wissen, was wir wählen sollen. Natürlich wollen wir diese Menschen erreichen. Dieses Wählerbashing, also dass AfD-Wähler alles Rechtsradikale sein sollen, ist völliger Quatsch.«[4] Der Bundesregierung wirft sie vor, autoritär gegen die Mehrheit des Volkes zu regieren: »Statt Freiheit und Meinungsvielfalt zu achten, macht sich ein autoritärer Politikstil breit, der den Bürgern vorschreiben will, wie sie zu leben, zu heizen, zu denken und zu sprechen haben.«[5]

Auf dem Weg zur Hufeisen-Koalition?

Sahra Wagenknecht verfolgt mit ihrer neuen Partei den Anspruch, Wählerinnen und Wähler der AfD zurückzuholen, da sie der Auffassung ist, dass viele nur aus Enttäuschung über die aktuelle Politik und mangels Alternativen die AfD wählen würden. Immer wieder ist deshalb und wegen ihrer kritischen Haltung zur Migrationspolitik sowie ihrer Russlandfreundlichkeit spekuliert worden, Wagenknecht könne sich der AfD nähern und eventuell sogar mit ihr kooperieren. Doch was denken Wagenknecht und BSW über die AfD, und was hält die AfD umgekehrt vom BSW?

Zunächst fällt auf, dass Wagenknecht wiederholt betont,

man dürfe die Wählerinnen und Wähler der AfD nicht pauschal in die rechte Ecke stellen. Viele seien nur frustriert und wüssten nicht, wohin mit ihrem Protest. Eine Zusammenarbeit mit der AfD, die Wagenknecht als rechtsextrem bezeichnet, lehnt sie jedoch ab.[6] Mit Rechtsextremen werde die Partei nicht zusammenarbeiten, und überhaupt gebe es in »wichtigen Fragen [...] keine Gemeinsamkeiten«: »In der Wirtschafts- und Sozialpolitik will die AfD noch mehr Markt, noch weniger öffentliche Verantwortung. [...] Bei Sozialabbau und Aufrüstung unterstützt sie die Regierung.«[7] Eine direkte Zusammenarbeit des BSW mit der AfD scheint damit eher unwahrscheinlich. Stattdessen bemüht man sich, zwischen der AfD als Partei und ihren Wählenden zu differenzieren und zumindest einem Teil dieser Wähler:innen eine Alternative zur Alternative anzubieten.

In der AfD blickt man durchaus besorgt auf die Gründung des BSW. So sieht der Landesvorsitzende der AfD Sachsen-Anhalt in der BSW eine »weitere linke und Deutschland-feindliche Partei«, die mit Mohamed Ali eine »Migrationsfetischistin« als Co-Vorsitzende habe.[8] Gottfried Curio, innenpolitischer Sprecher der AfD-Bundestagsfraktion, wirft dem BSW vor, AfD-Programmatik zu kopieren und mit »dem üblichen kommunistischen Umverteilungs-Diebstahl« zu kombinieren, was nicht erfolgreich sein werde.[9] Der dem Höcke-Lager nahestehende Rechtsextremist Benedikt Kaiser sorgt sich, Wagenknecht könne die AfD bei der Europawahl einige Mandate kosten. Allerdings sieht er die Möglichkeit, mittelfristig mit dem BSW koalieren zu können.[10] Insgesamt scheint es aktuell eher unwahrscheinlich zu sein, dass sich zwischen BSW und AfD eine »Querfront«-Koalition bilden könnte. Zu groß scheint die Distanz.

Unterschiede und Gemeinsamkeiten zwischen BSW und AfD

Zwischen dem BSW und der AfD sind im Wesentlichen große Unterschiede in drei Feldern auszumachen. So steht das BSW erstens in Fragen der Wirtschafts- und Sozialpolitik eindeutig links mit großen inhaltlichen Schnittmengen mit der Linkspartei, der SPD, aber auch den Grünen. Das BSW befürwortet *erstens* im Gegensatz zur AfD, die dem nationalistischen Sozialpopulismus des rechtsextremen Flügels vor allem im Osten zum Trotz bundesweit einen schlanken Staat protegiert, einen starken Sozialstaat, inklusive großzügiger Sozialleistungen; es setzt sich für gute Löhne und Renten ein und fordert höhere Steuern für Reiche. *Zweitens* bekennt sich das BSW in der Migrationspolitik zum Asylrecht, lehnt Zuwanderung nicht grundsätzlich ab und verfolgt auch sonst keine rassistische Programmatik. So steht die neue Partei *drittens* auch klar auf dem Boden des Grundgesetzes, und verfassungsfeindliche Bestrebungen sind bei ihr in keiner Weise zu finden.

Neben den Unterschieden finden sich Gemeinsamkeiten zwischen BSW und AfD: Auffällig ist, dass diese – insbesondere fünf grundlegenden Übereinstimmungen – vor allem in den derzeit diskursbestimmenden Themen zu finden sind.

1. Die grundlegendste Gemeinsamkeit beider Parteien besteht in ihrem negativen Bild über den Zustand Deutschlands. Wagenknecht bezeichnet die Ampel als »dümmste Regierung in Europa« und »schlechteste Regierung seit Bestehen der Bundesrepublik«.[11] Und Alice Weidel wirft der Bundesregierung vor, sie führe Deutschland ins »vorindustrielle Zeitalter«.[12] Sowohl BSW als auch AfD zeichnen das Bild eines heruntergewirtschafteten Landes, das durch unfähige Ideologen aus der Berliner Politikblase

regiert werde, die keine Ahnung hätten und es schlicht nicht könnten. Diese Politik einer abgehobenen Elite gehe dabei zulasten der hart arbeitenden Bevölkerung. Insofern können beide Parteien als populistisch bezeichnet werden, da sie sich erstens bewusst polarisierender Sprache, Übertreibungen und Tabubrüchen bedienen und zweitens »das Volk« gegen »die Elite« in Stellung zu bringen versuchen.

2. Der außenpolitische Kurs des BSW ist klar prorussisch. Der Bundesregierung werden Kriegstreiberei und eine Eskalation des Konflikts in der Ukraine vorgeworfen, was neben dem menschlichen Leid im Kriegsgebiet auch zu der Energiepreiskrise und Inflation in Deutschland beigetragen habe. Die Sanktionen würden also nicht helfen, sondern im Gegenteil Deutschland schaden: »Wir führen keinen Wirtschaftskrieg gegen Russland, wir führen einen Wirtschaftskrieg gegen uns selbst. Russland leidet nicht, die russische Energie hat andere Wege auf den Weltmarkt gefunden. Wir dagegen haben unsere Energiekosten in die Höhe getrieben und verschlechtern so das Leben normaler Familien und die Wettbewerbsfähigkeit unserer Industrie. Deutschland ist wirtschaftlich inzwischen Schlusslicht unter den Industriestaaten.«[13] Stattdessen setzt das BSW auf eine enge europäische Zusammenarbeit mit Russland. In diesem Punkt ist die Gemeinsamkeit mit der AfD also durchaus gegeben, denn auch sie fordert ein Ende der Sanktionen und der Unterstützung der Ukraine und will stärkere Zusammenarbeit mit Russland.

3. Auch in Fragen der sozial-ökologischen Transformation bestehen Ähnlichkeiten zur AfD; aber auch zu FDP und CDU. Zwar leugnet niemand im BSW den Klimawandel, und auch die Notwendigkeit zu Klimaschutzmaßnahmen wird erkannt. Jedoch stimmt die Partei in die Erzählung ein, die Umstellung auf erneuerbare Energien gehe zu schnell, sei zu teuer und zu unsicher. Klimaschutz soll statt-

dessen durch »die Entwicklung innovativer Schlüsseltechnologien«[14] ermöglicht und vorangetrieben werden. Auch in die Stimmungsmache gegen das Heizungsgesetz stimmte Wagenknecht mit ein und schreckte dabei auch vor Falschbehauptungen nicht zurück: »Ab nächstem Jahr werden Milliarden verschleudert, um Menschen zu motivieren, eine funktionsfähige Gasheizung herauszureißen und eine Wärmepumpe zu installieren, die im Winter zu 80 Prozent mit fossilem Strom betrieben wird.«[15]

4. Schließlich finden sich in der Migrationspolitik Gemeinsamkeiten, denn auch wenn das BSW nicht grundsätzlich gegen Asyl und Zuwanderung ist, wird in der öffentlichen Kommunikation eine sehr restriktive Haltung betont. Migration müsse begrenzt werden, nicht zuletzt um die Konkurrenz auf dem Arbeitsmarkt, vor allem bei den unteren Lohngruppen, nicht zu verschärfen. Durch diese kommunikative Strategie sollen vor allem diejenigen Wähler:innen angesprochen werden, die sich durch weitere Migration bedroht fühlen.

5. Wie auch die AfD inszeniert sich das BSW als Kämpferin gegen die »Lifestyle-Linke«, als Anti-Grünen-Partei. Denn die Grünen bieten ein Feindbild, das für viele unterschiedliche Dinge steht, die grundsätzlich abgelehnt werden: eine teure und »ideologische« Energie- und Klimapolitik, die Unterstützung der Ukraine, die als Kriegstreiberei bezeichnet wird, und gegen gesellschaftliche Liberalisierung, die als bedrohend empfunden wird. Generell stehen die Grünen demnach für eine abgehobene, urbane und akademische Elite, die aus Gutverdienern bestehe und völlig den Bezug zur Realität der »normalen« Leute verloren habe.

Ausblick: Demokratie unter Druck

Dass die AfD aktuell im öffentlichen Diskurs als Bedrohung für die Demokratie wahrgenommen wird, zeigen nicht zuletzt die Debatten um das Parteienverbot. Demgegenüber tritt das BSW als Partei auf, die den Siegeszug der AfD bremsen will, indem man einem Teil der AfD Wähler:innen eine Alternative bietet. Zugleich zeigt der Vergleich der inhaltlichen Positionen, dass es durchaus strukturelle Ähnlichkeiten im Umgang mit den Problemen des Landes gilt. Diese bestehen insbesondere in der populistischen Haltung und Deutung der Lage, die zu einer weiteren Dynamisierung und Polarisierung beitragen.

Im Hinblick auf das Verhältnis von AfD und BSW sind drei Szenarien denkbar. *Erstens* erscheint es möglich, dass mit dem BSW schlicht ein weiterer Akteur im Parteienwettbewerb hinzugetreten ist, der potenziell in der Lage ist, von allen Parteien Wähler:innen zu rekrutieren, aber auch ein neues Angebot für diejenigen macht, die sich bisher von keiner Partei vertreten fühlen. In dieser Perspektive wird das Wachstum der AfD begrenzt. *Zweitens* könnte es aufgrund grundlegender struktureller Ähnlichkeiten, insbesondere der Kritik an »der Elite« und ihrer Politik gegen die vermeintliche Mehrheit des Volkes, zu einer aktiven Kooperation zwischen BSW und AfD kommen. Dies erscheint zum jetzigen Zeitpunkt jedoch eher unwahrscheinlich. *Drittens* können die grundlegenden strukturellen Ähnlichkeiten dazu führen, dass die populistische Dynamik von den Rändern gestärkt wird und dadurch in die Mitte treibt. Dies wiederum würde eher in Richtung einer Destabilisierung des politischen Systems wirken.

Wolfgang Schroeder, Professur für das politische System der Bundesrepublik Deutschland an der Universität Kassel, Fellow

am Wissenschaftszentrum Berlin (WZB). Forschungsschwerpunkte: Demokratie- und Rechtsextremismusforschung, Zivilgesellschaft, Staat und Verbände.

Role Model der europäischen extremen Rechten: Die Radikalisierung der Freiheitlichen Partei Österreichs (FPÖ)

Robert Misik

Österreich hat Erfahrung mit der Normalisierung des Rechtsextremismus. Die FPÖ existiert seit 1956, und seitdem Jörg Haider 1986 putschartig den Vorsitz der Partei übernahm, ist sie auf einem ununterbrochenen Kurs der rechtspopulistischen Verschärfung. Strategien der Konflikteskalation, eines manichäischen »Wir gegen sie«, gingen mit einer Ausweitung des »Sagbaren« einher, die rechtsextreme Inhalte für immer mehr Wählerinnen und Wähler akzeptabel machte. Die AfD hat von der FPÖ in vielerlei Hinsicht gelernt – deren Strategien aber auch radikalisiert. Was nun wiederum auf die FPÖ zurückwirkt. In einer Art Parallelaktion versuchte die FPÖ in vielen Phasen ihrer jüngeren Geschichte, sich »gemäßigter« zu geben und von extremistischen Inhalten oder auch Parteiaktivist:innen zu distanzieren. Radikalisierung und der Versuch des »Salonfähigwerdens« durch Mäßigung waren stets zwei Taktiken in einem Spiel, an dessen Ende die dominierenden Diskurse rechter wurden, die FPÖ aber auch immer mehr als »normale« Partei dastand. Das war das Muster der »Normalisierung«, an das sich die Österreicher:innen gewöhnt hatten. Zwei Regierungsbeteiligungen in Rechts-Ultrarechts-Koalitionen, zunächst in den Jahren 2000–2005 und erneut 2017–2019, waren die Folge.

Heute ist von taktischer Mäßigung keine Spur mehr. Die Partei ist in einer Spirale permanenter Selbstradikalisierung, was sie aber nicht isoliert, sondern das gesellschaftliche Klima immer mehr vergiftet. Zugleich erlebt sie einen Höhenflug in der Wählerzustimmung. Im medialen System werden noch die schrillsten Aussagen als diskutable Meinungsäußerungen behandelt, etwa die »Remigrations«-Forderung der Identitären oder die Aussage, man werde Wien zur »Abschiebe«-Hauptstadt machen. Mit rund 30 Prozent in den Umfragen ist die FPÖ seit vielen Monaten stabile Nummer eins. Mittlerweile ist die Partei wieder in drei Landesregierungen eingezogen. Zwei Regierungsbeteiligungen, in Niederösterreich und Salzburg, erfolgten, nachdem die jüngste Selbstradikalisierungswoge seit der Corona-Zuspitzung losging. In allen drei Bundesländern regiert die FPÖ als kleiner Koalitionspartner der konservativen Volkspartei.

Ohne jede Scham sagen führende Parteifunktionäre heute, die Zeit der Mäßigung sei passé. Michael Schnedlitz, einer der Generalsekretäre der FPÖ, bekundete etwa: »Mit dieser Distanziererei ist es jetzt aber definitiv vorbei.« Damit waren die früheren Abgrenzungsversuche gemeint, die zu Absagen an die faschistische Subkultur und auch zu gelegentlichen Parteiausschlüssen geführt hatten.

Wie die Partei mit dem rechtsradikalen Vorfeld verschmilzt

Teile der Funktionärsschicht und vor allem die Parteijugend sind indes mit den rechtsextremen Identitären faktisch verschmolzen, die als eine Art rechtsradikale APO begonnen hatte. Die FPÖ-Jugend sorgte 2023 mit einem düsteren Angst-Video für einen kleinen Skandal, in dem sie »Kulturverlust«, »Sprachverbote«, »Regenbogenterror« und den »Bevölkerungsaustausch« verteufelte, kritische Wissenschaftlerinnen, aber auch TV-Journalisten als personifizierte Feindbilder an den öffentlichen Pranger stellte und verschiedene Vordenker der internationalen radikalen Rechten und des Ur-Faschismus als Vorbilder einblendete.[1] Das Video wurde über den offiziellen Parteikanal der FPÖ verbreitet.

Der Vorsitzende der FPÖ in der Stadt Salzburg, Paul Dürnberger, hat im Sommer 2023 an einer Demonstration der Identitären in der Wiener Innenstadt teilgenommen und dabei eine Fahne in den Farben der Gruppe getragen. FPÖ-Salzburg-Chefin Marlene Svazek, mittlerweile Vize-Landeshauptfrau in dem Bundesland, ließ sich mit Identitären ablichten, als sie gemeinsam das »White Power«-Zeichen machten. Ein bisheriger Identitären-Aktivist übernahm die lokale Parteijugend in der niederösterreichischen Stadt Korneuburg. Silvio Hemmelmayr, Vorsitzender der FJ, der FPÖ-Jugendorganisation in Oberösterreich, trat als Redner bei einer Identitären-Demonstration in Wien auf. In der Sprache der Identitären wird nicht nur der Bevölkerungsaustausch als Horrorbild getrommelt, sondern von »Remigration« gesprochen, also Massendeportationen, eine nur leicht geschönte Begrifflichkeit für ethnische Säuberungen. Götz Kubitschek, der Pate der deutschsprachigen »Neuen Rechten«, wurde von der FPÖ-nahen Studentenorganisation Ring Freiheitlicher Studenten (RFS) zu einem Vortrag an der Universität Wien eingeladen. Nach Untersagung durch die Hochschulleitung wurden daraus eine Rede und kleine Demonstration vor der Universität, bei der es sogar zu blutigen Schlägereien unter den Rechtsextremen kam. Abends durfte Kubitschek dann in den Parlamentsräumlichkeiten der FPÖ dozieren. Der ultrarechte zweite FPÖ-Generalsekretär Christian Hafenecker saß mit am Podium. Eine Abgrenzung zu Faschisten wie Kubitschek wird längst nicht mehr vorgenommen.

Herbert Kickl – der Höcke, der bald Kanzler sein könnte

Treibende Kraft der Selbstradikalisierung der FPÖ ist Herbert Kickl, seit 2021 Bundesparteiobmann der FPÖ. Kickl, ein Arbeiterkind aus Kärnten und verkrachter Philosophiestudent, stieß in den Neunzigerjahren zur FPÖ und war dort Jörg Haiders Helfer und zeitweise Redenschreiber. Von rhetorischer Zurückhaltung hielt er stets wenig. Rüde antisemitische Passagen bei Haiders Auftritten sollen direkt auf ihn zurückgehen. Seine Gewaltrhetorik brachte die FPÖ immer wieder in die Schlagzeilen. »Er zählt zu den besten und gleichzeitig brutalsten Rednern im Parlament«, so die Wochenzeitung *Falter*.[2] Kickl ist ein harter Rechter, aber ohne die in der FPÖ so traditionsreiche nostalgisch-emotionale Gebundenheit an die NS-Ära. Die Identitären bezeichnete er als »interessantes und unterstützenswertes Projekt«. Schon früh erkannte er, dass es für seine Partei nicht mehr der Königsweg ist, mit den Ambiguitäten von Provokation und Zurückrudern auf der Klaviatur des hergebrachten medialen Systems zu spielen, sondern rechte Pseudo- und Fake-Medien zu etablieren, um somit eine wachsende Anhängerschaft in eine Parallelgesellschaft zu ziehen. 2016 war er einer der Redner bei einem illustren Hassprediger-Kongress in Linz, an dem auch Götz Kubitschek, Jürgen Elsässer und viele Zentralfiguren der rechtsextremen völkischen Szene teilnahmen. Kickl umschmeichelte die Versammelten als ein »Publikum, wie ich es mir wünsche«, ganz anders als die »mieselsüchtigen Gestalten«, mit denen er es ansonsten im Parlament zu tun habe.

In der 2017–2019 amtierenden ÖVP-FPÖ-Regierung war Herbert Kickl Innenminister und stilisierte sich zum Law-and-Order-Mann. In seine Amtszeit fällt ein unerhörter Vorgang: Intrigen und politische Seilschaftskriege im damaligen Bundesamt für Verfassungsschutz und Terrorismusbekämpfung wurden forciert, um einen Schlag gegen den Staatsschutz durchzuführen. Höhepunkt: Eine Polizeirazzia gegen das Amt für Verfassungsschutz und Terrorismusbekämpfung, genehmigt von einem seltsamen Richter auf Basis eines anonymen Konvoluts. Dabei wurde das Amt auf den Kopf gestellt, geheime Unterlagen und Daten – auch von anderen westlichen Diensten – wurden konfisziert. Heute geht man allgemein davon aus, dass das irre Rollkommando es vor allem auf die Zerstörung des »Extremismus«-Referats abgesehen hatte, das die rechtsextreme Szene überwachte, und auf die Spionageabwehr und deren mögliches Wissen über die trüben Russland-Netzwerke der FPÖ. Reinhard Teufel, damals und bis heute ein engster Vertrauter von Kickl, hat zudem offenbar besten Kontakt mit Identitären-Anführer Martin Sellner. Der damalige Chef des Verfassungsschutzes, Peter Gridling, hat mittlerweile ein Buch über diese Causa geschrieben: *Überraschungsangriff*. Aus seiner Sicht war »Umfärbung das Hauptmotiv« des Überfalls, also die Machtübernahme von FPÖ-Netzwerken im Staatsschutz.[3]

Alle Hemmungen fallen

Heute zieht Herbert Kickl durch seine wohlorganisierte Vorwahltour, bei der man – es ist bestimmt nur als kleiner, provokanter Scherz gemeint – seine Messer zum Schleifen mitbringen kann. Der Kärntner Parteichef erklärte jüngst aufgewühlt, eine konkurrierende Politikerin werde er sich »herprügeln«. Kickl verspricht, es werde »Verletzungen und Verwundungen« bei den Gegner:innen geben, wenn man dann bald die Regierung übernehmen werde. Der liberale Kolumnist Hans Rauscher konstatierte im *Standard*, dies sei eine Art beschleunigte »Re-Nazifizierung«.

»Er trägt keine Slim-Fit-Anzüge, sondern Jeans und ein

etwas zu großes Sakko, er sieht in der Montur aus wie ein Buchhalter, und das unterstreicht er noch mit seiner Durchschnittsbrille und seiner Durchschnittsfrisur«, beschreibt ihn Markus Huber in einer großen Reportage für das Magazin *Fleisch*.[4] Diese Durchschnittlichkeit solle Kickl »erst durch den Wahlkampf und dann ins Kanzleramt tragen. [...] Wo auch Kickl in diesen Tagen auftritt, er spricht dabei sehr viel über Normalität. [...] ›Wir sind die Mitte der Bevölkerung, wir sind die Partei der Normalität, des Hausverstands‹, ruft Kickl zum Schluss.«

Seit Jahren, so formulierte es *Die Zeit* unlängst, »berserkert Kickl durch die österreichische Innenpolitik. Auf deutsche Verhältnisse übertragen, ist es so, als hätte Björn Höcke Aussichten, Kanzler zu werden.«[5]

Was daran zunächst einmal auffällt, ist die irrwitzige Selbstradikalisierung der Rechtsextremen. Übersehen werden sollte dabei auch nicht das gegenseitige Aufstacheln und Hochschaukeln mit dem Publikum. Täglich wird mehr an Gift zugeführt. Die Anhängerschaft wird mit jeder Grenzübertretung selbst immer radikaler, und das wirkt auf die Anführer:innen zurück.

Heute wird man vernünftigerweise von der FPÖ eher als einer »rechtsextremen« denn einer »rechtspopulistischen« Partei sprechen müssen. In dem skizzierten Prozess der Normalisierung bei gleichzeitiger Radikalisierung sind die Spitzenakteur:innen der Partei einerseits selbst Agierende, aber zugleich auch nur Beifahrer:innen. Sie produzieren einen Zeitgeist und sind zugleich auch dessen Produkte.

Fake-News-Medien, eine Diskurs-Polarisierung, zerrissene gesellschaftliche Bande, die Coronapandemie und Wutbewirtschaftung durch Erregungsunternehmer:innen haben eine Situation geschaffen, die sich von den früheren Jahren doch markant unterscheidet. Während vor zwei Jahrzehnten rechtsextreme Regierungsbeteiligungen eher Ausnahmefälle waren und sich solche Regierungen dann durch gewisses »Wohlverhalten« an die Regeln des etablierten Spiels anpassen mussten, sind sie heute eher der Normalfall. Wenn im Osten Orbán, im Südwesten Meloni und im Norden die Schwedendemokraten regieren und in den Niederlanden Geert Wilders Wahlen gewinnt, dann ist wechselseitige Aufstachelung vorherrschend und nicht mehr ein Druck zur Anpassung an die Mitte. Dabei bilden AfD und FPÖ eine deutschsprachige rechtsextreme Echokammer – und die Radikalisierung der AfD hat auch Auswirkungen bei der FPÖ und umgekehrt.

Die Entzauberungsthese

Auf die pausbäckige Hoffnung, dass sich die Rechtsextremen, einmal an der Macht, schon selbst entzaubern würden – sei es wegen ihrer Unfähigkeit, sei es, weil sie angesichts der Zwänge von »Realpolitik« ihre Anhängerschaft enttäuschen würden und weil sie wegen ihres Hangs zum Halbseidenen schnell in Korruptionsskandale verwickelt sein werden –, sollte man nicht blind vertrauen. All das gab es. Es ist aber keine Versicherung, dass das auch künftig immer der Fall ist. Eine lange Liste an Verurteilungen von FPÖ-Ministern, Bundesgeschäftsführern, Mandataren und Funktionären wegen Betrugs, Untreue, Amtsmissbrauchs oder Anklagen und Verurteilungen, deren Rechtskraft noch aussteht, hat der FPÖ das zweifelhafte Attribut eingebrockt, »zu einer kriminellen Vereinigung mutiert« zu sein, so der Journalist Hans-Henning Scharsach.[6] Jedenfalls sind die Verurteilungen und Skandale der Partei »einmalig in der Kriminalgeschichte westlicher Demokratien« (Scharsach).

Eines der frühen Muster rechtsextremer bzw. damals eher noch rechtspopulistischer Regierungsbeteiligungen in Österreich waren neoliberale Koalitionen mit konservativen Par teien, in denen die Ultrarechten die Rolle des Juniorpartners einnahmen. Ideologisch waren diese Partner gut kompatibel, weil die Anti-System- und Anti-Staatsmoloch-Rhetoriken der Populist:innen passabel zur neoliberalen Anti-Sozialstaats-Agenda der Konservativen passten. Die damit verbundenen Spar- und Kürzungspolitiken trafen jedoch Teile der Wählerschaft der Rechten. Sie mussten »Härten« rechtfertigen und hatten ansonsten nur peinliche Pannen vorzuweisen. Der Absturz in den Umfragen folgte und darauf das innerparteiliche Gerangel bis hin zu Parteispaltungen. Das war in etwa das Schicksal der ersten FPÖ-Regierungsbeteiligung von 2000 bis 2005. Die zweite FPÖ-Regierungsbeteiligung nahm 2019 durch das Ibiza-Video ein jähes Ende. Es ist nicht so sicher, ob die Sache ohne diese Aufdeckung so glimpflich ausgegangen wäre.

Die Erfahrung lehrt auch: Kaum eine Skandalorgie schadet den Rechtsextremen langfristig. Das Muster: Die Hauptbeteiligten an den Malversationen werden schnell ausgeschlossen und in einer Art Sühneopfer aus der Gemeinschaft exkludiert, die sich hinterher als gereinigt präsentiert. Für die recht einfachen narrativen Frontziehungen – »die da oben interessieren sich nicht für euch, sie wollen sich nur die Taschen vollstopfen, sie wollen euch umerziehen, aber wir sind eure Stimme« – gibt es ein ausreichend großes Reservoir, das schnell wieder zurückgewonnen werden kann. Vergessen soll auch nicht werden: Regieren ist jetzt nicht so schwer. Weshalb auch Regierungsbeteiligungen von Rechtsextremen nicht unbedingt immer in völligem Chaos versinken. In Wels – mit rund 64 000 Einwohner:innen immerhin die achtgrößte Stadt des Landes – regiert ein FPÖ-Bürgermeister seit Jahren relativ stabil, ohne dass ihm die Konkurrenz gefährlich werden kann. Auch die Regierungsbeteiligungen in Oberösterreich, Salzburg und Niederösterreich sind stabil. Es gibt keinen Absturz in den Umfragen. Dass Rechtsextreme sich gleichsam »auto-

matisch entzaubern«, wenn sie einmal regieren, ist eine Vor-
annahme, die von der Empirie nicht gestützt wird.

Hinzu kommt: Die heutige relative Dominanz von einzelnen Triggerfragen wie Gendern, volkstümlicher Esskultur
(»Schnitzel«), »Klimaklebern« und natürlich Migration und
»Ausländerkriminalität« versorgt die rechtsextremen Politi-
ker:innen mit Themen, mit denen sie einen guten Teil ihres
Publikums durch emotionale Erregung bei der Stange halten
können. Die affektive Polarisierung dieser Themen lässt selbst
gröbere Schnitzer beim Regieren in den Hintergrund treten.

Die FPÖ – im Nachkrieg das Sammelbecken alter Nazis

Demnächst könnte die FPÖ erstmals bei Nationalratswah-
len stärkste Partei werden, eine Regierung anführen und mit
Herbert Kickl den Kanzler stellen – vorausgesetzt, sie brächte
die konservative ÖVP dazu, in eine solche Regierungsalli-
anz als kleiner Partner einzutreten. Damit würde eine Partei die Regierung anführen, die in relativer Kontinuität zum
NS-Regime steht. Denn eines hat die FPÖ von den meisten
europäischen Rechtsparteien unterschieden: Sie ist eine alte,
gewachsene Partei. Das hat auch ihren Aufstieg zum Role
Model des europäischen Rechtspopulismus begünstigt. Denn
Parteineugründungen haben immer mit Instabilitäten zu
kämpfen, dem Fehlen gewachsener Organisationsstrukturen,
was es Spinner:innen aller Art erlaubt, Parteien zu untermi-
nieren. Nicht so die FPÖ: Jörg Haider konnte eine etablierte
Partei übernehmen. Dieser österreichische »Sonderfall« wird
gern übersehen oder unterschätzt.

Die FPÖ wurde 1956 gegründet und ging aus dem Verband
der Unabhängigen (VdU) hervor, der 1949 als Sammelbecken
ehemaliger Nationalsozialist:innen formiert worden war. Die

Verwandlung des VdU zur FPÖ markierte dann vollends die Machtübernahme alter, strammer Nazis. Mit dabei war der Vater Jörg Haiders, Robert Haider, der schon als 16-Jähriger der SA beigetreten war, 1934 am gescheiterten Nazi-Putsch teilgenommen hatte, dann »ins Reich« flüchtete und nach dem Anschluss eine kleine Karriere machte, etwa als »Gaujugendwalter«.[7] Schlüsselfigur in der neu gegründeten FPÖ war aber Anton Reinthaller, der erste Parteichef. Er war schon in den Zwanzigerjahren illegaler Nazi gewesen, wurde dann SS-Oberführer und SS-Brigadeführer, war Mitglied in der hitlertreuen Anschlussregierung in Österreich, später Unterstaatssekretär in Hitlers Berliner Reichsregierung. Seine rechte Hand als FPÖ-Chef war von Beginn an Friedrich Peter, einstiger SS-Obersturmbannführer, der Dienst in einer Mordbrigade versah, die an Kriegsverbrechen mit Zehntausenden Toten beteiligt war. Peter, später selbst FPÖ-Chef, hat immer abgestritten, persönlich an Erschießungen beteiligt gewesen zu sein. Reinthaller, der erste FPÖ-Anführer, hat sich in nachgelassenen Schriften als enttäuschter Idealist kostümiert, den Holocaust verurteilt, aber zugleich auch relativiert – als überschießende Reaktion quasi auf die »üblen wirtschaftlichen Machenschaften« des »zugewanderten Judentums«.[8] Reinthaller war eine Art Galionsfigur *(Der Standard)* im Milieu der ehemaligen Nationalsozialist:innen. In den Dreißigerjahren war Ernst Kaltenbrunner der Sekretär Reinthallers – er stieg 1943 zum Chef des Reichssicherheitshauptamtes auf, das die Vernichtungsaktion gegen die Jüdinnen und Juden leitete. Er wurde 1946 in Nürnberg als Kriegsverbrecher hingerichtet. Auch viele andere hohe NSDAP-Funktionäre, SA- und SS-Leute dominierten die Führungsgruppe der FPÖ.

»Die ›Ehemaligen‹ bewegten sich nach dem Kriegsende oft in einem gemeinsamen, männlich dominierten, sozialen und politischen Milieu«, formuliert die Historikerin Margit Reiter[9], die die Frühgeschichte der FPÖ und Biografie Reinthallers penibel aufgearbeitet hat. Eigen war diesem Milieu, dass es »ein Gegengedächtnis zum offiziellen österreichischen Geschichtsverständnis herausbildete«. Die Altnazis beklagten »Deklassierung« und »stilisierten sich als ›Opfer‹ der Entnazifizierung«. Reiter spricht von »Selbstviktimisierung«. In den Dokumenten von VdU und frühen FPÖ-Anführern wurde routinemäßig von »Entrechteten« gesprochen und über »Rachegesetze« gejammert.

Die Grundmuster heutiger Rechtsextremer hat die FPÖ also quasi in ihrer DNA. Man fühlt sich als Opfer, verfolgt von einem »System«, von den »Woken«, die einen »umerziehen« wollen. Von Tugendterroristen, dem Soros-Regime oder gar der WHO, die immer neue Krankheiten erfinde, mit dem Ziel, arglose Menschen einzusperren. Von den »Entrechteten« zu den »Ungeimpften« ist es nur ein kleiner Wimpernschlag, kleine rhetorische Anpassungen der eingeübten Sprechweisen reichen. 1945 ist von 2024 vielleicht weniger weit entfernt, als man gemeinhin denkt.

Robert Misik, 58, lebt als Journalist, Autor und Theatermacher in Wien. Zuletzt erschienen von ihm etwa im Suhrkamp Verlag: Die falschen Freunde der einfachen Leute *(2019) und* Das große Beginnergefühl. Moderne, Zeitgeist, Revolution *(2022)*.

Die AfD und der Antisemitismus

Jannis Niedick und Marc Grimm

Nach dem Erfolg des AfD-Kandidaten bei der Landratswahl im thüringischen Sonnenberg im Sommer 2023 verkündete Thüringens Verfassungsschutzpräsident Stephan Kramer, der zuvor als Generalsekretär des Zentralrats der Juden wirkte, Deutschland im Falle einer Regierungsbeteiligung der AfD zu verlassen.[1] Auf ähnliche Weise äußerte Michel Friedman seine Sorgen über die Erfolge der AfD und das Schweigen einer großen Mehrheit der Deutschen.[2] Der Zentralrat der Juden hatte schon 2018 mit vielen weiteren jüdischen Organisationen und Verbänden die gemeinsame Erklärung »Keine Alternative für Juden« veröffentlicht und vor der AfD als Gefahr für jüdisches Leben gewarnt:

> *»Die vormalige AfD-Vorsitzende, Frauke Petry, behauptete, die AfD sei der ›Garant jüdischen Lebens in Deutschland‹. Wirklich? Wenn Juden auf die AfD als Garant für jüdisches Leben in Deutschland angewiesen wären, wäre es um das jüdische Leben hier schlecht bestellt. Die AfD ist eine Partei, in der Judenhass und die Relativierung bis zur Leugnung der Shoa ein Zuhause haben.«*[3]

Eine 2017 durchgeführte Studie zu jüdischen Perspektiven auf Antisemitismus lässt den Schluss zu, dass es sich bei den oben beschriebenen Befürchtungen nicht um die Ängste Einzelner handelt. So gaben in der Studie 61 Prozent der befragten Jüdinnen und Juden an, innerhalb der letzten fünf Jahren darüber nachgedacht zu haben, aus Deutschland auszuwandern. 75 Prozent der Befragten erklärten, sich aufgrund von rechtspopulistischen Strömungen (z. B. PEGIDA und AfD) in Deutschland zunehmend unsicher zu fühlen.[4] Auch der Unabhängige Expertenkreis Antisemitismus der Bundesregierung beschreibt die AfD in seinem Abschlussbericht als eine Partei, die aus strategischen Gründen den Antisemitismus ablehnt, ihn aber zugleich in den eigenen Reihen duldet und somit das größte Antisemitismusproblem aller untersuchten Parlamentsparteien hat.[5]

Völkischer Antisemitismus und antisemitische Schuldabwehr sind zentrale Positionen der Partei, die sich zugleich einer instrumentellen Israel-Solidarität bedient und sich öffentlich von Antisemitismus distanziert. Dieses Spannungsverhältnis werden wir im Folgenden schrittweise beschreiben.

Moderner Antisemitismus

Laut der Definition der International Holocaust Remembrance Alliance (IHRA) ist »Antisemitismus [...] eine bestimmte Wahrnehmung von Juden, die sich als Hass gegenüber Juden ausdrücken kann« und »sich in Wort oder Tat gegen jüdische oder nichtjüdische Einzelpersonen« richtet. »Antisemitismus umfasst oft die Anschuldigung, die Juden betreiben eine gegen die Menschheit gerichtete Verschwörung und seien dafür verantwortlich, dass ›die Dinge nicht richtig laufen‹.«[6] Dazu zählen falsche, dämonisierende Stereotype gegen Jüdinnen und Juden, die sich in den Mythen einer jüdischen Weltverschwörung mit Kontrolle über die Medien, Wirtschaft oder Regierung äußern können. Auch der Vorwurf, den Holocaust zu erfinden oder übertrieben darzustellen, oder das Bestreiten der Tatsache oder des Ausmaßes des Völkermor-

des an den Jüdinnen und Juden durch das nationalsozialistische Deutschland werden als Antisemitismus eingestuft.[7] Aus
einer gesellschaftstheoretischen Sichtweise, in der Antisemitismus als spezifische Denkform begriffen wird, ergeben sich
drei Strukturmerkmale des modernen Antisemitismus:[8]

1. Die Konstruktion des identitären Kollektivs »Juden«, dem
   als Fremdgruppe negative, in hohem Maß irreale und emotional aufgeladene Attribute zugeschrieben werden.
2. Die Vorstellung, dass »der Jude« für zentrale Prinzipien der
   Moderne (Recht, Geld und Intellektualität) steht und diese
   im Verborgenen und auf Kosten der nichtjüdischen Mehr-
   heitsgesellschaft zum eigenen Vorteil nutzt.
3. Ein manichäisches Denken, das die Welt in den Kategorien von Gut und Böse fasst, wobei »die Juden« das Böse
   schlechthin verkörpern.

Die Erzählung von einer jüdischen Weltverschwörung ist
das zentrale Motiv des Antisemitismus. Komplexe gesellschaftliche Prozesse werden auf den vermeintlichen Einfluss
»der Juden« reduziert und personalisiert, indem sie für die
Komplexitäten, Widersprüche und negativen Erscheinungen
innerhalb moderner Gesellschaften verantwortlich gemacht
werden. Die empirische Forschung verweist darauf, dass antisemitische Denkfiguren dieser Art für die Anhänger:innen
der AfD besonders attraktiv sind. Laut einer Umfrage des Instituts für Demoskopie Allensbach aus dem Jahr 2018 fallen die
Einstellungen von Anhänger:innen der AfD gegenüber Jüdinnen und Juden deutlich negativer aus als bei allen anderen
Parteien: »Lediglich die Anhänger der AfD fielen vollkommen
aus dem Rahmen. 55 Prozent von ihnen meinten, Juden hätten
auf der Welt zu viel Einfluss. Hier trennt ein tiefer Graben die
Anhänger der AfD von denen der anderen Parteien.«[9]
   Diese Werte werden durch die Mitte-Studie 2022/23 bestä-

tigt: 25 Prozent der AfD-Sympathisant:innen sind manifest rechtsextrem eingestellt und haben die höchsten Zustimmungswerte in den Dimensionen »Befürwortung Diktatur«, »Nationalchauvinismus«, »Verharmlosung des Nationalsozialismus« und »Fremdenfeindlichkeit«.[10]

Völkischer Antisemitismus und die Idee vom »Großen Austausch«

Ein zentraler Baustein der politischen Ideologie der AfD ist das Idealbild einer ursprünglichen und unberührten Gesellschaft und der Identität von Volk und politischer Führung. In einem binären, manichäischen Denken wird darin das Spannungsverhältnis zwischen einem homogen gedachten »guten Volk« und einer »korrupten Elite«, einem »wahren Volk« und den negativ kollektivierten »anderen« konstruiert.[11] Die von der AfD in diesem Zusammenhang vermittelten Gesellschaftsbilder sind historisch eng mit antisemitischen Narrativen verknüpft, gesellschaftliche Veränderungen und Herausforderungen werden auf das Handeln einzelner Akteur:innen zurückgeführt.[12] Die Bundesregierung, Sicherheitsbehörden, sogenannte »Altparteien« oder die »System-« oder »Lügenpresse« werden in dieser Logik als »Gutmenschen« diffamiert, die das »deutsche Volk« und dessen Interessen verraten würden. Daran anknüpfend wird immer wieder das Bild von global vernetzten und kosmopolitischen Eliten gezeichnet, die nicht im Sinne dieses Volkes handeln, sondern dieses verraten und betrügen würden. Anschaulich beschreibt diese Vorstellung Alexander Gauland, Ehrenvorsitzender der AfD:

>*Diese globalisierte Klasse sitzt in den international agierenden Unternehmen, in Organisationen wie der UN, in den Medien, Start-ups, Universitäten, NGOs,*

*Stiftungen, in den Parteien und ihren Apparaten, und
weil sie die Informationen kontrolliert, gibt sie kulturell
und politisch den Takt vor. Ihre Mitglieder leben fast ausschließlich in Großstädten [...] Dieses Milieu bleibt sozial
unter sich, ist aber kulturell >bunt<. Das hat zur Folge,
dass die Bindung dieser neuen Elite an ihr jeweiliges Hei-
matland schwach ist. In einer abgehobenen Parallelgesellschaft fühlen sie sich als Weltbürger. Der Regen, der
in ihren Heimatländern fällt, macht sie nicht nass. Sie
träumen von der one world und der Weltrepublik.«*[13]

Gauland greift mit dieser Erzählung auf antisemitische Feindbilder zurück, die durch die politische Rechte schon in der
Weimarer Republik genutzt wurden. Im völkischen Denken
steht das antisemitische Bild des Juden seit dem Kaiserreich
für Wurzellosigkeit und Urbanität. Mit der Behauptung der
Existenz einer urbanen, globalen und heimatlosen Kultur-
elite bemüht Gauland Motive und Bilder, die historisch nicht
vom Antisemitismus zu trennen sind[14] und die zugleich eine
Brücke zum Antiamerikanismus schlagen, dem die Funktion einer Umwegkommunikation zukommt: »Die USA ver-
sinnbildlichen in dieser Wahrnehmung Universalismus, Kos-
mopolitismus und Materialismus und werden als Gefahr für
eine angestrebte Weltordnung rezipiert, in die die Menschheit
entlang ethnischer Kategorien in homogene Gemeinschaften
segregiert werden sollen.«[15]

Innerhalb der AfD wird zudem häufig von den »Globalisten« gesprochen und das antisemitische Narrativ des »Großen
Austauschs« bedient. Dieses behauptet, dass eine globale Elite
einen geheimen Plan habe, die christlich-weiße Bevölkerung
durch die Einwanderung von nicht-weißen Menschen oder
Muslim:innen zu ersetzen. Das antisemitische Phantasma
wird oftmals mit George Soros, dem jüdischen US-Amerikaner ungarischer Abstammung, in Verbindung gebracht, der

als reicher Jude und Philanthrop eine ideale Projektionsfläche für Antisemitismus abgibt. Neben den europäischen Staatschefs Viktor Orbán und Giorgia Meloni sowie Politiker:innen der Republikanischen Partei in den USA beriefen sich auch die rechten Terroristen auf die Erzählung des »Großen Austauschs«, die die Anschläge von Christchurch, Halle/Saale, Pittsburgh, El Paso und Utøya verantworteten. Sie nahmen die Erzählung vom »Großen Austausch« ernst und zogen die für ihre Opfer tödlichen Schlüsse daraus.[16]

Soros ist auch für das verschwörungsaffine Führungspersonal der AfD eine Zielscheibe, an der diese ihre Ressentiments ausagieren: Mit den AfD-Spitzenkandidaten Maximilian Krah und Petr Bystron sind zwei Personen auf den Listenplätzen eins und zwei für die Europawahl 2024, die in der Vergangenheit besonders häufig über George Soros getweetet haben. Eine 2020 erfolgte Auswertung der Twitteraccounts (heute: X) aller AfD-Abgeordneten zeigt, dass Soros 20-mal von Krah und 16-mal von Bystron namentlich in Tweets erwähnt wurde.

Sekundärer Antisemitismus und Erinnerungsabwehr

Sekundärer Antisemitismus (auch als Erinnerungs- bzw. Schuldabwehr-Antisemitismus bezeichnet) meint die Form des Antisemitismus, die sich in einer Relativierung des Holocaust, in einer Schlussstrichforderung oder durch eine Täter-Opfer-Umkehr äußern kann. Auch diesen Ausprägungen des Antisemitismus liegt die Idee von machtvollen Jüdinnen und Juden zugrunde, die Einfluss auf die Medien und öffentliche Diskurse nehmen würden, um sich Vorteile zu verschaffen. Die Wiederherstellung eines angeblich gebrochenen deutschen Nationalstolzes ist eine weitere zentrale politische Idee der AfD, die heute insbesondere so bizarr wirkt, weil damit die Neuausrichtung der Erinnerungspolitik seit Ende der

1990er-Jahre ignoriert wird, die die Aufarbeitung der Vergangenheit zur Grundlage eines neuen deutschen Nationalismus gemacht hat. Dem ungeachtet heißt es im AfD-Grundsatzprogramm dazu: »Die aktuelle Verengung der deutschen Erinnerungskultur auf die Zeit des Nationalsozialismus ist zugunsten einer erweiterten Geschichtsbetrachtung aufzubrechen, die auch die positiven, identitätsstiftenden Aspekte deutscher Geschichte mit umfasst.«[17]

Gaulands Versuch, die NS-Vergangenheit als einen »Vogelschiss in über 1000 Jahren erfolgreicher deutscher Geschichte« umzudeuten, Björn Höckes Rede vom Denkmal der Schande im Herzen der Hauptstadt und seine Forderung nach einer erinnerungspolitischen Wende um 180 Grad zielen darauf ab, einen neuen deutschen Nationalstolz zu ermöglichen, der ohne die Erinnerung an den Nationalsozialismus und seine Opfer auskommt. Eben darin sieht Samuel Salzborn den politischen Erfolg der AfD begründet. Vor dem Hintergrund der nationalsozialistischen Vergangenheit, auch in den eigenen Familien, sei der Wunsch in Deutschland besonders ausgeprägt, Nazi-Positionen formulieren zu können, ohne gleichzeitig als Rechtsextremer zu gelten. Im Selbstverständnis der AfD wird ein »geradezu besessenes Verhältnis zum Nationalsozialismus« deutlich, das »nur lange Zeit in seiner antiaufklärerischen, geschichtsrevisionistischen und antisemitischen Implikation nachhaltiger kaschiert wurde als beispielsweise bei der NPD«.[18] Ziel der geschichtspolitischen Intervention durch die AFD sei es demnach, Deutsche generell als Opfer des Nationalsozialismus zu erklären und damit dem Wunsch nach eigener (kollektiver) Unschuld zu entsprechen. Dass dieses erinnerungspolitische Narrativ von großen Teilen der Partei getragen wird, lässt sich an Reaktionen zum Holocaustgedenktag festmachen. Während einer Rede, die Charlotte Knobloch anlässlich des Gedenktages 2019 im Bayerischen Landtag hielt, verließ die Fraktion der AfD fast geschlossen den Plenarsaal, als Knobloch ausführte, dass die AfD für Hass und Ausgrenzung und nicht auf dem Boden des Grundgesetzes stehe.[19] Eine umfangreiche Twitter-Analyse, die alle Profile von AfD-Abgeordneten zum 75. Holocaustgedenktag untersucht, zeigt eine inhaltsleere und abstrakte Form der Erinnerung durch die AfD, in der weder die Opfer noch die Täter:innen oder gesellschaftliche Strukturen, die zum Holocaust führten, konkret benannt werden.[20]

Migrationsfeindliche Instrumentalisierung der Antisemitismuskritik

Antisemitismus wird innerhalb der AfD ausschließlich bei »den anderen«, den Muslim:innen und den Linken thematisiert, und die migrationsfeindliche Politik der Partei wird als Lösung des gesamtgesellschaftlichen Problems Antisemitismus ausgegeben. Israel wird in diesem Zusammenhang instrumentalisiert und dient der AfD als Projektionsfläche eigener politischer Ideen.[21] Durch eine realitätsferne Parallelisierung der deutschen und israelischen Sicherheitslage und einen positiven Bezug auf den jüdischen Staat wird versucht, migrationsfeindliche Positionen zu legitimieren und gegen Kritik zu immunisieren.[22] Auch dem Verein Juden in der AfD e. V. (JAfD) kommt innerhalb der Partei die strategische Funktion zu, sich vom Vorwurf des Antisemitismus abgrenzen zu können. Mit Bezügen auf den JAfD werden jüdische und israelische Kritiker:innen der AfD delegitimiert. Ihnen wird abgesprochen, für das gesamte Judentum zu sprechen, und insbesondere der Zentralrat der Juden wird als nicht relevant abgetan.[23]

Dass die anfangs erwähnten Ängste von Jüdinnen und Juden in Deutschland vor einer Regierungsbeteiligung der AfD begründet sind, zeigen abschließend die Äußerungen von Tomasz Fröhlich, der bei der Europawahl 2024 für die AfD auf Listenplatz 12 kandidiert. Nachdem die AfD in Thüringen im Jahr 2020 die FDP in die Regierung gebracht hatte, twitterte er als Sprecher der AfD im Europaparlament: »Die Auswanderung Michel Friedmans rückt näher.« Einen Artikel in *Bild* mit der Überschrift »Bei AfD-Kanzler will jeder siebte Deutsche auswandern« kommentierte er im Dezember 2023 auf X (vormals Twitter) mit folgenden Worten: »Will? Muss!«

Jannis Niedick hat Geschichts- und Erziehungswissenschaft an der Universität Bielefeld studiert und war mehrere Jahre als Bildungsreferent in der außerschulischen Bildungsarbeit tätig. Zurzeit ist er als wissenschaftlicher Mitarbeiter im BMBF-Projekt »RESPOND! Nein zu Judenhass im Netz« an der Universität Potsdam beschäftigt.

Marc Grimm ist Vertretungsprofessor für die Didaktik der Sozialwissenschaften an der Bergischen Universität Wuppertal. Herausgeber der Reihe Antisemitismus und Bildung im Wochenschau Verlag und Standortleiter im BMBF-Verbundforschungsprojekt »EMPATHIA³ – Empowering Police Officers and Teachers in Arguing Against Antisemitism«.

AfD: Politischer Arm des Rechtsterrorismus?

Matthias Quent

> *»Ihr habt hier in Deutschland nichts zu suchen,*
> *die AfD wird euch alle ausschalten.«*

Diesen und weitere explizite Hasskommentare, gerichtet gegen Deutschtürk:innen und andere Migrant:innen, verfasste der Münchner David Sonboly. Laut seinem Vater war »seine politische Ideologie […] sehr an dem Gedankengut der AfD orientiert«. Gern hätte er an einer der AfD-Demonstrationen mit Björn Höcke in Erfurt teilgenommen, vielleicht war er sogar einmal dort. Am 22. Juli 2016 tötete Sonboly in München aus rassistischen Motiven neun Menschen. Online gab sich der Täter das Pseudonym »Propheter Deutscher Stolz (AFD)«. Nach dem Anschlag waren die ersten Reaktionen aus der AfD Versuche, Flüchtlingen und der Migrationspolitik der Bundesregierung die Schuld an dem rechtsextremen Anschlag zu geben. Maximilian Krah, 2024 Spitzenkandidat für die AfD im Europawahlkampf, twitterte damals: »Das muss der Wendepunkt sein: Willkommenskultur ist tödlich. Es geht um unser Land!« Der politischen Instrumentalisierung auf sozialen Medien im eigenen Interesse, noch bevor belastbare Informationen vorlagen, folgte die spätere Entpolitisierung, Verharmlosung und Pathologisierung der Tat: Der Täter sei lediglich ein geisteskranker Amokläufer und zudem iranischer Abstammung; ein politischer Bezug werde nur durch Manipulationen hergestellt, um die rechte Szene zu

105

diskreditieren. 2019 dann ordnete auch das bayerische Landeskriminalamt den Anschlag offiziell als rechtsmotiviert ein. Während die AfD jede vermeintlich von Migrant:innen verübte Straftat als Vorwand gegen Zuwanderung nutzt, wurde das rassistische Hassverbrechen mit unstrittigen Spuren zur ideologischen Stimmungsmache von rechts außen aus dem Kontext gerissen und als unpolitischer Akt eines individuellen Wahnsinnigen dargestellt. Kein Einzelfall. Vom NSU über München, Hanau, Halle und andere rechtsterroristische Vorfälle: Die AfD und ihr Vorfeld konstruiert Verschwörungserzählungen, die von der mindestens geistigen Verwandtschaft mit Gewalttäter:innen ablenken.

Das Datum des Anschlags in München war kein Zufall: Der fünfte Jahrestag der rechtsterroristischen Anschläge des Norwegers Anders Breivik, der 89 Menschen tötete, war bewusst gewählt. Auf mehr als 1500 Seiten verfasste Breivik ein Manifest, mit dem zentrale kulturpessimistische, rassistische und muslimfeindliche Gedanken der rechtsextremen europäischen Onlinewelt verbreitet wurden und die Eingang fanden in die Programmatik von Gruppen wie der »Identitären Bewegung«, von diversen Rechtsaußenparteien und von Nachahmungstätern. Der Berliner AfD-Politiker Kai Borrmann twitterte zu Breivik: »Dass er ein Mörder war, beweist ja nicht, dass er politisch falsch lag.« Wegen einer rassistischen Beißattacke und Beleidigung wurde Borrmann 2023 zu einer Geldstrafe verurteilt. Jens Maier, AfD-Mann und ehemaliger sächsischer Richter, äußerte Verständnis dafür, dass Breivik »aus Verzweiflung heraus zum Massenmörder geworden« sei. Das in diesen Worten zum Ausdruck kommende ambivalente Verhältnis der AfD zum Rechtsterrorismus findet sich auch in anderen Tatkontexten.

Der Nationalsozialistische Untergrund (NSU) tötete aus rassistischen und rechtsextremen Motiven zehn Menschen, noch bevor es die AfD gab. Täter:innen und Unterstützer:innen hatten enge Verbindungen zur NPD. Die Aufdeckung des NSU-Komplexes 2011 resultierte unter anderem im zweiten NPD-Verbotsverfahren, welches 2017 wegen der politischen Bedeutungslosigkeit der Partei scheiterte. Konsequenzen hatte das Verfahren 2024 mit der gerichtlichen Bestätigung, wonach der verfassungsfeindlichen Partei die staatliche Finanzierung entzogen werden darf. In den Akten der NSU-Aufarbeitung stehen die Namen von Neonazis, die später die AfD unterstützten. AfD-Politiker:innen bezeichneten den NSU als »Fake« und die gerichtliche Aufarbeitung als »Schauprozess«. Immer wieder werden rechtsextreme Gewalttaten verharmlost und als Verschwörung des Establishments dargestellt mit dem angeblichen Ziel, die rechte Bewegung zu delegitimieren. Fake News gegen Selbstreflexion oder Empathie mit den Opfern von Rassismus.

Das Netzwerk des NSU reicht bis zum Neonazi Stephan Ernst, der 2019 den CDU-Politiker Walter Lübcke ermordete. Zuvor kursierte auf rechtsextremen Onlinekanälen ein 2015 aufgenommenes Video, mit dem massiv gegen Lübcke gehetzt wurde. In den Kommentaren des Videos fanden sich auch Morddrohungen. Wenige Monate vor dem Anschlag verbreitete unter anderem die AfD-Unterstützerin Erika Steinbach das Video erneut. Aufgezeichnet und hochgeladen wurde es von Stephan Ernst und dessen rechtsextremen Kameraden Markus H. Der mehrfach vorbestrafte Neonazi Ernst spendete 2016 für die AfD, unterstützte sie im Wahlkampf und nahm an Stammtischen der Partei teil. Außerdem soll er an Kundgebungen der Partei in Erfurt teilgenommen haben. 2018 demonstrierte er in Chemnitz mit der AfD. Bei den Protesten gab es gewalttätige Übergriffe auf Journalist:innen und Migrant:innen. Nach Angaben des Täters war die Demonstration in Chemnitz der Auslöser für den Anschlag auf Lübcke. Die Demonstrationen waren zudem auslösend für die Entstehung der rechtsextremen Terrorgruppe »Revolution Chemnitz«.

Deutliche Spuren führen auch im rechtsextremen Hannibal-Netzwerk zur AfD, beispielsweise bei der Gruppe »Nordkreuz«: Mitglieder des rechtsextremen Prepper-Netzes haben sich auf den »Tag X« eines Putsches vorbereitet und dafür unter anderem Feindeslisten angelegt, mit Schusswaffen trainiert sowie Leichensäcke und Löschkalk bestellt. Der Gründer der Gruppe, Marko Gross, war Mitglied der AfD und wurde später ausgeschlossen. Zu der Gruppe gehört auch AfD-Mann Haik J., ein ehemaliger Kriminalpolizist. Das rechtsextreme Netzwerk, in dem für den Umsturz trainiert wird, reicht bis in die Sicherheitsbehörden.[1]

Antisemitischer und rassistischer Terror

Am 9. Oktober 2019 versuchte ein Rechtsterrorist, in der am jüdischen Feiertag Jom Kippur voll besetzten Synagoge in Halle an der Saale ein Blutbad anzurichten – zum Glück scheiterte er an der schweren Sicherheitstür. Dennoch tötete der Rechtsextremist zwei Menschen und verletzte weitere. Er war angetrieben von antisemitischen, frauenfeindlichen und rassistischen Verschwörungsideologien, wie sie den zeitgenössischen Rechtsextremismus prägen. Wieder reagierten AfD-Politiker:innen, indem sie den politischen Hintergrund verharmlosten und lächerlich machten. Den Kranz, den der Kreisverband der AfD in Halle zum Gedenken ablegte, fassten zivilgesellschaftliche Gedenkinitiativen als Provokation auf.

Am 19. Februar 2020 tötete ein rechtsextremer Attentäter in Hanau aus rassistischen Motiven neun Menschen. Er sympathisierte mit der AfD und schaute sich am Abend vor seinem Anschlag im Internet Videos von einer PEGIDA-Demonstration samt Redebeiträgen von Björn Höcke an. Einer Umfrage des Instituts Forsa zufolge waren 60 Prozent der Bevölkerung der Meinung, dass die AfD für den Anschlag eine Mitverantwortung trägt. Doch anstatt sich von den menschenverachtenden Motiven zu distanzieren und den rassistischen und rechtsextremen Anschlag unmissverständlich zu verurteilen, gerierte sich die AfD als Opfer politischer und medialer Kampagnen und sprach der Tat die politische Motivation ab. Ein Schlag ins Gesicht der Angehörigen der Opfer, die ihre Verwandten und Freunde aufgrund der rassistisch motivierten Opferauswahl des Mörders verloren.

Trägt die AfD die Schuld für diese rechtsterroristischen Anschläge? Nicht in einem engen, operativen Sinne, nach dem die Partei einen expliziten Auftrag erteilt. So funktioniert der zeitgenössische Rechtsterrorismus nicht. Wichtige Radikalisierungsprozesse finden über Dynamiken der sozialen Medien und mittels massenhafter Entmenschlichungen und Gewaltfantasien statt, bis ein oder mehrere Radikalisierte zur Tat schreiten. Bei rechtsextremen Gewaltverbrechen sorgen die AfD und das rechtsextreme Szeneumfeld für ein Hintergrundrauschen, in dem menschenfeindliche Ideologien und Deutungen für größere gesellschaftliche Öffentlichkeiten als Optionen erscheinen. Potenzielle Täter:innen machen die Erfahrung, dass Rassismus und Hass mit Aufmerksamkeit und Zuspruch belohnt werden. Die Konstruktion von Sündenböcken, wonach an allen möglichen Problemen Migrant:innen, »Volksverräter«, »Globalisten« oder andere Feindbilder die Schuld tragen, funktioniert politisch und auch individualpsychologisch als Verarbeitungsangebot für Frustrationen und Krisen aller Art und zur Rechtfertigung von Aggressionen. Die AfD und das von ihr unterstützte Umfeld bildet ein Sammelbecken bzw. ist Multiplikator für Ideologien, Narrative, Angst- und Feindbildkonstruktionen, für den aufgeheizten Handlungsdruck und Untergangsstimmung und die tatlegitimierende Rechtfertigung von Gewalttäter:innen, die glauben, im Interesse des Volkes existenzielle

Bedrohungen durch Migrant:innen und »Volksverräter« zu bekämpfen. Die AfD erzeugt und verstärkt Stimmungen und Radikalisierungsprozesse, die Gewalt durch einzelne Gruppen oder allein handelnde Täter:innen wahrscheinlicher macht. Sie sorgt nicht dafür, wie in der Anfangsphase von einigen erhofft, dass eine rechte Repräsentation in den Parlamenten zu einer Zivilisierung der Szene führt – im Gegenteil.

Zum vollständigen Bild gehört auch: In all den genannten Beispielen zeigten sich diverse Versäumnisse von Behörden und der herrschenden Politik im Umgang mit Antisemitismus, Rassismus, Hassbotschaften und den Betroffenen von Rechtsextremismus. Aber die bemerkenswerten Verbindungen zwischen AfD und dem Rechtsterrorismus gehen noch weiter.

Birgit Malsack-Winkemann saß für die AfD im Deutschen Bundestag und schleuste Anhänger:innen der »Reichsbürgerszene« in das Gebäude, um es auszukundschaften. Der Richterin wird vorgeworfen, Teil der größten Umsturzkonspiration in der Bundesrepublik in den vergangenen Jahrzehnten gewesen zu sein. Nach dem Sturz der Regierung durch ein Netzwerk von Rechtsextremen sollte sie Justizministerin einer Regierung unter Führung von Heinrich XIII. Prinz Reuß werden. Beim größten Anti-Terror-Einsatz der Bundesrepublik am 7. Dezember 2022 wurde die Gruppe um Malsack-Winkemann, Prinz Reuß und weitere Verdächtige von der Polizei ausgehoben. 69 Mitglieder und Unterstützer:innen der »Patriotischen Union« sollen Vorbereitungen getroffen und Pläne geschmiedet haben, um auch unter Anwendung von militärischer Gewalt einen Systemwechsel herbeizuführen. Die AfD hat den Kontakt zur Terrorverdächtigen Malsack-Winkemann auch nicht abgebrochen, als diese bereits inhaftiert wurde: Laut Medienberichten haben drei Bundestagsabgeordnete der AfD eine dauerhafte Erlaubnis, um Malsack-Winkemann in der Justizvollzugsanstalt Lichtenberg zu besuchen.

Und noch weitere Terrorverdächtige der Gruppe Reuß waren für die AfD aktiv, beispielsweise Ruth Hildegard Leiding und Christian Wendler.

Neurechte Stichwortgeber

Neurechte Agitator:innen entwickeln und verbreiten ideologische Konzepte und Stichworte zur Rechtfertigung von antisemitischen und rassistischen Hassverbrechen, wie die Begriffe »Großer Austausch«, »Umvolkung« oder »Remigration«. Der ethnopluralistische Rechtsextremismus der »Identitären Bewegung« und des »Instituts für Staatspolitik« wird durch ihre Einflüsse auf die AfD popularisiert. Die Grenzen zwischen Partei und Bewegung verschwimmen. Da ist zum Beispiel Mario Müller: Der führende Aktivist der »Identitären Bewegung«, früheres Mitglied der NPD-Jugendorganisation und wegen Körperverletzung vorbestraft, ist Mitarbeiter des AfD-Bundestagsabgeordneten Jan Wenzel Schmidt. Damit besitzt der bestens vernetzte Rechtsextremist unmittelbaren Zugang zum Deutschen Bundestag. Müller war neben Martin Sellner einer der Identitären, die nach Recherchen von *CORRECTIV* in einer Potsdamer Villa mit Politiker:innen von AfD und CDU sowie mit Unternehmern rassistische Deportationspläne diskutierten. Dort soll Müller über Strategien gegen Linke gesprochen und dabei für »Waffen und Medien« plädiert haben.[2]

Mit der AfD ist auch die Bedrohungslage für ehrenamtlich Engagierte und Kommunalpolitiker:innen gewachsen. Als »Volkverräter« denunziert, werden sie bedroht, eingeschüchtert und angegriffen. Manche sind aufgrund der Angriffe bereits von ihren Ämtern zurückgetreten oder treten darum nicht erneut an – zum Beispiel in Tröglitz in Sachsen-Anhalt oder in Estorf in Niedersachsen. Gewalttäter sitzen auch für die AfD in Parlamenten: In Sachsen wurde ein AfD-Kreistagsabgeordneter verurteilt, weil er einen Polizisten gebissen hat. In Sachsen-Anhalt hat ein Kreistagsabgeordneter der AfD einer jungen Frau in den Bauch getreten. In Baden-Württemberg hat ein Kommunalpolitiker der AfD zwei Jugendliche mit Reizgas attackiert und dann einen Ersthelfer angegriffen und niedergestochen. Die Liste ließe sich fortsetzen. Der Verband der Beratungsstellen für Betroffene rechter, rassistischer und antisemitischer Gewalt berichtet weitere Fälle und beobachtet eine »zunehmende Gewaltbereitschaft bei AfD-Funktionär*innen«.[3] Alles Einzelfälle? Nein. Die Zusammenhänge zwischen rechter Gewalt und AfD sind systematisch.

Aus der repräsentativen Mitte-Studie der Universität Bielefeld geht hervor, dass die Bereitschaft für politische Gewalt in den vergangenen Jahren deutlich gewachsen ist: 2022/23 billigten 13 Prozent aller Befragten politische Gewalt, 2020/21 waren es nur 5 Prozent. Am höchsten ist die Billigung politischer Gewalt bei jenen ausgeprägt, die sich als rechts verorten.[4] Eine Untersuchung von Hassbotschaften auf lokalen Facebook-Seiten der AfD zeigt, dass Hassbotschaften auf den Parteiseiten zu mehr rechten Gewaltverbrechen führen.[5] Eine andere statistische Studie offenbart einen signifikanten Zusammenhang zwischen den Wahlergebnissen der AfD und rechtsextremen Straftaten auf der lokalen Ebene: Wo die AfD stärker ist, gibt es demnach auch mehr rechte Straftaten.[6]

Seit der Gründung der AfD 2013 sind die bundesweit polizeilich erfassten Straftaten mit rechter Tatmotivation deutlich angestiegen von 17 042 Fällen (2013) auf 23 493 Fälle im Jahr 2022 – das entspricht einem Zuwachs um 38 Prozent. Das Dunkelfeld ist noch größer. Politisch motivierte Taten, die laut Polizei nicht zuzuordnen sind, sind im Vergleich dieser Jahre sogar um 376 Prozent auf 24 080 Fälle angestiegen.[7] Dahinter stehen beispielsweise Straftaten mit Bezug zur Coronakrise. Ein beispielhafter Extremfall ist die Ermordung eines jungen Studenten in Idar-Oberstein im Jahr 2021. Der Täter erschoss sein Opfer im, wie es gemeinhin heißt, Streit um die damals aufgrund der Pandemie geltende Maskenpflicht. Der Täter war seit Jahren in rechtsextremen und verschwörungsideologischen Kreisen sozialer Netzwerke unterwegs. Er leugnete den Klimawandel, folgte zahlreichen AfD-Accounts und schrieb Björn Höcke an. Offiziell gilt die Tat dennoch nicht als rechtsextrem motiviert. Opfervertretungen und Expert:innen kritisieren, dass Behörden bei vielen Straftaten, die als politisch nicht zuordenbar gelten, Bezüge zu rechtsextremen Akteur:innen und Kampagnen nicht angemessen berücksichtigen. Das betrifft besonders die Überschneidungen zwischen der Szene der Pandemieleugnung und der AfD, für die es zahllose Beispiele gibt. So vergleicht AfD-Mann Höcke die Impfungen gegen COVID-19 mit den Verbrechen der Nationalsozialist:innen. Auch Hasskriminalität und Straftaten durch die Reichsbürgerszene sind erheblich angestiegen und weisen starke Bezüge zu rechten Inhalten und dem rechten Milieu auf. Die Bilder der Erstürmung der Treppen des Deutschen Reichstags aus einer Demonstration gegen die Maßnahmen zur Pandemieeindämmung, an der unter anderem Reichsbürger:innen teilnahmen, gingen um die Welt; erinnerten sie doch an die Erstürmung des amerikanischen Kapitols durch radikale Anhänger:innen von Donald Trump. Unter den Protestierenden vor dem Deutschen Reichstag wurden mehrere AfD-Politiker identifiziert, darunter auch kommunale Mandatsträger.

Die Nähe der AfD zu rechter Gewalt und zum Rechtsterrorismus ist auffällig. Die Partei und ihr radikalisiertes Vorfeld wollen ein fundamental anderes System. Auf dem Weg dorthin verlieren einige die Geduld mit dem mühseligen demokratischen Prozess – oder halten erst gar nichts davon.

Vom Terrorismus zum Staatsterror

Viele rechte Gewalttäter:innen, wie der NSU, verzichten auf aufwendige Bekenntnisse oder komplizierte Begründungen ihrer Taten, weil die Gewalt an sich für sie nicht rechtfertigungsbedürftig ist. Um die vermeintlich natürliche rassistische Ordnung herzustellen, ist Gewalt nötig. Im Jahr 2019 haben unter anderem der SPD-Politiker Michael Roth und der CDU-Bundestagsabgeordnete Matthias Hauer die AfD als den »politischen Arm des Rechtsterrorismus« bezeichnet. Der Begriff Terrorismus meint extreme politische Gewalt von zivilen Personen. Weder mit demokratischen Maßnahmen noch mit der Gewalt einiger Zivilist:innen kann das Ziel einer ethnisch homogenen Volksgemeinschaft erreicht werden. Für die millionenfachen Vertreibungen im Sinne ihres völkischen Konzepts der »Remigration« müssen die Rechtsextremen die Gewalt des Staates unter ihre Kontrolle bringen, beispielsweise indem sie Wahlen gewinnen. Dafür sind Populismus und Selbstverharmlosung erklärte Strategien. Als rassistisch motivierte Staatsverbrechen bezeichnete der Politologe Steffen Kailitz 2016 im NPD-Verbotsverfahren die Absichten der Neonazipartei. Staatsterror gegen Millionen Migrant:innen und »Nichtassimilierte« nach der Machtübernahme: Das bedeutet das Remigrationskonzept für die AfD in der Eiseskälte der Logik rechtsextremistischen Denkens.[8]

Entsolidarisierung und strukturelle Gewalt

Rechtsextreme Ideologien sind strukturell menschenverachtend und gewaltförmig. Im programmatischen Kern der Ideologie der Ungleichwertigkeit von Menschen sind der Mangel an Empathie für Schwächere und die Möglichkeit von Gewalt bereits angelegt.

Die schwerwiegenden Folgen einer Politik der Entsolidarisierung und der Faktenabwehr zeigte sich auch in der Coronapandemie: Die AfD lehnte die Maßnahmen zu deren Eindämmung ab, beteiligte sich an der Leugnung der Pandemie bzw. ihrer Gefährlichkeit und bezeichnete die Pandemie als Verschwörung. So vereinnahmten die AfD und ihr Vorfeld relevante Teile der pandemiebezogenen Krisenproteste. Eine komplexe Studie belegte, dass sich das Virus im Jahr 2020 in jenen Wahlkreisen besonders stark ausbreitete, in denen die AfD besonders hohe Ergebnisse hatte.[9] Die Ergebnisse wurden auf eine Vielzahl von Faktoren überprüft, die allesamt als potenzielle andere Gründe für die beobachteten Zusammenhänge zwischen der Stärke einer rechten Raumkultur auf das Infektionsgeschehen ausgeschlossen werden können. Studien aus anderen Ländern zeigen vergleichbare Ergebnisse. Der signifikante Effekt ist auf ein geringeres Schutzverhalten zurückzuführen und hat logischerweise in der Folge auch die Zahl der an Corona Verstorbenen gesteigert (auch wenn die Studie die Todeszahlen nicht untersucht hat). Auch die Leugnung und Verharmlosung der Klimakrise und ihrer zerstörerischen Folgen, wie sie von der extremen Rechten weltweit betrieben wird, trägt zur Verschlimmerung der Situation und dazu bei, die Lebenschancen und -grundlagen und die Freiheit von Milliarden Menschen künftiger Generationen und schon heute in den besonders betroffenen Regionen der Welt zu verschlechtern.[10]

Die strukturelle Gewalt des Rechtsextremismus bringt immer wieder Hasskriminalität und Terrorismus hervor. Sie indizieren, dass der Rechtsextremismus an der Macht in letzter Folgerichtigkeit auf eine autoritäre staatliche Gewaltherrschaft hinausläuft. Dazu darf es nie wieder kommen.

Matthias Quent ist Professor für Soziologie und Vorstandsvorsitzender des Instituts für demokratische Kultur an der Hochschule Magdeburg-Stendal. Er ist unter anderem Mitherausgeber der Zeitschrift für Rechtsextremismusforschung und Autor mehrerer Sachbücher zum Rechtsextremismus im Piper Verlag.

Die AfD will die CDU zerstören – und die reagiert genau falsch

Ann-Katrin Müller

»Hallo, der Krah kräht heut zur CDU.« So beginnt ein Video von Maximilian Krah aus dem März 2023. Für Krah ist die Geschichte des deutschen Konservatismus »eine Geschichte der Niederlagen und des Losertums«. Mit der Westbindung an die USA habe man etwa seine »kulturelle Eigenständigkeit« aufgegeben, außerdem hätte es nach 1945 eine »identitätsstiftende Betrauerung der eigenen Verluste durch Vertreibung und Kriegsschäden« gebraucht. Folgt man Krah, hätte sich die CDU darum kümmern müssen. Mit ernster Stimme behauptet Krah, die CDU sei heute »offen links«. Wer sie wähle, wähle in Wahrheit die Grünen. »Die konservative Maske« sei gefallen. Sein Fazit: »Wir brauchen Politik von rechts – und das heißt, wir brauchen das Ende der CDU.«

Was man dazu wissen muss: Krah war lange Mitglied der CDU, 20 Jahre lang. Davor war er fünf Jahre bei der Jungen Union, also dem CDU-Nachwuchs. Seit 2016 ist Krah allerdings bei der rechtsextremen AfD – und inzwischen an ihrem rechtesten Rand angekommen, in prominenter Position. Gerade ist er der Spitzenkandidat zur Europawahl im Juni 2024. Krah gilt zudem als einer, der die strategischen Überlegungen des Vorfelds in die Partei trägt. Er ist unter anderem eng verbandelt mit dem rechtsextremen Publizisten Götz Kubitschek, ließ in dessen Verlag Antaios ein Buch herausbringen, taucht immer wieder in dessen Podcast auf.

Die Christdemokraten sollen verschwinden

Und so sagt Krah nur offen, was schon länger gilt in der AfD: Die CDU ist der strategische Hauptfeind, man will sie »zerstören«. Schließlich zeige der europäische Vergleich, so Krah in einem Interview Ende 2023 mit der ARD, dass »die politische Rechte« nur dann zum Erfolg komme, wenn die Christdemokraten verschwänden.

Auf den ersten Blick mag das seltsam erscheinen. Schließlich sagt die AfD, sie wolle regieren. Und aktuell hat sie nur dann eine halbwegs realistische Chance auf irgendeine Form von Regierungsmacht, wenn die CDU mit ihr zusammenarbeitet und dafür ihren Unvereinbarkeitsbeschluss aufgibt. So hatte die AfD noch vor über einem Jahr den Plan, nach den Landtagswahlen in Brandenburg, Sachsen oder Thüringen eine Minderheitsregierung eines CDU-Ministerpräsidenten zu stützen. Es hätte der AfD reale Macht gegeben, neben der, die sie schon in Debatten entfaltet. Und sie hätte die CDU auf diese Weise immer weiter nach rechts drängen können und dafür gesorgt, dass liberalere Kräfte der Partei den Rücken kehren.

Doch dann stiegen die Umfragewerte der AfD, und sie träumten von einer richtigen Regierungsbeteiligung, mindestens als Juniorpartner. Vorteil: allerlei Posten in Ministerien und Co., ein paar Prestigeprojekte. Nachteil: Eine Koalition mit der AfD würde die CDU zwar ähnlich wie die obige Variante innerlich unter Druck setzen, aber sie könnte auf diese Weise aus Sicht der AfD noch zu viel mitbestimmen. Und was aus Sicht der Strategen noch viel schlimmer wäre: Die AfD müsste, bis sie ihre Macht weiter ausbaut, etwas moderater auftreten, zumindest nach außen. Etwa so, wie es die Neofaschistin Giorgia Meloni als Ministerpräsidentin Italiens gerade vormacht.

Mäßigung ist nicht vorgesehen

Die AfD könnte also nicht direkt den radikalen Politikwechsel durchsetzen, den sie ihren Wählerinnen und Wählern versprochen hat. Diese Enttäuschung wollen die relevanten Kräfte in der Partei gerade nicht provozieren, es könnte ihren gewünschten Aufstieg zur absoluten Macht verlangsamen oder gar stoppen. Deswegen wollen sie keine Kompromisse machen müssen, keine Zugeständnisse an demokratische Kräfte. Sie wollen die Bundesrepublik »vom Kopf auf die Füße stellen«, also einmal umdrehen. Das geht aber nur, wenn sie genügend Macht haben. Also wollen sie nun allein regieren. Und dabei das rechte Lager für sich haben, ohne die CDU im Weg. Selbst wenn das bedeutet, dass die AfD nach den Wahlen in diesem Herbst noch nicht wirklich (mit-)regiert. In ihren Augen gewinnt sie so oder so: Öffnet sich die CDU gegenüber der Linkspartei, kann man ihr das vorwerfen. Setzt sie auf eine Minderheitsregierung mit wechselnden Mehrheiten, kann die AfD immer wieder Köder auslegen und die CDU-Spitze nerven. Auch das wird die CDU unter Druck setzen.

Höcke ruft »absolute Mehrheit« als Ziel aus

Fast alles davon sagt die AfD öffentlich, seit die Umfragewerte noch ein bisschen gestiegen sind. Etwa in Dresden im November 2023. Björn Höcke, bekanntester Rechtsextremist der AfD, steht auf dem Schlossplatz auf einer kleinen Bühne, PEGIDA hat eingeladen. Die Menge ruft: »Höcke, Höcke, Höcke«. Sie schwenkt Fahnen: deutsche, russische, welche mit AfD-Logo und auch zwei Fahnen der neonazistischen Partei »Die Heimat«, wie sich die NPD heute nennt. Die steht zwar auf der Unvereinbarkeitsliste der AfD, doch Höcke stört sich nicht daran. Er ruft, dass seine Partei 2024 nicht nur in Thüringen, wo er Landeschef ist, sondern auch in Sachsen und Brandenburg »mit absoluter Mehrheit über die Ziellinie gehen wird«. Das sei »sowieso unsere mittelfristige Zielsetzung« gewesen, so Höcke. Nun sieht er die Zeit der AfD schon jetzt gekommen – und damit auch das Ende der CDU. Er greift die Partei frontal an.

Höcke spricht in Dresden etwa darüber, was eine AfD-Regierung in Bezug auf Migration machen würde, wenn sie denn die Macht bekäme: Der »Zuzug« solle bei »null« liegen, Familien würden nicht mehr zusammengeführt. Außerdem soll es eine Deckelung der Aufenthaltsdauer geben, und alle sollten sofort abgeschoben werden, die kriminell geworden seien. Sein Ziel: 200 000 Menschen, die er als »illegale Migranten« bezeichnet, pro Jahr aus Deutschland »herausschaffen«. Er redet nicht mehr von Integration, sondern von »Remigration«. Es ist ein Kampfbegriff der »Identitären Bewegung«. Die Menge vor ihm versteht Höcke sofort, ruft: »Abschie-ben, ab-schie-ben!«

Schuld an der Migrationspolitik ist für Höcke auch die CDU. Schließlich läuft die für ihn schon seit Jahrzehnten fehl. Und die CDU habe, genau wie alle anderen Parteien, »die bunte Gesellschaft« als »bereicherndes Miteinander« angepriesen. Das sei eine Lüge gewesen, sagt er. Dann zeichnet Höcke ein bedrohliches Bild: Wegen alledem, was die CDU und die anderen Parteien gemacht hätten, sei man schon in das »Stadium des Vorbürgerkrieges eingetreten«, behauptet er. Dann fragt er die Menge: »Was ist vom deutschen Volk denn überhaupt noch übrig?« Das müsse man in einem anderen Rahmen klären. Nur so viel wolle er jetzt sagen, so Höcke: »Schaut euch ins Gesicht!« Wenn es »hart auf hart kommt«, also wenn der Bürgerkrieg beginne, dann »werden wir uns erkennen«.

Diskursverschiebung nach rechts

Die CDU als Teil eines »Parteienkartells«, das das deutsche Volk ausrottet – härter geht es kaum. Die Völkischen, die den Ton in der AfD angeben, haben in den letzten Monaten noch mal draufgesattelt. Doch auch dahinter steckt Strategie.

Ihr Wunsch, dass die AfD die absolute Mehrheit erreicht, kann nur funktionieren, wenn sie es schaffen, die Wählerinnen und Wähler von der CDU zu entfremden. Und wenn es ihnen gelingt, den Diskurs noch weiter nach rechts zu verschieben. Also arbeiten sie daran – mit voller Kraft. Schon vor sieben Jahren sprach Kubitschek bei einer Strategietagung der AfD davon, wie diese Diskursverschiebung vonstattengehen soll. Seine Idee dreht sich um die Theorie des Overton-Fensters: Was radikal war, werde akzeptabel, was akzeptabel war, werde populär. Das gelinge, indem man immer wieder Testballons steigen lasse. Im Herbst 2022 notierte Kubitschek dann: »Der Augenblick ist da, das Zeitfenster öffnet sich.« Es gehe nun um »weitere Verschiebungen zu unseren Gunsten«.

Die CDU verschärft ihre Rhetorik

Er sollte recht behalten. Und ausgerechnet die CDU hat der AfD dabei geholfen. Denn: In den vergangenen zwei Jahren ist die CDU in ihrer Rhetorik abgedriftet. Immer wieder haben sich Spitzenfunktionäre der Sprache der AfD bedient, populistische Forderungen herausposaunt, demokratische Werte missachtet und Kulturkampf geführt. Gerade beim Thema Migration forderten sie noch härtere Gesetze, trotz aller Verschärfungen, die schon die Ampelkoalition und die Europäische Union umsetzten. So diskutierte die Partei das »Ruanda-Modell« – also das Abschieben aller Asylbewerber und -bewerberinnen dorthin, während ihre Anträge hierzulande geprüft werden. Die Genfer Flüchtlingskonvention und die Europäische Menschenrechtskonvention wurden von Spitzenfunktionären ebenso infrage gestellt wie das individuelle Recht auf Asyl.

Vor allem CDU-Chef Friedrich Merz nutzte immer wieder rechtspopulistische Sprache, unterstellte ukrainischen Geflohenen etwa, sie würden »Sozialtourismus« betreiben. Oder er behauptete, man bekäme wegen der Geflüchteten keine Zahnarzttermine mehr. Schüler mit Migrationshintergrund nannte er »kleine Paschas«. Zur großen Razzia bei Reichsbürgern und zur Attacke auf den Bundeswirtschaftsminister Robert Habeck sagte er tagelang nichts, schimpfte dafür die Ampel-Regierung »eine Gefahr für Deutschland«. Und er redete über Gendern, immer und immer wieder. Auch andere aus seiner Partei nutzen gern mal halb gare Fakten oder gar Falschinformationen. Da wurden einfach so Kitas an den Pranger gestellt, weil sie angeblich den Muttertag oder Weihnachtstraditionen nicht ausreichend würdigten – was so nicht stimmte und zu Morddrohungen bei den Kitas führte. Oder es wurde wegen angeblicher Cancel-Culture gegen den öffentlich-rechtlichen Rundfunk gewettert, die sich auch nicht belegen ließ.

In der AfD freute man sich über jede dieser Debatten. Hinter vorgehaltener Hand machte man sich über die CDU lustig. Denn während man in der CDU hofft und glaubt, mit derartigem Blinken nach rechts Wählerinnen und Wähler zurückzugewinnen, wusste man in der AfD, dass jede dieser Aktionen der Partei hilft: Ihre extremen Positionen werden legitimiert und damit normalisiert. Am Ende geben Wählerinnen und Wähler dann eher der Partei ihre Stimme, die Derartiges schon länger fordert.

Verschärfte CDU-Rhetorik nutzt der AfD

Da können CDU-Vordere noch so häufig und glaubwürdig sagen, dass man mit der AfD nicht koalieren will und dass sie eine »Nazi-Partei« sei. Am Ende sind auch sie es, die die Demokratie gefährden, wenn sie der AfD rhetorisch nacheifern. So hat es auch eine Studie der Universität Oxford gezeigt. Der Politikwissenschaftler Vicente Valentim hat Probandinnen und Probanden echte Aussagen von Funktionären der AfD und der Union vorgelegt, die sowohl in Inhalt als auch Ton nahezu identisch waren.[1] Der Name der Partei stand jeweils dabei. Manchen wurden nur die Aussagen der AfDler vorgelegt, anderen nur die von Unionspolitikern. Manche bekamen beide zusammen, wieder andere sahen ein Anti-Einwanderungs-Statement aus der AfD neben einer Aussage aus der Union, die sich für Einwanderung aussprach. Danach wurde unter anderem überprüft, ob die Probandinnen und Probanden eine Petition gegen Einwanderung aus Afghanistan unterschreiben würden. Und wie sie die öffentliche Meinung zum Thema einschätzen. Das Ergebnis: »Es ist manchmal ebenso wichtig, wer etwas sagt, wie das, was gesagt wird«, erklärte Valentim dem *Spiegel*.[2] Wenn sich in den Zitaten AfDler gegen Einwanderung aussprachen, habe das nur einen Einfluss auf jene gehabt, die ihnen sowieso nahestanden. Die Aussagen der Unionspolitiker dagegen hätten eine Wirkung in der Breite der Gesellschaft. Valentims Fazit: »Politiker aus Mainstream-Parteien spielen eine entscheidende Rolle, wenn es darum geht, die Normen der Demokratie aufrechtzuerhalten« – oder sie zu untergraben. »Die Studie zeigt, dass es gefährlich ist, wenn demokratische Parteien bestimmte Positionen der extremen Rechten übernehmen.«

Um genau diesen Effekt aber immer wieder zu erzielen, setzt die AfD alles daran, die CDU weiter unter Druck zu setzen. Sie brandmarkt sie als »links-grün-versifft« oder als »ökosozialistisch«. Sie wirft ihr vor, »grüne Politik« zu machen und sich nur alibimäßig rechter zu präsentieren. Für Rechtsextreme ist Merz ohnehin Teil des feindlichen Lagers der »Globalisten«, schließlich war er Aufsichtsratsvorsitzender der internationalen Investmentgesellschaft Blackrock.

Weitere Rechtsaußenkräfte sitzen CDU im Nacken

Seit 2017 hilft der AfD noch eine andere Gruppe, die CDU von rechts unter Druck zu setzen: die Werteunion – ein Sammelbecken von Rechtsaußenkräften der CDU und ihrem Umfeld. Immer wieder kritisiert sie die Union, spricht etwa – wie die AfD – von »Ökosozialismus« bei der CDU. Sie sagt, die Partei sei mit Ex-Kanzlerin Angela Merkel massiv nach links gerückt und nicht mehr konservativ. Auf ihrer Homepage macht die Werteunion Werbung für rechtspopulistische bis rechtsextreme Medien, sie agiert als Scharnier.

Der Vorsitzende der Werteunion, Hans-Georg Maaßen, der von 2012 bis 2018 Präsident des Bundesamtes für Verfassungsschutz und bis vor Kurzem Christdemokrat war, spricht inzwischen von der »sogenannten CDU«. Ende Januar gründete er mit seiner Werteunion eine eigene Partei, die sich zwischen CDU und AfD positioniert. Und er raunt verschwörungsideologisch daher, dass die »politische Elite« in Deutschland, zu der er auch die CDU zählt, eine »totalitäre Gesellschaftsform« errichten wolle. Inzwischen sagt Maaßen, man sollte auch mit der AfD Gespräche über mögliche Koalitionen führen.

Dabei würde das die CDU zerreißen – und letztlich zerstören, genau wie es auch die AfD wünscht. Bereits 2019 hatten Spitzenfunktionäre der Partei das eigentlich verstanden. Generalsekretär Paul Ziemiak schrieb damals in einem Gastbeitrag im *Spiegel,* dass die Union der AfD »nicht auf den Leim gehen« solle. Sie wolle »kein vermeintlich bürgerliches

Bündnis mit der Union eingehen, sondern langfristig CDU und CSU zerstören und ersetzen«.[3] Deswegen sei eine Zusammenarbeit mit der AfD ausgeschlossen, sie wolle »ein anderes, ein dunkleres, ein kälteres Deutschland«. Man dürfe keine »fremden- und verfassungsfeindlichen AfD-Mythen nacherzählen«. Und: Die CDU werde »nur als Volkspartei der Mitte erfolgreich sein; christlich-sozial, liberal und konservativ«.

Gedankenspiele über Kooperationen in der CDU

In der CDU gibt es allerdings auch andere Stimmen, etwa die von Andreas Rödder. Der Historiker saß bis 2023 der Grundwertekommission der Partei vor. Auch er sagte, die AfD habe das Ziel, »die Union zu zerstören, denn nur so kann sie die politische Rechte erobern«. Allerdings zog er andere Schlüsse, warb dafür, der AfD eher nachzueifern.

Außerdem meinte er, man könne je nach parlamentarischer Initiative auch gemeinsame Sache mit der rechtsextremen AfD machen. Eine CDU-Minderheitsregierung könne sich sogar ab und an eine Mehrheit mithilfe der Partei besorgen. Da folgte ein Aufschrei, Rödder gab den Vorsitz der Kommission auf. Doch in der CDU hat sich seine generelle Haltung zum Umgang mit der AfD festgesetzt, auch durch Merz.

Dabei müsste die CDU nicht mal mit Wissenschaftlern sprechen, um festzustellen, dass ihre Strategie selbstzerstörerisch ist und die letzten Jahre nicht funktioniert hat. Sie könnte ihre eigenen Ministerpräsidenten und Landeschefs fragen. Das Bundesland, in dem die AfD 2023 die niedrigsten Umfrageergebnisse hatte, ist Schleswig-Holstein. Dort regiert mit Daniel Günther ein CDU-Mann, der sich dem Populismus nicht hingibt. Der eine Jamaikakoalition anführt, die respektvoll miteinander umgeht. Der die AfD komplett ausgrenzt. Und dessen CDU sehr gut dasteht, deutlich besser als die im Bund. Ähnlich ist es in Nordrhein-Westfalen, wo Hendrik Wüst regiert. Auch hier kommt die Rechtsaußenpartei auf deutlich weniger Prozent in Umfragen. Das Modell funktionierte auch in Bayern, bis Ministerpräsident Markus Söder im Landtagswahlkampf anfing, populistisch daherzureden. Dann stieg die AfD in Umfragen – und die CSU sank.

In der AfD scheint man sich nicht zu sorgen, dass dies CDU-Strategen demnächst auffällt beziehungsweise sich die durchsetzen, die das erkannt haben. Im Interview mit dem ARD-Magazin *Panorama* sagte Krah – der Mann, der kräht – im Sommer 2023 über den Zickzackkurs der Union: »Es läuft genauso, wie wir uns das wünschen.«

Ann-Katrin Müller recherchiert seit 2013 für den Spiegel, vor allem über die AfD, Rechtsextremismus und innere Sicherheit. Zuvor studierte sie Politikwissenschaften und European Studies. Sie ist Co-Autorin des bei der Deutschen Verlags-Anstalt erschienenen Buchs Die Unsichtbaren. Wie Geheimagentinnen die deutsche Geschichte geprägt haben *(2022).*

»Europa der Vaterländer« statt EU: der Nationalismus der AfD

Juan Roch

Seit ihrer Gründung im Jahr 2013 vertritt die Alternative für Deutschland (AfD) eine kritische Haltung gegenüber der Europäischen Union (EU) und dem Prozess der europäischen Integration. Die Partei war jedoch gezwungen, unterschiedliche Entwicklungen und Krisen auf nationaler und globaler Ebene sowie interne Auseinandersetzungen über den spezifischen Diskurs und die Position zur EU zu berücksichtigen. Im Spektrum der euroskeptischen und rechtsradikalen Parteien gibt es verschiedene Arten der Ablehnung oder Kritik an der EU; auch die von diesen Parteien angebotenen Alternativen zum institutionellen Design der EU sind sehr vielfältig.[1] Der Euroskeptizismus kann parteiübergreifend stärker oder schwächer ausgeprägt sein[2] – und selbst innerhalb einer einzelnen Partei können die Position gegenüber der EU und die Bedeutung von EU-Themen je nach internen (Parteiführung) und externen (politischer Wettbewerb) Bedingungen variieren.[3] Dieser Beitrag konzentriert sich auf drei Hauptperioden seit der Gründung der Partei: die Zeit der Eurokrise (2013–2015), die Zeit der sogenannten Flüchtlingskrise (2015–2017) und eine letzte Periode, die die COVID-19-Pandemie und die Invasion der Ukraine (2020–2024) umfasst.

Der Zeitraum der Eurokrise (2013–2015)

In dieser Zeit nahmen Europa und die EU eine zentrale Stellung im Gesamtdiskurs der AfD ein. Die Partei setzte einen starken Fokus auf die Kritik an den Euro-Rettungspaketen und die Ablehnung der Wirtschafts- und Währungsunion (WWU).[4] Die AfD kritisierte die Ausgestaltung der WWU und insbesondere die Idee einer zukünftigen »Vereinigten Staaten von Europa«[5]. Der Nationalstaat wurde als die wesentliche politische Einheit, die Europa bildet, positiv dargestellt und durch nationale Souveränität legitimiert: »Wir bejahen ein Europa souveräner Staaten mit einem gemeinsamen Binnenmarkt. Wir wollen in Freundschaft und guter Nachbarschaft zusammenleben.«[6] Zugleich wurde Europa als Opfer einer fehlgeleiteten Geldpolitik dargestellt, die vor allem in Südeuropa zur Krise geführt habe.[7] Die AfD sah insbesondere hinsichtlich der Dimensionen Sozialpolitik, Verträge und Zentralbank Bedarf für politische Reformen und institutionelle Veränderungen. Die europäischen Verträge wurden manchmal als positive Referenz für diese Veränderungen und manchmal als eine der Dimensionen, die in der EU geändert werden sollten, angeführt. So berief sich die AfD beispielsweise auf die Verträge, um ihre Ablehnung der sozialen Säule der EU und der EU-Sozialpolitik zu begründen: »Es gibt keine europäische Sozialpolitik, und diese europäische Sozialpolitik gibt es nicht, weil sie keinen Sinn machen würde.«[8]

Im gleichen Sinne behauptete die AfD in einem Abschnitt des damaligen Europawahlprogramms mit dem Titel »Rückkehr zur Subsidiarität«, dass die EU »sich im Laufe der Jahre Kompetenzen angeeignet [hat], für die es in den europäischen Verträgen keine Grundlage gibt und die sachgerechter von den einzelnen Staaten entschieden werden könnten«.[9] Die AfD war der Meinung, dass die EU bürgernäher reformiert werden sollte und Bürgerinitiativen zugelassen werden sollten: »Die EU soll dem Bürger dienen, nicht umgekehrt. Deshalb setzt sich die AfD in Anlehnung an die ›Europäische Bürgerinitiative‹ für ein Bürger-Veto ein.«[10]

In der ersten Phase war daher der ökonomische Rahmen zentral und diente dazu, eine spezifische Problematisierung Europas und der EU rund um die Wirtschaftskrise und die schlechte Wirtschaftsleistung der EU zu entwickeln – Europa drohe demnach die Gefahr der Fragmentierung (aufgrund der Abhängigkeit der südeuropäischen Länder) und des wirtschaftlichen Zusammenbruchs.

Der Zeitraum der Migrationskrise (2015–2017)

Während der sogenannten Flüchtlingskrise fügte die AfD ihren europapolitischen Positionierungen neue Elemente hinzu; »Deutschland« wurde dabei als Nation mit einer eher problematischen, einseitigen Beziehung zu Europa dargestellt: »Dieses Deutschland ist für viele seiner Nachbarn immer noch zu groß, und das bereitet ihnen große Probleme. Aber wir sind zu klein, um Europa zu dominieren. Wir haben es versucht, und es ist zweimal furchtbar schief gegangen. Und wir haben mit gutem Grund immer wieder gesagt: Wir müssen versuchen, Deutschland so in Europa zu integrieren, dass es weder zu groß noch zu klein ist.«[11] In dieser Stellungnahme wird das Interesse an der Stärkung der Idee der deutschen Nation deutlich. Darüber hinaus werden Europa und seine stabilen staatlichen Systeme durch die von der EU geförderte Politik als gefährdet dargestellt. Der Zustrom von Millionen von Menschen in die westlichen Gesellschaften war aus Sicht der AfD in dieser zweiten Periode die aktuelle und wichtigste Bedrohung für Europa und Deutschland. Die Schutzsuchenden wurden daher als grundlegend »Andere« dargestellt – in Gestalt des aus afrikanischen Ländern stammenden und dem muslimischen Glauben folgenden Migranten. Diese »Anderen« wurden von der AfD als Bedrohung präsentiert: »Demografen [...] schätzen, dass aus dem islamischen Bogen Afrikas bis zu 240 Millionen nach Europa drängen und im Jahr 2050 sogar 1,1 Milliarden Menschen auf ihren Koffern sitzen werden. Jeder Migrant, der zu uns kommt, kostet uns 13 000 Euro, so Berechnungen des Deutschen Instituts für Wirtschaft.«[12] Entsprechende Berechnungen haben freilich deutlichen Widerspruch hervorgerufen.

Diese diskursive Verschiebung während der zweiten Periode implizierte eine stärkere Kritik an der EU und lehnte die Hauptausrichtungen der EU ab. Es gab auch einen stärkeren Kontrast zwischen nationaler Souveränität und dem Versuch, eine europäische Struktur zu schaffen, die über den nationalen Regierungen und nationalen Kulturen steht. Darüber hinaus wurden Europa und die Türkei als gegensätzliche Gebilde mit wesentlichen Unterschieden eingestuft, ein EU-Beitritt der Türkei abgelehnt und Grenzschließungen betont: »Der Sozialstaat wird sich verändern, er wird abgebaut werden müssen, wenn wir die Grenzen nicht schließen, und wenn wir die europäischen Grenzen nicht schließen können, dann werden wir die deutschen schließen müssen.«[13] Die AfD spielte hier eine humane Flüchtlingspolitik gegen den Sozialstaat aus.

Die COVID-19-Pandemie und die Invasion in der Ukraine (2020–2024)

Viele der bisherigen Positionierungen werden in dieser Phase fortgeführt – insbesondere bei der Ablehnung der Immigration treten allerdings einige neue hinzu, zudem beispielsweise die Ablehnung einer Zusammenarbeit bei der Verteidigung der Ukraine gegen eine russische Invasion. Die AfD sah »Deutschlands Interessen« dadurch vertreten, der Sanktionspolitik gegen Russland nicht zu folgen: »Die Russland-Sanktionspakete sind kontraproduktiv. Sie schaden Deutschland und Europa mehr als Russland. Ein Öl- und Gasembargo gegen Russland wäre völlig ruinös, weil es für diese Lieferungen keinen brauchbaren Ersatz gibt.«[14] In öffentlichen Stellungnahmen wird zudem behauptet, dass Deutschland im Zusammenhang mit der COVID-19-Krise und der Invasion in der Ukraine zunehmend von obskuren Interessen und einer linken Elite bedroht sei, die sich verschworen hätten: »Nach und nach wird immer deutlicher, dass ihr unser Land und den gesamten europäischen Kontinent aufs Spiel setzt, und das nur, um Bündnisinteressen zu bedienen, die in Wirklichkeit nichts anderes als hegemoniale Interessen sind.«[15]

Auch in Bezug auf die COVID-19-Pandemie behauptete die AfD, dass die EU diese besondere Situation nutze, um die deutschen Bürger:innen zu unterdrücken oder zu kontrollieren: »Unter dem Einfluss der Europäischen Union wird dieses fundamentale Prinzip der Privatautonomie in der deutschen Gesetzgebung Schritt für Schritt zerstört.«[16] Die EU wird zudem als Elitenkoalition dargestellt, die Pläne zur Kontrolle der deutschen Bürger:innen und zum Transfer ihrer Ersparnisse orchestriert: »Wir lehnen die undurchsichtigen Verfahren ab, die den Ausbau sogenannter erneuerbarer Energien über die Köpfe der Bürger hinweg ermöglichen.«[17] Die AfD wirft der EU vor, die COVID-19-Krise auszunutzen, um Gelder aus Deutschland und Europa auszugeben und das Land zu verarmen. Insgesamt wird ein deutlich gestiegenes Misstrauen gegenüber der EU artikuliert. Alexander Gauland sprach von der Unfähigkeit der »Brüsseler Bürokratie«, die COVID-19-Pandemie zu kontrollieren, und sah darin die Ursache dafür, dass sich Menschen wieder auf die Nation besinnen.[18]

Die Verhärtung der EU-Ablehnung seitens der AfD wird auch deutlich, wenn man die Wahlprogramme zum Europäischen Parlament von 2019 und 2024 vergleicht. In Ersterem strebte die AfD unter Abschnitt 2.2 unter der Überschrift »Reform der Europäischen Union« eine Reform der EU an und begründete dies mit einem undemokratischen Charakter der EU und den zu reformierenden Organen und Institutionen; außerdem nannte sie den Dexit als »letzte Option«. Im Programm zur diesjährigen Europawahl hingegen ist die Überschrift von Abschnitt 2.2. durch den folgenden Text ersetzt: »Die EU ist ein undemokratisches und reformunfähiges Konstrukt«. Das dient endgültig dazu, den reformistischen Ansatz der EU aufzugeben. Stattdessen tritt die AfD nun konkret für einen »Bund europäischer Nationen« ein: »Da die EU nicht im Sinne der AfD reformierbar ist, treten wir für die Neugründung einer europäischen Wirtschafts- und Interessengemeinschaft ein.«[19] Der Dexit wird zwar nicht explizit erwähnt, ist aber nach der Behauptung der Unreformierbarkeit der EU, einschließlich des Europäischen Parlaments, die logische Schlussfolgerung. Dementsprechend fordert die AfD 2024 eine Volksabstimmung über ein neues europäisches Bündnis.

Schlussfolgerungen

Der Euroskeptizismus der AfD ist flexibel und passt sich an den wechselnden politischen Kontext an, in dem die Partei agiert. Über die Zeiträume hinweg gibt es ein stabiles Muster, bei dem sich scharfe Kritik auf die EU konzentriert, während Europa meist als eine Idee dargestellt wird, die durch ein positives Verständnis der europäischen Zivilisation charakterisiert sei, die wiederum durch externe und interne Kräfte bedroht sei.[20]

In der ersten Phase wird der Fokus auf ökonomische Fragen gelegt und als Ergebnis der Wirtschaftskrise und der schlechten Wirtschaftsleistung der EU die Gefahr der Fragmentierung und des wirtschaftlichen Zusammenbruchs beschworen. Die Kritik an der EU ist schwächer als in den darauffolgenden Perioden, da sie sich auf interne und partielle Probleme konzentriert, die durch eine Änderung der Verträge oder eine sozialpolitische Ausrichtung der EU gelöst werden könnten. Es handelt sich eher um eine Kritik an der institutionellen Gestaltung und dem politischen Rahmen der EU als um eine grundsätzliche Ablehnung des gesamten europäischen Integrationsprojekts, gleichwohl wird die Abschaffung des Euro zentral gesetzt.

In der zweiten Phase, die durch die Migrationskrise 2015 gekennzeichnet ist, tritt stark die Gegenüberstellung Europas und der als grundlegend »kulturell anders« markierten Schutzsuchenden hervor, wobei »Islam« und »Türkei« als zentrale Begrifflichkeiten verwendet werden, um eine Bedrohungskulisse zu errichten: Zusammen mit Deutschland sei auch Europa von Millionen muslimischer Migranten bedroht, und die EU lasse diese Bedrohung Wirklichkeit werden. Die EU wird als ineffizienter bürokratischer Apparat dargestellt, der nicht in der Lage sei, die Grenzen zu kontrollieren. Das ethnisch-nationale Element, das in dieser Periode mobilisiert wird, dient dazu, eine tiefere Kritik an den Grundlagen der EU als supranationales politisches Projekt zu entwickeln.

In der dritten Periode tritt als weiteres zentrales Element die Beziehung zu Russland hervor; dabei steht im Vordergrund die Losung, dass Deutschland und die EU eine freundschaftliche und strategische Beziehung zu diesem Land entwickeln sollten. Die starke Kritik an der EU beinhaltet zunehmende Gefühle des Misstrauens und verschwörerische Beschreibungen in Bezug auf das politische Handeln der EU und die »undurchsichtigen Interessen der EU-Eliten«. Die EU ist in den Augen der AfD nicht reformierbar und soll daher durch ein anderes Ordnungsmodell eines »Europas der Vaterländer« ersetzt werden.

Juan Roch ist Professor für Politikwissenschaft an der Universidad Autónoma de Madrid; zuvor war er unter anderem Postdoktorand an der Universität Hildesheim und Promovend an der FU Berlin. Seine Forschung und Publikationen konzentrieren sich auf populistische und nationalistische Diskurse, die Krisen der EU und die Untersuchung von Legitimität in zeitgenössischen liberalen Demokratien. Autor von The Populism-Euroscepticism Nexus: A Discursive Comparative Analysis of Germany and Spain.

Wie die AfD zu einer Partei des Kremls wurde

Marcus Bensmann

Die AfD will die Westbindung der Bundesrepublik aufkündigen und Deutschland in einer »multipolaren Weltordnung« in »Eurasien« neben Russland platzieren. Das ist ein gefährliches außenpolitisches Experiment, das in der öffentlichen Debatte bisher kaum Beachtung findet.

Konrad Adenauer ging 1953 mit einem aggressiven Wahlplakat in die Bundestagswahl. Schwarz-rote Streifen führen zu zwei Augen unter einer sowjetischen Offiziersmütze. Darunter die Warnung: »Alle Wege des Marxismus führen nach Moskau! Darum CDU«. Ein Jahr zuvor hatte der sowjetische Machthaber Josef Stalin mit der berühmten Note Deutschland die Wiedervereinigung angeboten, im Tausch gegen die Neutralität. Adenauer lehnte Stalins Angebot ab, da er sich nicht von der beginnenden Westbindung lossagen wollte. Für den ersten Bundeskanzler war im Angesicht der sowjetischen Bedrohung die Westintegration der jungen Bundesrepublik wichtiger als eine Vereinigung. Ein Jahr später gewann Adenauer haushoch die Bundestagswahl. Seither gehören die Westbindung, transatlantische Bindung und europäische Integration zum Markenkern der CDU und CSU.

Westbindung vor allem in den westlichen Bundesländern verankert

Diese drei Säulen tragen bis heute den außenpolitischen Grundkonsens der Bundesrepublik. Die politische Zustimmung für Westbindung, transatlantische Bindung und europäische Integration ist aufgrund der engen historischen Bindung in den alten Bundesländern tiefer verwurzelt als in den neuen Bundesländern. Selbst der sächsische Ministerpräsident Michael Kretschmer (CDU) haderte zuletzt mit diesen Grundfesten. Er sagte zur Eröffnung des 54. Deutschen Historikertags 2023 in Leipzig, dass man die »Stalinnote« neu bewerten müsse.[1]

Die gesamtdeutsche Berliner Republik hat die Westbindung übernommen, aber sicher wünscht sich auch in den neuen Bundesländern nur ein kleinerer Teil wirklich eine russische Dominanz über Ostdeutschland zurück.

Die AfD und der außenpolitische Schwenk nach Moskau

Dieser Kurswechsel findet in der öffentlichen Auseinandersetzung mit der AfD zu wenig Beachtung. Dabei zeigt der außenpolitische Schwenk nach Moskau die Gefährlichkeit der Partei. Das geschieht nicht im Geheimen, sondern ist bestens in Reden, Büchern, Auftritten, Reisen und durch Programme dokumentiert. Adenauers Wahlplakat aus dem Jahr 1953 wäre mit einer kleinen Veränderung heute sehr aktuell.

Die AfD hat sich in ihrer zehnjährigen Geschichte für eine Abkehr von der Westbindung entschieden. Führende AfD-Politiker:innen bezeichnen die USA als »raumfremde Macht« und berufen sich dabei auf den deutschnationalen Staatsrechtler Carl Schmitt. Die Einbindung Deutschlands in die EU soll überwunden werden. Die AfD sieht Deutschland stattdessen in einer »multipolaren Weltordnung« innerhalb eines von Russland dominierten »Eurasien«.[2] Diese Position haben in der Vergangenheit bereits andere rechtsextreme Parteien vertreten. Aber von denen saß keine im Bundestag.

Zu Beginn war die AfD noch eine Partei der Westbindung

Die AfD bricht mit der Westbindung und behauptet gleichzeitig, die Positionen der CDU der 1980er-Jahre unter Helmut Kohl zu vertreten. Zu Beginn der Parteigründung der AfD unter Bernd Lucke hörte sich das noch anders an. Im Programm der AfD zur Europawahl 2014 klang das Bekenntnis zur NATO noch wie eine Ewigkeitsformel. Doch in der Partei regten sich schon früh konservativ-nationalistische Kräfte, die nach Russland blickten. Sie suchten die Nähe zu Putin. Dabei hatte Russland unter dem russischen Präsidenten Wladimir Putin 2014 die Maske fallen lassen, die Krim annektiert und in den ostukrainischen Provinzen Luhansk und Donezk einen Krieg entfesselt. Russische Offiziere schossen im Sommer 2014 über der Ostukraine den Flug MH17 ab.

Der AfD-Vorsitzende Alexander Gauland wurde 2014 in der russischen Botschaft gesichtet, der Landesvorsitzende von NRW, Marcus Pretzell, reiste zusammen mit dem Chef der Jungen Alternative, Markus Frohnmaier, auf die von Russland besetzte Krim. Seit 2017 bis zum Beginn des russischen Angriffskriegs besuchten die jeweiligen AfD-Vorsitzenden wie Frauke Petry und Alice Weidel oder Tino Chrupalla Moskau. Dabei vermieden sie Kritik, sondern genossen den Empfang durch hochrangige russische Regierungsmitglieder.

Stefan Keuter aus Essen fährt nach Russland

Der Spiegel, Die Zeit, T-Online, Die Welt und *CORRECTIV* recherchieren seit Jahren die Nähe einzelner AfD-Politiker:innen zu Russland. Dazu gehört auch der Bundestagsabgeordnete aus Essen, Stefan Keuter. Bis zu seinem Einzug in den Bundestag 2017 beschäftigte sich der hoch verschuldete AfD-Chef aus der Ruhrgebietsstadt vor allem mit seinen Insolvenzen. Keuter hatte bis dahin, wie er selbst auf Facebook schreibt, keine Beziehung zu Russland, abgesehen von einer touristischen Reise nach Moskau. Kaum im Bundestag, suchte der frischgebackene Abgeordnete die Nähe zu Russland. Auf seiner Facebook-Seite zeigt er sich stolz auf Empfängen in der russischen Botschaft. Er ließ sich von Russland als Wahlbeobachter anheuern und lobte die zweifelhaften Wahlen in Russland. Der russische Angriffskrieg änderte Keuters Position nicht. Er nahm online an einer Konferenz in Moskau teil und verurteilte die Sanktionen gegen Russland.

Im Dezember berichtete *Der Spiegel,* dass Keuter nicht nur eine Nähe zu Russland pflegt. Er soll im Auftrag des chinesischen Geheimdienstes eine parlamentarische Anfrage gestellt haben.[3] Das alles förderte jedoch die Parteikarriere des AfD-Politikers aus Essen. Ende 2023 wurde Keuter in den Vorstand der AfD-Bundestagsfraktion gewählt und ist für die Genehmigung von Auslandsreisen zuständig.

Dugin und die »multipolare Weltordnung«

Die Russlandorientierung der AfD geht über individuelle Annäherungen an den Kreml hinaus. Sie verstärkte sich sogar noch nach dem russischen Angriffskrieg gegen die Ukraine. Während Giorgia Meloni von der faschistischen Partei Fratelli d'Italia und Ministerpräsidentin von Italien sich deutlich auf die Seite der Ukraine stellte oder rechte Parteien in Finnland oder Schweden auf Distanz zu Russland gingen, hielt die AfD Kurs auf den Kreml.

Die beiden Kampfbegriffe der russischen Nationalisten, »multipolare Weltordnung« und »Eurasien«, finden sich in Reden, Aussagen und Programmen der AfD wieder. Diese Begriffe mögen auf den ersten Blick harmlos klingen, sind aber Ausdruck eines russischen imperialen Gedankens, der ein Ziel verfolgt: die Dominanz über Europa.

Auch Bundeskanzler Olaf Scholz spricht von einer »multipolaren Welt«. Allerdings nutzt er diesen Begriff, um den Ländern im globalen Süden auf Augenhöhe zu begegnen. Geografen bezeichnen »Eurasien« als Beschreibung der Kontinentalmasse zwischen Lissabon und Wladiwostok. Der russische Nationalist Alexander Dugin hingegen sieht in der »multipolaren Weltordnung« eine Welt, in der die USA als Ordnungs- und Garantiemacht sowohl in Europa als auch in Asien und Afrika abgelöst werden sollen. Nach diesem Konzept sollen regionale Mächte in ihrem Einflussgebiet über die benachbarten kleineren Länder verfügen können, ohne sich an Menschenrechte halten zu müssen, da deren Universalität bestritten wird. Die Infragestellung der universellen Menschenrechte ist ein zentrales Element der »multipolaren Weltordnung«. Russische Nationalisten sehen die »multipolare Weltordnung« als Gegenmodell zur von »liberalen Eliten« geführten Globalisierung.

In einer »multipolaren Weltordnung« hätten die USA in Europa nicht mehr die Rolle einer Schutz- und Garantiemacht, sondern diese würde Russland übernehmen. Dugin propagiert dieses Konzept von »Eurasien«. Der russische Nationalist verspricht zwar 2021 in seinem Buch *Das große Erwachen,* dass »Europa ein eigenständiger Pol einer multipolaren Welt werden sollte, unabhängig von uns und den Vereinigten Staaten, und gleichzeitig freundschaftliche Beziehungen zu beiden unterhalten sollte«.[4] Allerdings rufen diese Versicherungen Erinnerung an die Stalin-Note wach. Der ehemalige russische Präsident und Putin-Vertraute, Dimitri Medwedew, wiederholte nach dem russischen Angriffskrieg die Forderung eines Wirtschaftsraums von Lissabon bis Wladiwostok. Die Menschen in Europa und Deutschland wären gut beraten, dieses Ziel aus dem Kreml als Drohung aufzufassen. Russland strebt die Dominanz über Europa an.

Der AfD-Abgeordnete aus Sachsen-Anhalt, Hans-Thomas Tillschneider, erklärt in einem Video 2023 aus Moskau das strategische Ziel der »multipolaren Weltordnung«: »Nun spricht zwar auch unsere Bundesregierung ab und an von multipolarer Weltordnung, aber unsere Bundesregierung meinte den Begriff so, dass sie damit eben nur beschreibt, dass jetzt sich in der Welt mehrere Machtzentren irgendwie herausbilden. So wurde er auf der Moskauer Sicherheitskonferenz nicht verwendet. Dort wurde er normativ verwendet. Er hat das Ziel bezeichnet. In diesem Sinn ist die multipolare Weltordnung der Gegenbegriff zur unipolaren Weltordnung, zur Weltherrschaft der USA.«[5]

AfD übernimmt Kampfbegriffe der russischen Nationalist:innen

Die AfD hat die beiden Kampfbegriffe der russischen Nationalist:innen übernommen. Die Abgeordneten der AfD stimmten auf dem Parteitag in Magdeburg im Sommer 2023 für folgenden Satz in der Präambel zum Programm der Europawahl: »Jegliche Dominanz außereuropäischer Großmächte in der europäischen Außen- und Sicherheitspolitik lehnen wir ab. Die Staaten Europas werden so in Konflikte hineingezogen, die nicht ihre eigenen sind und die ihren natürlichen Interessen an fruchtbaren Handelsbeziehungen im europäisch-asiatischen Raum diametral entgegenstehen.« Die USA werden hier zwar nicht explizit genannt, aber im Kontext des Satzes können nur sie als »außereuropäische Großmacht« gemeint sein, die den »natürlichen Interessen an fruchtbaren Handelsbeziehungen im europäisch-asiatischen Raum« entgegenstehen. Anschließend folgt in der Präambel das Bekenntnis zur »multipolaren Weltordnung«: »Einheit und Stärke nach außen, nationale Vielfalt nach innen lautet daher die Formel, mit der die AfD den europäischen Pol in der multipolaren Weltordnung etablieren will.« Ein Satz, der wie von Dugin abgeschrieben wirkt.

Dugin-Anhänger im Maschinenraum der AfD

Ideolog:innen der »multipolaren Weltordnung« und von »Eurasien« arbeiten im Maschinenraum der AfD. Manuel Ochsenreiter war einer der Anhänger von Dugins Idee. Er gründete das »Deutsche Zentrum für eurasische Forschung« und war seit 2016 eng mit dem heutigen AfD-Bundestagsabgeordneten Markus Frohnmaier verbunden. Ochsenreiter soll Reisen von AfD-Politiker:innen nach Russland und in von Russland unterstützte Separatistengebiete organisiert haben.[6]

Nach dem Einzug der AfD in den Bundestag stellte Frohnmaier Ochsenreiter als Mitarbeiter ein. Der ehemalige Chef der Jungen Alternative musste Ochsenreiter jedoch entlassen, als die Staatsanwaltschaft gegen den rechtsextremen Russlandfreund ermittelte. Ochsenreiter floh nach Moskau, wo er im August 2021 an einem Herzinfarkt starb. Alexander Dugin schrieb zum Tod von Ochsenreiter am 19. August 2021 auf Facebook: »Er war ein überzeugter deutscher Patriot. Tapfer und mutig. Er hat sein Leben für die multipolare Welt geopfert. Er war ein Gegner der offenen Gesellschaft und der

Atlantiker. Er hat das größte Europa gewählt, das Eurasien, das Pluriversum.«

Dimitrios Kisoudis ist ein weiterer Ideologe der »multipolaren Weltordnung« und »Eurasiens« in der AfD. Er arbeitete zunächst für den Europaabgeordneten Marcus Pretzell, wechselte nach dem Einzug der AfD in den Bundestag und ist seither für den Fraktions- und Parteivorsitzenden Tino Chrupalla tätig. Der Historiker und Journalist ist ein Anhänger der eurasischen Idee, die eng mit Alexander Dugins Ideologie verbunden ist. Schon 2015 veröffentlichte er das Buch *Goldgrund Eurasien. Der neue Kalte Krieg und das dritte Rom.* Die zentrale These des Buches lautet: Der Westen und die USA gehen zugrunde, während Russland unter dem russischen Präsidenten Wladimir Putin zu einem dritten Rom aufsteigt. Deutschland solle sich daran orientieren.

Warum die AfD beim Terroranschlag auf Israel zauderte

Kisoudis' Tätigkeit als Berater von AfD-Chef Chrupalla erklärt auch die zögerliche Reaktion der AfD auf den Terrorangriff der Hamas am 7. Oktober 2023 auf Israel. Fünf Tage lang war die Parteispitze um Chrupalla und Alice Weidel abgetaucht. Dann meldete sich Chrupalla auf X: »Der Angriff der #Hamas auf #Israel ist zu verurteilen. Ich trauere um alle Kriegstoten. Jetzt müssen die Staaten der Region auf Deeskalation setzen, um einen Flächenbrand zu verhindern. Diplomatie ist das Gebot der Stunde. Eine tragfähige Lösung für alle Seiten muss das Ziel sein.«[7]

Dieser Tweet ist die Konsequenz der Ideologie der »multipolaren Weltordnung«. Die Forderung, dass ausgerechnet »Staaten der Region« auf Deeskalation setzen müssen, ignoriert die Rolle der USA als Garantiemacht und Schutzmacht für Israel. Viele Staaten der Region wie Iran oder Syrien haben dagegen ein Ziel: Sie wollen Israel vernichten. Die Schutzfunktion der USA für Israel widerspricht dem Konzept der Dugin-Schüler:innen in der AfD. Die Konsequenz einer solchen Weltsicht hätte verheerende Folgen für die Existenz Israels. Die »multipolare Weltordnung« würde das Ende Israels, der Ukraine und Taiwans sowie das Ende der Freiheit in Europa bedeuten.

Krah: Das »antibürgerliche« Manifest

Ausgerechnet der AfD-Bundestagsabgeordnete Norbert Kleinwächter fällt in einer Rezension zu *Politik von rechts. Ein Manifest* von Markus Krah, dem AfD-Spitzenkandidaten bei den Europawahlen, ein hartes Urteil: »Sein Manifest ist ausdrücklich anti-konservativ, anti-liberal, anti-freiheitlich, anti-bürgerlich, anti-christlich, anti-individuell, anti-rechtsstaatlich, anti-völkerrechtlich, anti-ethisch und anti-souveränistisch, vor allem aber anti-anglosächsisch und anti-westlich.«[8]

Kleinwächter gehört zu einer kleinen Gruppe innerhalb der AfD, der die Ausrichtung nach Moskau nicht behagt. Hin und wieder gelingt diesen Parteimitgliedern ein kleiner taktischer Erfolg. So konnten sie über eine gezielte Parteitagsstrategie in Magdeburg das Wort »NATO« in das Programm für die EU-Wahl schmuggeln, ohne dass es die Delegierten merkten. Hinter vorgehaltener Hand gibt dieses kleine Grüppchen der »Westler« zu, den Kampf gegen die »Moskowiter« verloren zu haben. Einige überlegen, die AfD deshalb zu verlassen.

Krah erhebt die »multipolare Weltordnung« als Gegenmodell zum bestehenden Westen, sieht in dem russischen Angriffskrieg gegen die Ukraine ein Fanal, um die Vorherrschaft des Westens zu brechen, und hofft auf einen Erfolg Russlands in der Ukraine, da die »politische Rechte« davon profitieren könne. Auch der AfD-Spitzenkandidat Krah will die universellen Menschenrechte abschaffen. Das Individuum wäre dem jeweiligen Regime erbarmungslos ausgeliefert.

»Multipolare Weltordnung« und die Forderung nach Abschiebung von Millionen von Menschen bedingen sich

Der AfD-Spitzenkandidat für die Europawahl, Markus Krah, ist in seiner Menschenfeindlichkeit konsequent. Die Errichtung des Mullah-Regimes im Iran bezeichnet er in seinem Buch als »erstes Erwachen«. Die Proteste dagegen kämen nur von der »sexuellen Minderheit« oder Menschen am »Rande der traditionellen Gesellschaften«.[9] Der AfD-Politiker aus Sachsen schreibt diese Worte ausgerechnet in einer Zeit, in der Hunderttausende Frauen unter Lebensgefahr gegen das Regime protestierten. Sein Manifest ist deutlich. Der Spitzenkandidat der AfD zur Europawahl will die Abschaffung der Menschenrechte und der liberalen Demokratien und setzt dafür auf Russland und China.

Die Recherchen von *CORRECTIV* »Geheimplan gegen Deutschland« im Januar 2024 zeigen die mögliche Konsequenz einer »multipolaren Weltordnung« und einer Aufgabe der Westbindung für die Menschen in Deutschland. Wenn in dieser Neuordnung die Menschenrechte, wie Krah schreibt, nicht mehr gelten sollen, dann können Rechtsextreme ihre als »Remigration« bezeichneten Pläne zur Vertreibung von Millionen Menschen umsetzen, die sie im November 2023 in einer Villa in Potsdam unweit der Gedenkstätte der Wannseekonferenz gesponnen haben.[10]

Björn Höcke wählt den Osten

Bereits im Jahr des Beginns des russischen Angriffskriegs gegen die Ukraine machte Björn Höcke aus Thüringen ausgerechnet am Tag der Deutschen Einheit klar, wo für ihn die Reise hingeht. In einer in Gera bejubelten Rede bezeichnete der rechtsextreme AfD-Politiker die USA als »raumfremde Macht« und stellte sich auf die Seite Russlands: »Der natürliche Partner, der natürliche Partner für uns als Nation, der Tüftler und Denker, der natürliche Partner unserer Arbeits- und Lebensweise wäre Russland; ein Land mit schier unerschöpflichen Ressourcen [...] Aber wenn ich mich jetzt für das deutsche Volk entscheiden müsste zwischen dem Regenbogenimperium, zwischen dem neuen Westen, zwischen dem globalistischen Westen und dem traditionellen Osten, ich wählte in dieser Lage den Osten.«[11]

Höcke gilt heute in der AfD als der eigentliche Strippenzieher, der die Richtung der Partei vorgibt. Höcke, Krah, Chrupalla, Tillschneider und viele andere in der AfD zeigen: Die Alternative für Deutschland hat sich in den letzten zehn Jahren zu einer Partei Russlands in Deutschland entwickelt. Es ist erstaunlich, dass die CDU/CSU diesen Angriff auf die Westbindung nicht für die Auseinandersetzung mit der AfD nutzt. Vor die Wahl gestellt, Miami oder Sibirien, würden sich sicher viele Menschen auch in den neuen Bundesländern überlegen, ob sie ihre Stimme der AfD geben. Ein heutiges Wahlplakat mit der Aussage, alle Wege der AfD führen nach Moskau, wäre keine Provokation, sondern eine sachliche Analyse der vorliegenden Quellen.

Marcus Bensmann, Senior Reporter bei CORRECTIV, *E-Mail:* marcus.bensmann@correctiv.org

Testgelände Ost: Wie die AfD in Ostdeutschland die Machtausübung probt

David Begrich und Maica Vierkant

Es ist der frühe Abend des 13. März 2016 in Magdeburg, der Tag der Landtagswahl in Sachsen-Anhalt. André Poggenburg kann das Ergebnis kaum fassen. Seine Partei, die AfD, feiert ihren Wahlerfolg im Magdeburger Stadtteil Alte Neustadt in einem in den 1990er-Jahren errichteten Tagungszentrum aus Stahl, Glas und Beton. Euphorisch teilt Poggenburg seinen zahlreich anwesenden Parteifreund:innen an diesem Abend mit, dass die AfD bei ihrem ersten Antritt zu einer Landtagswahl zwischen Zeitz und Altmark nicht nur aus dem Stand 24,3 Prozent der Stimmen geholt hat, sondern auch einige Direktmandate. Neben den frischgebackenen Abgeordneten nehmen auch der Verleger Götz Kubitschek und seine Frau, die Publizistin Ellen Kositza, an der Wahlparty teil. Dem MDR-Fernsehen gibt Kubitschek am Wahlabend ein kurzes Statement, in dem er seine Rolle und die seines »Instituts für Staatspolitik« für die künftige politische Ausrichtung der AfD als bescheiden darstellt. Sein Institut, so der extrem rechte Verleger, werde der AfD »die eine oder andere Expertise« zur Verfügung stellen. Dann eilt er durch die Flure des Tagungszentrums davon. Dass Kubitschek einer der wesentlichen Ideen- und strategischen Impulsgeber der AfD im Osten ist und, obwohl kein Parteimitglied, die Radikalisierung der AfD wesentlich vorangetrieben hat, ist zu diesem Zeitpunkt nur wenigen bekannt. Er und ein extrem rechtes Netzwerk in der AfD, der damalige »Flügel«, befeuern über Jahre gezielt die Radikalisierung der AfD in Ostdeutschland.

Der Einzug der AfD in den Landtag von Sachsen-Anhalt im März 2016 ist ein politischer Paukenschlag. Nie zuvor in der Geschichte der Bundesrepublik war eine extrem rechte Partei mit über 20 Prozent in ein Landesparlament eingezogen. Nicht einmal die rechtsextreme DVU mit ihren 12,9 Prozent bei der Landtagswahl Sachsen-Anhalt 1998 kam auch nur in die Nähe dieses Ergebnisses. Politik und Öffentlichkeit, ja die AfD selbst sind vom Umfang des Wahlerfolgs überrascht. Wenige Wochen zuvor waren der Partei zwischen 15 und 18 Prozent vorhergesagt worden. Mit einem Mal ist die seit 2014 von André Poggenburg geführte Landespartei Sachsen-Anhalt neben jener in Thüringen die Speerspitze des politischen Aufstiegs der AfD im Osten. Ein halbes Jahr später knackt die AfD auch in Mecklenburg-Vorpommern die 20-Prozent-Marke bei der dortigen Landtagswahl und zieht nach dem Aus für die zuvor im Landtag vertretene NPD in den Schweriner Landtag ein. Zwei Jahre später werden die AfD-Landesverbände in Brandenburg, Sachsen und Thüringen mit ebenfalls hohen Wahlergebnissen nachziehen.

In Sachsen-Anhalt übernehmen in den Monaten nach der Wahl André Poggenburg und die neu gewählten Abgeordneten der AfD-Landtagsfraktion jenen Stil politischer Rhetorik im Parlament, mit dem andere extrem rechte Parteien in Europa seit Langem ihre politischen Gegner:innen vor sich hertreiben. Im Parlament werden politische Eklats und Verstöße gegen die geschriebenen und ungeschriebenen Regeln des Politikbetriebs bewusst inszeniert. Auf Provokationen folgen offene Tabubrüche der politischen Kultur des Parlaments und der öffentlichen Debatte. Der Ton, den die AfD nicht nur im Parlament am Magdeburger Domplatz pflegt, ist rau bis unflätig. Er stellt die Rhetorik der damals bereits seit 2014 als

Fraktionschefin in Sachsen amtierenden Frauke Petry deutlich in den Schatten. Derweil macht der damalige Fraktionschef der AfD im Brandenburger Landtag, Alexander Gauland, eher durch kalkulierte Tabubrüche auf sich aufmerksam. Grundsätzlich geht es der AfD nicht um eine im politischen Meinungskampf übliche zugespitzte Polemik als Mittel der Kritik am Agieren der Regierung. Die Abgeordneten der AfD delegitimieren ihre politischen Gegner:innen im Parlament grundsätzlich politisch und moralisch. Die Reden der AfD-Abgeordneten strotzen nur so von rhetorisch eingängigen rechten, rassistischen und populistischen Phrasen. Konkurrierende Parteien werden als »Kartellparteien« oder »Altparteienkartell« geschmäht, es häufen sich verbale persönliche Angriffe unter der Gürtellinie auf Abgeordnete anderer Parteien. Als Chef der AfD-Landtagsfraktion macht Poggenburg bundesweit mit der rhetorischen Rehabilitierung von NS-Begriffen Schlagzeilen.

Doch die AfD nutzt die Parlamente in Ostdeutschland nicht nur als Bühne für die Selbstpräsentation in Gestalt kurzer Videos für Social Media, die sie gezielt an ihre Anhängerschaft ausspielt. Über das Parlamentarier:innen zustehende Fragerecht in Gestalt von Kleinen und Großen Anfragen beschafft sich die Partei Zugang zu Informationen über die Arbeit von Initiativen gegen Rassismus und für Demokratie, zunächst auf Landesebene, im Laufe der Zeit auch immer häufiger mit zum Teil wortgleichen Anfragen in den Kommunalvertretungen. Die Antworten bereiten die AfD-Fraktionen anschließend in ihrem Sinne politisch auf, sodass den ihr gegenüber kritisch eingestellten Initiativen die unsachgemäße Verwendung von Steuergeldern, mangelnde Kompetenz oder Linksextremismus vorgeworfen wird. Nicht nur hier wird deutlich, dass dieses Mittel bei Weitem nicht ausschließlich der Informationsbeschaffung dient, sondern zum einen der Einschüchterung zivilgesellschaftlicher Akteur:innen und zum anderen als Sand im Getriebe der jeweiligen Landesregierung.

Begleitend zu ihrer Arbeit in den Landtagen mobilisiert die AfD ihre Anhängerschaft zu Demonstrationen und Kundgebungen. Mit ihrer Versammlungstätigkeit vor allem in den Mittelstädten bietet sie einen Resonanzraum für rechtsextreme Politik, der sich zuvor in dieser Kontinuität nur im Internet formierte. Ob Hetze gegen Geflüchtete oder Protest gegen die Coronamaßnahmen: Die AfD klinkt sich gezielt in die von regionalen rechten Bewegungsunternehmer:innen angefachten Proteste ein, nutzt diese als Resonanzräume für ihre Kernwählerschaft und als Türöffner für lokale Präsenz. Vielerorts wird deutlich, dass Vertreter:innen der AfD dabei selbst die Kooperation mit Neonazis nicht scheuen.

Das außerparlamentarische Wirken der Partei trägt dazu bei, dass sich ein in Ostdeutschland ab 2014/15 zeigendes rechtes Protestmilieu stabilisiert. Hierzu werden neue Protestanlässe geschaffen, um die Anhängerschaft im Zustand einer politisierten Emotionalisierung zu halten. Thüringens AfD-Partei- und Fraktionschef Björn Höcke betont, wie wichtig für seine politische Strategie der »Volksopposition« die Mobilisierung auf der Straße ist. Darunter will er ein strategisches Zusammenspiel von Partei und rechter Protestbewegung auf der Straße verstanden wissen. In seinen Reden adressiert Höcke wiederkehrend die Beamtenschaft, namentlich die Polizei oder Mitarbeiter:innen des Verfassungsschutzes, die er dazu auffordert, Anweisungen ihrer Vorgesetzten dann nicht zu befolgen, wenn sie aus seiner Sicht im Widerspruch zum Grundgesetz stünden. Dieses Remonstrationsrecht – also das Recht eines Beamten, eine Dienstanweisung nicht umzusetzen, wenn sie ihm als grundgesetzwidrig erscheint – legt Höcke im Sinne der Politik der AfD aus. Demnach ist die Politik der Landes- und Bundesregierungen etwa in der Migration verfassungsfeindlich und bedarf somit des Widerstands.

Diese Idee der »Volksopposition« soll langfristig die politischen Koordinaten der Bundesrepublik hin zu einem rechtsautoritären Staatswesen verschieben.

»Vollende die Wende«

Der 13. Juli 2019 in Cottbus ist ein angenehm warmer Sommertag. Die AfD Brandenburg hat zu ihrem Wahlkampf-Auftakt in die Innenstadt geladen und einen prominenten Redner gewonnen: Björn Höcke. Die AfD hat für die ostdeutschen Wahlkämpfe in Brandenburg, Sachsen und Thüringen die Geschehnisse der Friedlichen Revolution in der DDR im Jahr 1989 entdeckt und sucht diese politisch zu okkupieren. Der in Westdeutschland aufgewachsene Geschichtslehrer Höcke gibt Geschichtsunterricht der besonderen Art. Er parallelisiert die heutigen politischen Verhältnisse mit denen in der Spätphase der DDR, als er ausführt: »Es fühlt sich fast schon wieder an wie in der DDR.« Ein Vater habe ihm berichtet, er spreche am Mittagstisch mit seinen Kindern kein offenes Wort mehr, weil er fürchte, »die Kleinen könnten sich in der Schule verplappern«. Höcke spielt hier vor seiner ostdeutschen Zuhörerschaft auf den Umstand an, dass Eltern in der DDR ihre Kinder dazu ermahnten, nicht alles zu Hause Gehörte in der Schule zu erzählen, aus Furcht vor politisch motivierten Sanktionen, wie etwa der Nichtzulassung zum Abitur. Das Leben in zwei Welten und ein Sprechen in zwei Sprachen war ein verbreitetes Phänomen in der DDR, in dem sich die Menschen in der Öffentlichkeit systemkonform äußerten und im privaten Rahmen die Verhältnisse im Land kritisierten. Nur wenige wagten öffentlich ihre Kritik am politischen System der DDR auszusprechen. Dass Höcke auf diese für Generationen von Ostdeutschen prägende Erfahrung ausdrücklich eingeht, ist eine geschickte Strategie der Kommunikation der

AfD. Sie spricht damit direkt die kollektive Erfahrung ostdeutscher AfD-Wähler:innen mit einer biografischen Prägung in der DDR an.

In den Wahlkämpfen des Jahres 2019 inszeniert sich die AfD in ihren Slogans in Ostdeutschland als legitime Sachwalterin des Erbes der Friedlichen Revolution in der DDR. Ihre Politiker:innen stellen sich selbst als die Dissident:innen von heute dar, die ähnlich wie jene in der DDR-Opposition furchtlos und mutig unbequeme Wahrheiten aussprächen und dafür bereit seien, Konsequenzen zu tragen. Damit legen die AfD-Politiker:innen zumindest nahe, eine Kritik der Politik der Regierung heute käme in ihren Konsequenzen den Formen politischer Verfolgung in der DDR – Verbote, Repression, Haft – nahe. Überdies zieht die AfD damit eine Parallele zwischen den aktuellen gesellschaftlichen Umständen und der gesellschaftlichen Agonie in der Endphase der DDR. Die Botschaft, die damit verbunden ist: Die heutige Bundesrepublik bediene sich Mechanismen der Unterdrückung der Meinungsfreiheit, wie sie in der DDR üblich waren, und sei letztlich selbst auf dem Weg in eine Diktatur.

Als im Februar 2022 der Krieg Russlands gegen die Ukraine beginnt, tritt die AfD in einer neuen Rolle auf: in der einer Friedenspartei. AfD-Parteichef Tino Chrupalla fordert im Bundestag und auf zahlreichen Kundgebungen vor allem in Ostdeutschland, alle diplomatischen Möglichkeiten auszuschöpfen, um den Krieg so schnell wie möglich zu beenden. Ebenso spricht er sich vehement gegen Waffenlieferungen an die Ukraine aus. Der NATO weist die AfD eine Mitschuld für den Krieg Russlands gegen die Ukraine zu. Hat sich die AfD, die sonst keine Gelegenheit auslässt, die mangelnde »Wehrfähigkeit« Deutschlands anzuprangern, in eine Friedenspartei mit pazifistischen Grundsätzen verwandelt? Wer den Reden von AfD-Politiker:innen wie Martin Reichardt, Bundestagsabgeordneter und Landesparteichef in Sachsen-Anhalt, auf

Kundgebungen der Partei zum Thema Ukraine-Krieg zuhört, kann diesen Eindruck gewinnen. Reichardt, ehemaliger Berufssoldat der Bundeswehr, bedient sich aus dem rhetorischen Arsenal der Friedensbewegung der frühen 1980er-Jahre und fordert ein sofortiges Ende der Sanktionen gegen Russland. Das Leid der von Russland angegriffenen Ukrainer:innen ist in den Statements und Reden der Vertreter:innen der AfD seltsam abwesend. Aus ihnen wird deutlich, dass es der AfD nicht um Friedensethik, sondern um möglichst billiges russisches Gas geht, welches Deutschland wieder zur Verfügung stehen sollte.

Der Ostdeutsche Tino Chrupalla positioniert seine Partei rhetorisch im Lager angeblich neutraler Vermittler und Friedensstifter. Ein genauerer Blick offenbart jedoch, dass die AfD nicht als ehrliche Maklerin des Friedens agiert. Ihre Stellungnahmen zum Ukraine-Krieg lesen sich nicht selten als Parteinahme zugunsten Russlands. Auf dem Landesparteitag der AfD Brandenburg im April 2023 in Jüterbog stellt die damalige Landeschefin Birgit Bessin eine Resolution der Partei vor. »Deutschland muss seinen Kurs der Unterwerfung unter die Interessen raumfremder Mächte beenden«, sagt sie und erntet dafür den Applaus der Anwesenden. Wer mit diesen »raumfremden Mächten« gemeint ist, wird weiter unten in der Resolution deutlich: »Für eine deutsche Bundesregierung müssen die Interessen Deutschlands an erster Stelle stehen statt einer westlichen Interventionspolitik und einer Politik eines abgehobenen Internationalismus.« Die begriffliche Anleihe an den staatsrechtlichen Vordenker der Nationalsozialisten Carl Schmitt und seine Schrift *Völkerrechtliche Großraumordnung und Interventionsverbot für raumfremde Mächte* ist dabei gewiss kein Zufall, sondern Absicht.

Szenarien der Macht

Jörg Urban gibt sich siegesgewiss. In einem Rundfunkinterview im Dezember 2023 prognostiziert er ein Szenario, nach welchem er nach den Landtagswahlen das Amt des Ministerpräsidenten besetzen könnte. Urban ist AfD-Landeschef in Sachsen und Spitzenkandidat seiner Partei für die Landtagswahl. Einst kämpfte der studierte Wasserbauingenieur für die »Grüne Liga« Dresden gegen den Bau der Waldschlösschenbrücke über die Elbe und trat für Umweltschutz ein. Im Jahr 2018 lief er mit Björn Höcke an der Spitze einer Demonstration in Chemnitz, der sich auch Hunderte Neonazis angeschlossen hatten. Inzwischen ist er Redner bei rechten PEGIDA-Demonstrationen in Dresden. Urban ist ein Beispiel für den biografischen Weg, welche manche AfD-Politiker:innen in Ostdeutschland in den letzten Jahren zurücklegten. Es ist der Weg der Radikalisierung von Menschen mit bürgerlichem Habitus nach rechts außen. Menschen mit Biografien wie Chrupalla und Urban sind in Ostdeutschland die Vorzeigepolitiker:innen der AfD. Die Wahrscheinlichkeit, dass Politiker:innen wie Urban bald gestaltenden Einfluss auf die Landespolitik in Sachsen nehmen, ist durchaus gegeben.

Unabhängig von der politischen Konstellation auf Landesebene nach den Wahlen in Sachsen, Thüringen und Brandenburg verändern die Kommunalwahlen 2024 die Bedingungen in der Lokalpolitik in Ostdeutschland grundlegend. Die AfD wird in der Fläche nicht nur einzelne Landrät:innen oder Bürgermeister:innen stellen. Der Zugewinn kommunaler Mandate in den Ländern versetzt die Partei in die Lage, ihre Präsenz sowohl in Kreistagen und Stadt- und Gemeindevertretungen auszubauen als auch in den kommunalen Gremien. Dadurch wird sie zukünftig stärkeren Einfluss auf das gesellschaftliche Leben in einer Kommune oder einem Landkreis nehmen können. Dass dies nicht gleichbedeutend mit einer inhaltlich kohärenten Politik ist, zeigen die Beispiele jener Kommunen, in denen die AfD bereits amtiert. Von einer stringenten Umsetzung vollmundiger Wahlversprechen oder Essentials der Programmatik der Partei kann bislang keine Rede sein. Die Kommunalpolitik der AfD erschöpft sich bisher in Anfeindungen gegen politische Gegner:innen. Noch fehlt es ihr vielerorts an kompetenten und gut vernetzten Mandatsträger:innen. Doch die Partei professionalisiert sich über die Arbeit in den Kommunen, wo ihre Vertreter:innen Kompetenzen für Verwaltungsabläufe und Politikgestaltung erwerben. Zugleich ist die Arbeit in kommunalen Gremien ein Übungsfeld für die Landespolitik. Die Kommunalvertretungen sind der Ort, aus denen heraus jene Normalisierung der Partei stattfindet, die sich ihre Vertreter:innen für die Landesebene wünschen.

Fazit

Seit 2014 ist Ostdeutschland für die AfD das Feld des politischen Experiments der Delegitimierung der Demokratie und das einer fortschreitenden Radikalisierung. Auf den Marktplätzen und in den Parlamenten haben ihre Politiker:innen seitdem ausprobiert, wie weit man gehen kann mit der Verächtlichmachung der Demokratie, der Schmähung gesellschaftlicher Minderheiten und der offenen Proklamation von Rassismus und rechtsautoritären Ideen vom Umbau des Staates und der Gesellschaft. Wohin dies führen soll, lässt die AfD in den ostdeutschen Landtagen in Anträgen und Reden durchblicken: An die Stelle einer demokratischen Kultur, die Minderheiten schützt und Machtausübung begrenzt, tritt nach dem Willen der AfD eine nationalistisch formierte autoritäre und ethnisch homogene Gesellschaft, die in Ostdeutschland an die repressiven und autoritären Traditionen der DDR anknüpft.

Es braucht keine Regierungsbeteiligung der AfD, um mit dem antidemokratischen Umbau der Gesellschaft von rechts zu beginnen. Denn dieser findet bereits statt: Die Partei nutzt seit Jahren die ihr zugänglichen Foren, um die Arbeit von Initiativen lokaler Demokratie zu schwächen und Stimmen einer kritischen Zivilgesellschaft zu diskreditieren. Sie zeigt sich dabei immer unverhohlener rechtsextrem. Gleichzeitig schreitet die Normalisierung weiter voran, eine Zusammenarbeit mit anderen Parteien ist auf kommunaler Ebene längst Realität. Die AfD erntet dabei bei einem Teil der Wählerschaft das, was NPD und DVU in den 1990er- und 2000er-Jahren vorbereitet haben.

Im Osten profitiert die AfD von Veränderungsmüdigkeit und dem Bedürfnis der Menschen nach Sicherheit und Normalität in der Politik und in ihrem Lebensumfeld. Der zunehmenden gesellschaftlichen Pluralität der Lebensstile setzt die AfD die Idee einer Rückkehr zu einer weitgehend geschlossenen und homogenen Gesellschaft entgegen, die Ostdeutschland über mehr als fünf Jahrzehnte dominierte und sich inzwischen durch Migration und demografischen Wandel infrage gestellt sieht.

Dieses Bedürfnis nach einer Rückkehr zu Eindeutigkeit von Werteordnungen beantwortet die politische Agitation der AfD mit einer rückwärtsgewandten Fiktion von Normalität, deren Gegenstand die Anrufung einer zeitgeschichtlich bewusst diffus verordneten Vergangenheit ist, in der die Welt geordnet, sicher und übersichtlich gewesen zu sein schien. Die Partei greift die in Ostdeutschland verbreitete Skepsis und Distanz gegenüber der repräsentativen Demokratie und ihren Institutionen auf und spitzt sie gezielt politisch zu Wut und rechtem Protest zu. Auf diese Weise mobilisiert sie demokratiefeindliche Affekte in ihrer ganzen Breite.

Die AfD hat keine reale Kompetenz für die Lösung der wirklichen Probleme und Herausforderungen in Krisenzeiten. Weder in den Landtagen noch in den Kommunen. Sie wird allerdings auch in Ostdeutschland nicht in erster Linie für die Lösung politischer Fragen gewählt. Deshalb geht die Erwartung fehl, die AfD werde sich im kommunalpolitischen Alltag, im Amt eines Bürgermeisters oder eines Landrats entzaubern lassen und ihre mangelnde praktische Funktionalität von allein erweisen. Die Partei wird derzeit nicht an ihren realen politischen Leistungen gemessen, sondern nur daran, dass sie jene Themen und Begriffe setzt und zuspitzt, die sich mit den rechten und rassistischen Einstellungen eines Teils der Wählerschaft decken.

Der Aufstieg der AfD in Ostdeutschland ist nur zu begrenzen, wenn sich die konkurrierenden demokratischen Parteien und eine kritische Zivilgesellschaft auf ihre Stärken besinnen: rechtsextremen und rassistischen Politikangeboten entgegenzutreten und vor Ort sichtbar in soziale Beziehungsarbeit investieren, die politische Entscheidungen nachvollziehbar macht, Bürgerbeteiligung ermöglicht und Solidarität mit denen organisiert, die sie benötigen.

Wer in Ostdeutschland ganze Regionen aufgrund von hohen Umfrage- oder Wahlergebnissen für die AfD abschreibt, stärkt die Partei. Es kommt darauf an, jene zu stärken, die für die demokratische Gesellschaft mit ihrer Person einstehen und dafür vielfältigen Angriffen ausgesetzt sind. Die langjährige Erfahrung der Arbeit für Demokratie in Ostdeutschland lehrt, dass es in allen Regionen, auch in den Hochburgen der AfD, Menschen gibt, die sich für eine demokratische Zukunft Ostdeutschlands engagieren. Die AfD setzt darauf, dass sich genau diese Menschen im Lichte ihrer politischen Erfolge zurückziehen. Dies nicht zuzulassen ist die Herausforderung der kommenden Jahre – nicht nur im Osten des Landes.

David Begrich ist Mitarbeiter der Arbeitsstelle Rechtsextremismus bei Miteinander e. V. in Magdeburg.

Maica Vierkant ist Leiterin der Geschäftsstelle des Aktionsbündnisses gegen Rechtsextremismus, Gewalt und Rassismus in Brandenburg mit Sitz in Potsdam.

Die Rechtsradikalisierung im Bürgertum

Liane Bednarz

Vielleicht ist Roland Hartwig neben Matthias Matussek das schillerndste Beispiel dafür, wie die Radikalisierung gen rechts keineswegs nur ein ostdeutsches Phänomen ist, sondern auch signifikante Teile des etablierten Bürgertums in Westdeutschland erfasst hat. Bis hin zum Sich-gemein-Machen mit der »Identitären Bewegung«, die vom Verfassungsschutz seit 2019 als »gesichert rechtsextremistisch« eingestuft ist. Beide sind nicht irgendwelche Randfiguren. Roland Hartwig war von 1999 bis 2016, als er in den Ruhestand eintrat, Chefjurist eines DAX-Konzerns. Mit laut Angabe auf bundestag.de »weltweiter Verantwortung für die Bereiche Recht, Patente/Lizenzen, Versicherungen, Compliance (ab 2004) und Datenschutz (ab 2016)«. Und Matussek war bis zu seinem rechtsradikalen Absturz ein Starjournalist, zeitweise Feuilletonchef des *Spiegel*. Dauerpräsent in Talkshows im Fernsehen. Aber irgendwann wurde er rechts. Sehr, sehr rechts. Ein Fanboy der »Identitären«. Darauf ist er bis heute stolz.

Die »Identitären«, als Phänomen ursprünglich 2012 im französischen Ort Orange im Département Vaucluse in der Region Provence-Alpes-Côte d'Azur ins Leben gerufen[1], sind schnell nach Österreich und Deutschland geschwappt und bilden den jugendlichen Zweig der radikal bis rechtsextremistischen »Neuen Rechten«. 2021 wurden die »Identitären« in Frankreich verboten.

Über Jahre haben die »Identitären« versucht, mit Agitprop

à la radikaler Linker im 68er-Modus auf sich aufmerksam zu machen, etwa mit der Verhüllung des mehr als 20 Meter hohen Denkmals der österreichischen Kaiserin Maria Theresia zwischen dem Natur- und dem Kunsthistorischen Museum in Wien Ende November 2016 mit einem Gesichtsschleier samt Plakat[2]. Verkündet wurde die Aktion als Protest gegen die von ihnen dystopisch herbeifantasierte »Islamisierung« Österreichs. Kurz zuvor hatten sie im August 2016 das Brandenburger Tor in Berlin bestiegen, bis hinauf zur Quadriga, und Banner ausgerollt.

All das müsste auf Leute, die als Konservative und in einer Art geistiger Umnachtung aus Frustration über Angela Merkel meinen, in Wahrheit sei die AfD so etwas wie die alte CDU und wahrhaft konservativ, normalerweise ziemlich flegelhaft wirken. Als etwas, vor dem man die eigenen Kinder warnt. Aber so ist es nicht. Bis dato kreuzbrave Bürger gefallen sich plötzlich als Rebellen.

Altersradikalisierung und Absturz gen rechts: Roland Hartwig und Matthias Matussek

So haben auch Roland Hartwig (*1954) und Matthias Matussek (*1954) in ihren späten Lebensjahren den Rebellen in sich entdeckt und machen auf Revolte. Von rechts. Höher als die beiden kann man in ihren jeweiligen Berufen in puncto Verdienst, Ansehen und bürgerlichem Renommee eigentlich nicht kommen. Hartwig war, wie genauer auf der Bundestags-Homepage zu lesen, bis zu seinem Eintritt in den Altersruhestand von »1999 bis 2016 Chefsyndikus des Bayer-Konzerns«. Sprich: Er war satte 17 Jahre der Leiter der Rechtsabteilung der Bayer AG, also eines renommierten DAX-Konzerns. Arrivierter im Bürgertum geht es kaum. 2017, also kurz nach dem Renteneintritt, wurde Hartwig Bundestagsabgeordneter der

AfD, der er schon 2013 beigetreten war. 2021 schied er aus dem Bundestag aus und wurde die rechte Hand als Mitarbeiter von Co-Parteichefin Alice Weidel.

Im November 2023 aber fand sich Hartwig Recherchen des Investigativ-Netzwerks *CORRECTIV* zufolge auf einem dubiosen rechten Geheimtreffen im »Landhaus Adlon« in der Nähe von Potsdam auch mit anderen AfDlern ein, auf dem Martin Sellner, der Kopf der »Identitären Bewegung« im deutschsprachigen Raum, einer der Hauptredner war.[3] Skandalöse Dinge in Richtung von Menschen mit Migrationshintergrund wurden, wie *CORRECTIV* enthüllte, dort von eben jenem Sellner gesagt, etwa das:

> *»Oder, wie er sagt, ›um die Ansiedlung von Ausländern rückabzuwickeln‹. Er zählt auf, wen er meint: Asylbewerber, Ausländer mit Bleiberecht – und ›nicht assimilierte Staatsbürger‹. Letztere seien aus seiner Sicht das größte ›Problem‹. Anders gesagt: Sellner spaltet das Volk auf in diejenigen, die unbehelligt in Deutschland leben sollen, und diejenigen, für die dieses Grundrecht nicht gelten soll.«*

Kurzum: Sellner will bestimmen, wer nicht genug »assimiliert« ist und ausgewiesen gehört, deutsche Staatsangehörigkeit hin oder her. Und Roland Hartwig fand es offenbar gut, dort zu sein. Kein einziges kritisches Wort von ihm gegenüber Sellner bei diesem Treffen ist öffentlich bekannt geworden. Ganz im Gegenteil. Er war offenbar stolz, dort zu sein. Laut *CORRECTIV* »brüstete« er sich »damit, an diesem Tag für den Bundesparteivorstand der AfD zu sprechen«. Abschließend prüfen ließ sich das nicht.

Der einst ultrabürgerliche Roland Hartwig wurde wegen der Teilnahme an diesem Treffen kurz darauf von der Co-Parteichefin Alice Weidel geschasst, angeblich »in beiderseitigem

Einvernehmen«.[4] Offiziell stehen die »Identitären« auf der Unvereinbarkeitsliste der AfD. Gleichzeitig verharmloste Weidel das Treffen und kritisierte Medienberichte dazu harsch. Roland Hartwig war nicht immer so radikal. Ursprünglich war er bis zu deren Austritt ein Unterstützer von Frauke Petry, wurde dann aber 2020 als Unterstützer von Andreas Kalbitz auffällig, der wegen seiner Verbindungen zur neonazistischen »Heimattreuen Jugend« selbst der AfD »too much« wurde« und die Kalbitz deshalb gerichtsfest ausschloss.[5]

Rheinischer Industrieadel goes rechtsradikal, so kann man die westdeutsche Vita Hartwigs zusammenfassen. Und Hamburger Starfeuilletonist goes rechtsradikal lautet das Etikett für Matthias Matussek, den ehemaligen deutschen Feuilletonpublizisten.

Wie Hartwig war Matthias Matussek wer. Und wie. Der Hemingway, der Bukowski des deutschen Feuilletons. Ein Rockstar als Kulturjournalist. Ein paar Jahre lang auch Chef des Kulturressorts des *Spiegel*. Gefürchtet und geliebt zugleich. Goethe-Fan, Heine-Fan, Büchner-Fan. Über Letzteren schrieb er anno 2013 zu Recht eine Hymne im *Spiegel*. Nannte ihn im Titel den »Heiligen Rebell«[6] und attestierte ihm, »die geniale Stichflamme der deutschen Literatur« zu sein. Das deutsche Feuilleton feierte diesen Text. Und Matussek an sich. Ein sehr berühmter deutscher Journalist sagte mir mal, man könne ihn zwei Wochen lang auf eine einsame Insel verfrachten, aber selbst mit einer derartigen Ruhe vor der Außenwelt hätte er niemals so einen ergreifenden Text auf die damals verstorbene Diana, Princess of Wales, hinbekommen, wie Matussek das in wenigen Stunden gelungen sei.[7]

Doch leider ist wie Hartwig, der westdeutsche Superstar der Bayer AG, auch Matthias Matussek, der westdeutsche Feuilleton-Superstar mit unzähligen Auftritten in Talkshows, radikal gen rechts abgebogen. Vorbei ist es mit der Festanstellung beim *Spiegel*. Vorbei auch mit der bei der *Welt*. Seit

2015 befindet er sich beruflich im freien Fall. Schreibt jetzt für dubiose Medien wie die russlandhörige *Weltwoche* und irgendwelche obskuren Blogs. Jedweder Versuch, ihn zu mäßigen, ist gescheitert. Auch meine etlichen Versuche – wir waren mal befreundet. Unsere letzte Begegnung verlief kühl-distanziert.

Matusseks Radikalisierung, und so schließt sich der Kreis zu Roland Hartwig, hat viel mit seiner Begeisterung für die »Identitäre Bewegung« zu tun. Anders als Hartwig war Matussek in seiner Jugend ein Maoist, linksradikal also. Im Alter wurde er rechtsradikal. Und mochte – vielleicht um sich selbst in einen erneut radikalen Jungbrunnen zu werfen – die »Identitären«. Schrieb über sie bewundernd in der bereits erwähnten *Weltwoche* in gleich zwei Teilen wie ein Fanboy mit den Überschriften »Rechts. Na und?« sowie »Die mutigen Einzelnen«[8]. Ein Jahr später erfolgte sein bis heute ungetopptes Lowlight – »Highlight« kann man es nun wirklich nicht nennen. Er trat 2018, auf zwei unterschiedlich hohen Bierkisten stehend, auf einer »Merkel muss weg«-Demo vor dem Dammtorbahnhof in Hamburg auf[9] und streckte à la Rudi Dutschke die rechte Faust in den Himmel, »Widerstand« skandierend. Ausgerechnet er, der kurz nach der Wende 1989 der erste *Spiegel*-Korrespondent im Osten war und den Unterschied zwischen Diktatur und Demokratie eigentlich kennen müsste.

Hartwig und Matussek: Pars pro Toto für radikalisierte Bürger

Nun könnte man versucht sein, Hartwig und Matussek als irgendwelche Freaks abzutun. Aber sie stehen Pars pro Toto für die rechte Radikalisierung des Bürgertums im Westen. Und diese basiert ähnlich wie im Osten auf drei inhaltlichen

Attributen: Antipluralismus, Antiliberalismus und Ethnopluralismus.

Im Kern ist die Rechtsradikalisierung im Westen die Geschichte einer Kränkung, für die Hartwig und Matussek exemplarisch stehen. Der gesellschaftliche Wandel, inklusive der Normalität der Einwanderungsgesellschaft, geht rasant voran. Und viele jener, die gen rechts abbiegen, wollen damit nicht zurechtkommen.

Fangen wir mit der ersten der drei Säulen der rechten Ideenwelt an, dem Antipluralismus. Dazu muss man vorab wissen, dass die rechte Szene sich in (mindestens) zwei Lager teilt: das Lager rund um die »Werteunion«, Hans-Georg Maaßen, Klaus Kelle, die *Junge Freiheit* et al., die gegen Höcke sind, und das Lager rund um die Chiffre der »Neuen Rechten«, »Schnellroda«. Die Feindbilder sind indes vielfach deckungsgleich, aber in der Radikalität unterscheidet man sich. »Schnellroda« bleibt im Folgenden ausgeklammert, denn dazu wurde bereits viel geschrieben. Die grundlegende Ideenwelt ist aber weitgehend identisch.

Die westdeutsche Radikalisierung gen rechts der letzten Jahre basiert vornehmlich auf einem ungezügelten Zorn auf Angela Merkel. Nicht ganz zu Unrecht. Sie hat es leider versäumt, konservative Kräfte zumindest bei Laune zu halten und integrativ innerhalb der CDU zu wirken. Die CDU besteht aus drei Wurzeln: der konservativen, der liberalen und der sozialen. Merkel waren die Konservativen zu sehr egal, was taktisch wie strategisch ein Fehler war. Nicht umsonst nannte sich die neue Partei unter der Ägide von Bernd Lucke, dem Zauberlehrling, der alsbald weit rechts stehenden Kräften zum Opfer fallen sollte, »Alternative für Deutschland«. Die Legende ist (ich weiß davon aber auch aus Quellen), dass Gauland sich 2012 total geärgert hat, als Merkel ihm, dem Feinschmecker, bei einem Treffen im Konrad-Adenauer-Haus in Berlin Buletten auftischte. Nichts daran war von ihr, der Bodenständigen, deren selbst gekochtes Leibgericht die gleichsam bodenständige »Kartoffelsuppe mit Speck« ist,[10] abwertend gemeint, aber Gauland war gekränkt.

Und all die rechte Radikalisierung des Bürgertums ist die Geschichte einer Kränkung. Der ausgeprägte Antipluralismus der Szene basiert darauf, sich als eine Art Opfer einer Diktatur zu fühlen. Man darf diesen Faktor auf gar keinen Fall unterschätzen, denn er mobilisiert ungemein. Diese erzkonservativen bis erzreaktionären Leute entdecken den Widerstandskämpfer in sich, weil sie ernsthaft glauben, die deutsche Demokratie gegen erst »Gutmenschen«, dann »politisch Korrekte« und mittlerweile »Woke« retten zu müssen. Wie in einer Sekte glauben sie das wirklich. Sie sehen sich bedroht, ohne auch nur ansatzweise zu realisieren, dass sie selbst es sind, die die offene Gesellschaft bedrohen. Jenseits von »Schnellroda« glaubt auch die »bürgerliche Rechte« an dieses Gedankengift. Häufig sehr rechtskatholisch bzw. rechtsevangelikal geprägt, denken diese – oft westdeutschen – Menschen, und zwar leider ernsthaft, dass sie sich in einem Endzeitkampf befinden. Sie sehen sich als die letzten Aufrechten gegen eine antichristliche Diktatur. Und geraten in Selbstwidersprüche. Sind Fans von Sarrazin und reklamieren für sich »Meinungsfreiheit«, aber beschimpfen, wie der frühere Trierer Sozialethiker und Dominikanerpriester Wolfgang Ockenfels, längst Mitglied im Kuratorium der AfD-nahen Desiderius-Erasmus-Stiftung, jene Bischöfe, die kritisch gegenüber der AfD sind, als »Herr Hohlkopf«.[11] Sie alle sind Helden nur der eigenen Meinungsfreiheit. Sie verabscheuen Andersdenkende.

Womit wir beim Antipluralismus der Szene wären. Man pflegt ein »aggressives Opfersprech«,[12] wie ich das vor Jahren einmal genannt habe. Jammert und wehklagt, ist aber zugleich skrupellos gegenüber anderen, so wie Ockenfels. Und ständig im Untergangsmodus, verachtet die westliche liberale Moderne. Ganz besonders vieles, was mit »Gender«

und Homosexualität zu tun hat. Es ist verstörend, sich solche Äußerungen anno 2023 anzutun, aber kaum ein anderes Thema mobilisiert die christliche wie säkulare Rechte derart intensiv. An der Spitze steht die geborene westdeutsche, inzwischen in Magdeburg ansässige Hedwig Freifrau von Beverfoerde. Eine ultraradikale Frau, eng assoziiert mit der nicht weniger radikalen AfD-Politikerin Beatrix von Storch, die beständig seit Jahren mit ihrer »Demo für alle« in Anlehnung an die französische »Manif pour tous« Stimmung und Demos macht gegen eine von ihr herbeifantasierte »Frühsexualisierung« an Schulen und gegen die »Ehe für alle« mobilisierte. Ein schwuler Freund von mir sagte mal treffend: »Liane, ich verstehe nicht, wieso eine heterosexuelle Frau all ihre Lebensenergie damit verbringt, uns als Schwulen das Leben schwer zu machen.« Sodann verschwendete Beverfoerde ihre Lebensenergie damit, auf rechte Rebellin gegen die Coronaschutzmaßnahmen zu machen. Wie so viele ultrakatholische »Lebensschützer«, die radikal gegen Abtreibungen mobilisieren, fand sie – die Adelige in maximal konservativer Kleidung – sich im Zielkonflikt während der Coronakrise anstatt auf der Seite der vulnerablen Bevölkerungsgruppen auf der Seite der rechten Rebellen wieder und machte, offenbar qua Hass auf Merkel, auf Widerstandskämpferin. Sie postete auf Facebook einen Text samt Foto des rechtslibertären Mediums *eigentümlich frei,* auf dem die Schutzmasken de facto mit dem Hitlergruß gleichgestellt werden.[13] Und fand es total cool, dass ein Kind von ihr auf einer Demo in Berlin gegen die Schutzmaßnahmen von einem Wasserwerfer getroffen wurde.[14] Wie gesagt: eine groteske Altersrebellion einer vordergründig kreuzbraven westdeutschen Adligen.

Aber sie ist nicht die einzige, ursprünglich mal bürgerliche, westdeutsche Frau, die sich in ein Ressentiment gegen Schwule hineingesteigert hat. Auch Gabriele Kuby gehört dazu, immer noch im Westen des Landes lebend, die Tochter des eher linksliberalen Publizisten Erich Kuby. Und ein Star der rechtskatholischen wie rechtsevangelikalen Szene. Kuby wird in diesem Milieu auf unzähligen Kongressen herumgereicht. Im Jahr 2017 veröffentlichte sie das Buch *Christliche Prinzipien des politischen Kampfes,* in dem es um die üblichen Reizthemen der Szene geht. Sie schrieb darin verschwörungstheoretisch davon, wie sich die Demokratie »vor unseren Augen und unter unseren Händen in eine neue Tyrannei [verwandelt], in welcher die politische Klasse die Massen manipuliert und das von ihr definierte politisch Korrekte mit sozialen Sanktionen und zunehmender Kriminalisierung abweichenden Verhaltens erzwingt«. Damit wäre sie gewiss auf jeder PEGIDA-Demo gefeiert worden.

Zum dritten Punkt des rechten Denkens, dem Völkischen, der Sehnsucht nach dem »monoethnischen« »deutschen Volk«, in der dortigen Diktion »Ethnopluralismus«, habe ich schon einiges geschrieben. »Ethnopluralismus« wurde als Begriff 1968 von dem inzwischen verstorbenen »Neuen Rechten« Henning Eichberg erfunden und hat nichts mit »Diversity« zu tun. Er behauptet im Gegensatz zur »Herrenrasse«-Diktion der Nazis zwar vordergründig, dass alle Kulturen gleichwertig seien, sie sich aber nicht untereinander mischen sollen. In bürgerlich-rechten Milieus zeigt sich dies vor allem in Ressentiments gegenüber muslimischen Asylbewerbern.

Und abschließend, da wir nun beim Nationalsozialismus angekommen sind: Der Salzburger Weihbischof Andreas Laun, inzwischen im Ruhestand, meinte 2017 in einem Hirtenbrief, Genderthemen, Holocaust und Gulag auf eine Stufe stellen zu müssen:[15]

»In unserer Zeit gab es bereits zwei besonders teuflische Auseinandersetzungen zwischen Gott und Seinem und unserem Feind gegeben [sic], den Nationalsozialismus und den Kommunismus, die unendlich viel Leid über

die Menschen brachten. Beide gründeten in gewaltigen Lügen über Gott und die Menschen. Man hätte es bis vor einigen Jahren nicht geglaubt, aber heute ist wieder eine grauenhafte Lüge groß und mächtig geworden. Sie nennt sich Gender, sie greift die Menschen in ihrer Intimsphäre an.«

Was bleibt zu sagen? Wehret den Anfängen im westdeutschen Bürgertum, die längst keine solchen mehr sind.

Liane Bednarz ist Publizistin und promovierte Juristin mit dem Schwerpunkt »Neue Rechte« und religiöse Bewegungen. Sie ist Kolumnistin der Heinrich-Böll-Stiftung (»Heimat.Kolumne«). 2018 erschien bei Droemer ihr letztes Buch Die Angstprediger – Wie rechte Christen Gesellschaft und Kirchen unterwandern.

Unerwünschte Berichte:
Medien im Visier der AfD

Andreas Speit

Eine Führung durch das Funkhaus: Ein solcher Besuchswunsch ist für einen öffentlich-rechtlichen Sender keine Be-
sonderheit. In Hamburg löste aber der Wunsch einer Besuchs-
gruppe beim Norddeutschen Rundfunk (NDR) Protest aus.
Jene Partei, die im Bundestag und in den Landesparlamenten
wie keine andere Partei die Medien sowohl pauschal als auch
so massiv angreift, hatte wegen einer Führung angefragt. Dem
öffentlich-rechtlichen Rundfunk (ÖRR) möchte die Alternative für Deutschland (AfD) nicht nur endlich die Finanzen
streichen, sie will am liebsten auch die gesamte Struktur auf-
lösen. Die AfD sei »für ein schnelles Ende des real existierenden öffentlich-rechtlichen Rundfunks«, erklärt Stephan
Brandner, Bundestagsabgeordneter der Partei.[1] Im November und Dezember 2023 wollte die vermeintliche Alternative
dennoch das Landesfunkhaus besuchen. Der Geschäftsführer
der AfD-Bürgerschaftsfraktion in der Hansestadt hatte um die
Besuchstermine für die Mitglieder der Fraktion und der Desiderius-Erasmus-Stiftung gebeten.

Am Eingang des Senders in Lokstedt protestierten an den
Tagen Mitarbeitende des NDR und Mitglieder des »Hamburger Bündnis gegen rechts«. »Die AfD und die AfD-nahe
Desiderius-Erasmus-Stiftung sind menschenverachtende, rassistische Organisationen, die die Pressefreiheit und den öffentlich-rechtlichen Rundfunk infrage stellen. Sie haben im NDR
nichts verloren«, sagte auf einer der Kundgebung Peter Dink-

loh von ver.di. Der Landesmediensekretär der Mediengewerkschaft betonte: »Wenn der NDR meint, er müsse mit allen politischen Kräften im Gespräch bleiben, auch mit denen, die die Fundamente der freiheitlich-demokratischen Grundordnung infrage stellen, dann hat er nach unserer Auffassung ein völlig falsches Verständnis von seinem Programmauftrag.« Die Debatte, mit allen im Gespräch zu bleiben und somit das Gesprochene von allen auch wiedergeben zu müssen, bewegt die Medien. Nicht bloß die Öffentlich-Rechtlichen fordert die AfD heraus, zu deren Jargon »Lügen«- und »Systempresse« gehören.

Die NDR-Leitung sah in dem Besuch kein Problem. Die Protestierenden und der Personalrat aber schon, sie hatten die Ausladung gefordert. Eine gebotene Maßnahme gegen eine bedrohliche Partei. Dieser Bitte kam der NDR nicht nach – mit der Begründung, der Sender stünde zu »seiner Verantwortung«, im »Austausch mit allen Teilen der Gesellschaft« zu stehen. Daher müsse die Anfrage genauso wie die aller anderen in der Bürgerschaft vertretenen Parteien behandelt werden, erklärte die Pressesprecherin Lara Louwien.

Der NDR in Hamburg ist nicht das einzige Medium, das just ausblendete, dass die AfD nicht wie andere Parteien ist. SPD, CDU, CSU, FDP, Bündnis 90/Die Grünen und DIE LINKE dürften nicht selten mit der Berichterstattung über ihre Politik unzufrieden sein. Doch laden sie deswegen nicht gleich die Presse aus oder verheimlichen Parteitermine. In Thüringen verweigerte die AfD um den Fraktions- und Landesvorsitzenden Björn Höcke im November 2023, als beim NDR die Diskussion anlief, dem ARD-Politikmagazin *MONITOR* die Akkreditierung für den Landesparteitag. Auf X (einst Twitter) erklärte der Landessprecher der AfD Thüringen Stefan Möller, dass natürlich von dem Parteitag in Pfiffelbach berichtet werden solle, doch bei *MONITOR* könne nicht »von einer journalistischen Berichterstattung die Rede sein«, sondern von »plumper Stimmungsmache«.[2] In zweiter Instanz musste vor dem Landgericht Erfurt der WDR, der das Magazin produziert, den Einlass zum Parteitag im November erzwingen. »Der erste Fall einer inhaltlichen Begründung für eine verweigerte Akkreditierung durch eine politische Partei«, sagte Georg Restle, Redaktionsleiter des Magazins. Und er betonte, die AfD habe »erneut ihr gestörtes Verhältnis zur Pressefreiheit« bewiesen.[3] Das Statement von Möller offenbart: Eine kritische Berichterstattung ist nicht erwünscht. In eine ähnliche Richtung stieß Höcke auf dem Parteitag, als er davon sprach, die Medienstaatsverträge für den öffentlich-rechtlichen Rundfunk kündigen und den »Zwangsbeitrag« abschaffen zu wollen.[4]

Meinungsdiktatur und Cancel-Culture

Jene, die stets das freie Wort fordern, eine Meinungsdiktatur und Cancel-Culture beklagen, wollen keine freie Presse, die selbst bestimmt, wie sie berichtet und bewertet. Die AfD Hamburg will seit Jahren moderater erscheinen als der Landesverband in Thüringen. Da wurde bei einer Veranstaltung zu Medien schon 2016 einfach ein Fragezeichen im Titel gesetzt: »Manipulationen: Was ist dran am Lügenpresse-Vorwurf?«. Dass der Referent, Dieter Stein von der neurechten Wochenzeitung *Junge Freiheit,* zu moderaten Tönen mahnte und sich gegen den Begriff »Lügenpresse« aussprach, gefiel dem Publikum nicht. Es verweigerte dem wohl nicht radikal genug argumentierenden Stein erst einmal den Applaus. Aus der Fraktion in der Hansestadt wird dagegen auch bei Presseanfragen indirekt mit Konsequenzen gedroht.

Das ist keine unübliche Praxis. Bereits 2019 erfolgte auf eine Nachfrage der *taz* bei einem AfD-Landtagsabgeordneten in Rheinland-Pfalz, ob er unter einem Pseudonym für ein rechtsextremes Magazin geschrieben hätte, keine thematische Antwort. Stattdessen drohte der Rechtsbeistand des Abgeordneten an, gegen eine Berichterstattung vorzugehen. Diese Androhung soll andere Redaktionen ebenfalls erreicht haben. Die Folge: Weitere Medien griffen das Thema nicht auf. Solche Beeinflussungen kann die AfD auch anders schaffen. Im selben Jahr konfrontierte die *taz* den Bundesverband der AfD damit, dass der Attentäter von Walter Lübcke (CDU) der Partei 150 Euro spendete. Ein Pressereferent antwortete kurz: »Die AfD darf zu Spenden und Spendern aus datenschutz- und persönlichkeitsrechtlichen Gründen keine Auskünfte geben.« Der Bericht ging mit der Aussage online, prompt postete die AfD am 17. Juni 2019: »Richtigstellung zu einer falschen Tatsachenbehauptung«. Hätte diese Behauptung zugetroffen, dann hätte gegen den Text rechtlich vorgegangen werden können. Bis heute ist der Beitrag jedoch online.[5] Der Intervention könnte allerdings geschuldet sei, dass keine weiteren Medien den Fakt sofort aufgriffen.

Worte und Taten

Nicht nur Redaktionen, sondern auch einzelne Journalist:innen werden auf Parteiveranstaltungen nicht zugelassen. Namenslisten von unerwünschten Pressevertreter:innen nutzte die AfD in Schleswig-Holstein schon vor Jahren. Die Anfeindungen sind längst in Gewalt umgeschlagen. Worte bleiben nicht nur Worte, ihnen folgen Taten. Am 2. September 2018 kam es bei einer Demonstration mit etwa 8000 Protestierenden der AfD und PEGIDA (Patriotische Europäer gegen die Islamisierung des Abendlandes) in Chemnitz zu mehreren An- und Übergriffen auf Medienvertreter:innen. An jenem Tag herrschte auf der Straße eine aggressive Stimmung. Vor allem Fotograf:innen wurden beschimpft und bedroht. Vereinzelt versuchten AfD- und PEGIDA-Anhängende, Kameras zu beschädigen. »Ein AfD-Demonstrant greift mich an, weil ich filme«, twitterte an dem Tag Johanna Rüdiger von Funke Medien. Ein Team des MDR wurde erst in eine Privatwohnung gelassen, um dort von oben aus zu filmen, dann aber nach eigenen Angaben mit Gewalt herauskomplimentiert und die Treppe heruntergeschubst. Massiv bedrängten die Rechten ebenso ein Team von Stern TV. Restle von *MONITOR* berichtete: »Beim Filmen des Tatorts in der Innenstadt wurde unser Kamerateam von Rechtsradikalen tätlich angegriffen und konnte sich gerade noch in Sicherheit bringen.« Noch nie habe er »so viel Hass auf Medien erlebt wie an diesem Wochenende in Chemnitz«.[6]

Die Dramatik des Tages sollte nicht die Alltäglichkeit von An- und Übergriffen auf Journalist:innen überdecken. Auf eine Kleine Anfrage der LINKEN im Bundestag antwortete die Bundesregierung 2022, diese Anfeindungen hätten zugenommen – gerade im Zusammenhang mit dem gegen die staatlichen Coronamaßnahmen gerichteten Demonstrationsgeschehen. Mit Bezug auf Erhebungen von Reporter ohne Grenzen und dem European Center for Press & Media Freedom (ECPMF) antwortete die Bundesregierung weiter, dass »in den Jahren 2020 und 2021 eine deutliche Steigerung der Fälle von Bedrohungen« zu verzeichnen gewesen sei. Die Rangliste verzeichnet eine Verfünffachung der Fälle von 2019 bis 2020 – von 13 Fällen auf 65 Fälle. 2021 erfolgten 80 verifizierte Angriffe, ein neuer Höchststand seit Beginn der Dokumentation 2013.[7]

Ablehnung und Aggressivität trifft besonders Lokaljournalist:innen. Im Vergleich zu 2021 sind 2022 die »tätlichen Übergriffe« auf lokale Journalist:innen um das »Dreifache« gestiegen, stellte ECPMF fest. Insgesamt seien zwölf physische Attacken verifiziert, im Vorjahr seien vier Medienschaffende betroffen gewesen. Die Nähe im Lokalen schafft eine besondere Bedrohungsoption – jenseits von An- und Übergriffen bei Aufmärschen und Kundgebungen. Die »pressefeindlichen Mitbürger:innen« würden versuchen, Journalist:innen direkt vor Redaktionsgebäuden oder Privatwohnungen einzuschüchtern, hebt Annkathrin Pohl in der ECMPF-Studie hervor und betont: »Die seit Jahren anhaltenden ›Lügenpresse‹-Vorwürfe führen zum aktuellen Bedrohungsniveau.« In vielen Gesprächen habe sie gehört, »dass Medienschaffende Sicherheitsvorkehrungen treffen, wenn sie von Demos berichten, oder dass sie potenziell gefährliche Situationen gleich ganz meiden«.[8]

Digitaler Hass und Offline-Hetze

Einschüchterungsversuche kennt auch Alexander Roth. Für die *Waiblinger Kreiszeitung* berichtet der Journalist über die Querdenker- und Reichsbürger-Bewegung um den Raum Stuttgart. »Ich wurde gefilmt, fotografiert, von der Bühne herab mehrfach als Feind markiert, angebrüllt und verunglimpft«, berichtet er. Die vermeintliche Anonymität des Internets pusht »Hater«. Ein Post oder ein Sharepic der AfD kann Shitstorms auslösen. Ein ehemaliger AfD-Landtagsabgeordneter aus Baden-Württemberg löste digitale Hasswellen gegen Roth aus. Er erinnert einen Post von einem Follower auf dem Messenger Telegram: »Ohne Kugeln in den Kopf wird nix passieren. Die Bewegung braucht einen Einzeltäter, der jedem Regierungspolitiker eine verpasst.«

Nicht alle An- und Übergriffe dürften erfasst werden, weil nicht alle bekannt werden. Dieses Phänomen spiegelt sich auch bei Opfern von rechtsextremen Bedrohungen und Gewalttaten wider, die wegen ihrer Hautfarbe, Herkunft, Spiritualität oder Sexualität angefeindet werden. Und: Die Anfeindungen treffen nicht nur lokale Medienvertreter:innen besonders, sondern auch Journalistinnen. »Geh sterben«, »Verbrennt die Alte« oder »Du gehörst vergewaltigt« sind noch eher harmlose Beleidigungen und Bedrohungen. Die Publizistin Natascha Strobl hat früh über Twitter Analysen zu rechtsextremen Projekten und Argumentationen veröffentlicht. Massive Shitstorms folgten, ihre Familie wurde bedroht. Der digitale Hass changiert mit der Offline-Hetze. Ann-Katrin Müller, die für den *Spiegel* über die AfD berichtet, wies bereits 2020 darauf hin, dass sie bei der Berichterstattung von Querdenker- oder AfD-Aktionen massiv diffamiert wird, weil sie eine Frau ist. Der *Spiegel*-Redakteurin ergeht es wie vielen Journalistinnen, die mit anhaltenden Beleidigungen und sexualisierten Gewaltdrohungen angegangen werden, um sie mundtot zu machen.[9] Der Hass wird offensichtlich doppelt getriggert, zum einen, weil Kritik erfolgt, und zum anderen, weil eine Frau sie äußert. Selbstbewusste und politische Frauen – für echte, wahre Rechte einfach zu viel. Seit Jahren ist auch Andrea Röpke wegen ihrer Recherchen zum Rechtsextremismus eine der verhassten Frauen. Rechtsextreme griffen die Journalistin an, schlugen sie nieder. Auf AfD-Veranstaltungen ist sie unerwünscht, sie wurde gewaltsam hinausgeworfen. 2023 tauchten Rechte an ihrer Wohnadresse auf, andere veröffentlichten die Adresse mit einem zweideutigen Aufruf zum Hausbesuch in Telegram-Gruppen. »Der Hass hat zugenommen, vermeintliche Bürgerinnen schreien einen an, und sogenannte ›Spaziergänger‹ schlagen enthemmt nach der Kamera«, erzählt Röpke. Die erfassten Angriffe und wahrgenommenen Anfeindungen erfolgen nicht alle aus der AfD, aber im Kontext des Selbstbewusstseins des gesamten Milieus.

Am 16. November 2023 griff ein Besucher eines Bürgerdialogs der AfD in Plothen den Redakteur Peter Hagen von der *Ostthüringischen Zeitung* an. »Als ich rausgehen will, kam mir plötzlich jemand entgegen, pöbelte mich an: ›Du Ratte traust dich hierher.‹ Und im gleichen Moment kriege ich einen kräftigen Hieb auf den Hinterkopf, und mir wird das Basecap gleich entrissen«, berichtete er *MONITOR*. Als er wegfahren wollte, musste Hagen feststellen, dass alle Reifen mit Schrauben durchbohrt waren. Er betonte dennoch gegenüber dem Magazin: »Wenn wir dort aufhören, wo uns gerne andere aufhören sehen wollen, dann wird man einen großen Fehler machen.«[10]

Kein Phänomen bei der Partei allein im Osten der Republik. Der NDR-Personalrat sprach sich auch mit dem Verweis auf Gewalterfahrungen gegen eine Besuchsführung der AfD aus. Bei Veranstaltungen der Partei seien »Journalist*innen und Produktionsmitarbeitende [...] verbal und auch körperlich angegriffen« worden, erklärte der Personalrat und wies darauf hin, dass feste oder freie Beschäftigte, die schon Angriffe erlebt haben, nun auf Personen treffen könnten, die an Übergriffen beteiligt waren oder diese billigten. Der Rat warnte zudem, dass durch den Besuch Redaktion und Beschäftigte geoutet werden könnten.

Reproduktion und Reflexion

Die Normalisierung der AfD als vermeintlich legitime Partei in der politischen Landschaft der Republik geht mit der Normalität der Anfeindungen und Angriffe auf »die Medien« einher. AfD, aber normal. Mit ihrer Rhetorik und Argumentation ist sie Teil der Radikalisierungsmaschine gegen die »System-« und/oder »Lügenpresse«. Mit dem Angriff auf die Pressefreiheit wird auch die Demokratie angegriffen. Auf der Straße zwingt die Hetze Redaktionen und Medienvertreter:innen, bei Aufmärschen Sicherheits- und Selbstschutzmaßnahmen zu bedenken. Ist eine Security oder ein Leihwagen geboten? Kosten, die freie Journalist:innen langfristig kaum tragen können. Ein einzelner Bericht muss nicht gleich eine Bedrohung auslösen. Beiträge, die allerdings Folgen für Personen oder Strukturen haben, können die Gefährdung anheizen. Journalist:innen, die kontinuierlich zum rechtsextremen Milieu recherchieren, sind vor allem im Visier der Pressefeinde.

Im vorpolitischen Raum und in den parlamentarischen Räumen ist das Sagbare in den vergangenen Jahren nicht allein von AfD-Repräsentant:innen langsam, aber stetig nach rechts verschoben worden. Die Reproduktion des Jargons beschleunigt diesen Trend. Das Wording bedarf der Reflexion – auch bei den demokratischen Parteien und den leitgebenden Medien. Eine Diskussion, ob jede Provokation der AfD medial thematisiert und jede Inszenierung skandalisiert werden sollte, ist geboten. Die frühere Gatekeeper-Funktion der Medien haben die sozialen Medien unterminiert. Die AfD nutzt und baut die direkte Kommunikation aus. Die Rolle als medialer Türsteher ist aber nicht irrelevant geworden. Recherchen und Reflexionen müssen die Motive und Narrative der pressefeindlichen Partei aufzeigen und brechen. Ein Gespräch oder ein Vor-Ort-Besuch sollte kein Talk oder keine Homestory werden. Der Grad zur PR ist schmal. Das Agenda-Setting gelingt der AfD schon zu oft.

Die Debatte um die Partei offenbart ein Dilemma. Die AfD muss dringend bundesweit einheitlich klassifiziert werden als das, was sie ist: eine rechtsextremistische Partei, die Menschenrechte und das Grundgesetz verachtet. Diesen Feinden, warnte schon 1931 Kurt Tucholsky in seinem bekannten gleichnamigen Gedicht, dürfen keine »Rosen auf den Weg gestreut« werden. Und er wusste, dass Faschisten durch ein »lieb(es) und nett(es)« Entgegenkommen ihre Hetze und Gewalt nicht einstellen werden.[11] Ein Besuchswunsch kann da auch mal unerfüllt bleiben.

Andreas Speit ist Journalist und Publizist. Sein Arbeitsschwerpunkt liegt beim Rechtsextremismus und Rechtspopulismus. Er arbeitet für WDR, Deutschlandfunk Kultur, Zeit Online *und* taz. *Seit 2005 schreibt er wöchentlich die* taz-nord-*Kolumne »Der Rechte Rand«. Letzte Publikationen:* Die Entkultivierung des Bürgertums *und* Verqueres Denken – Gefährliche Weltbilder in alternativen Milieus.

Die AfD als digitale Propagandapartei

Johannes Hillje

»Unser ambitioniertes Fernziel ist es«, sagte Alice Weidel
kurz nach dem erstmaligen Einzug ihrer Partei in den Bundestag, »dass die Deutschen irgendwann AfD und nicht
ARD schauen.«[1] Auf dem Weg dorthin werde sich die Social-
Media-Abteilung der AfD-Bundestagsfraktion mit einem
eigenen »Newsroom« jenen Themen widmen, die »unter den
Teppich gekehrt werden, und sie journalistisch sauber für
die Öffentlichkeit aufbereiten«.[2] Noch etwas direkter steht es
auf der Website AfD-TV.de, einem Videoportal, für das im
Impressum der AfD-Medienpolitiker Martin Renner verantwortlich zeichnet. Auf dieser Seite werden die Besucherinnen
und Besucher mit folgenden Worten begrüßt:

> »[D]ie Altmedien und Altparteien informieren verzerrt
> und z. T. unwahr. Die Lage im Land wird schön geredet
> [sic!]. Das finden wir nicht richtig. Eine sachliche Dis-
> kussion in Presse und Talkshows ist kaum noch möglich.
> Daher haben wir das Portal www.AfD-TV.de ins Leben
> gerufen.«

Diese Sätze sowie die Aussagen Weidels illustrieren das Selbstverständnis der (digitalen) Öffentlichkeitsarbeit der AfD –
und deren Unvereinbarkeit mit den Spielregeln der Demokratie. Für eine demokratische Öffentlichkeit gilt im Grundsatz,
dass Partei-PR und Journalismus zwei sich ergänzende Funktionen erfüllen, auch wenn sie miteinander interagierende

Sphären sind. Parteien kommunizieren zu Politik parteiisch, Medien berichten über Politik unabhängig und überparteilich. Die AfD sprengt diese für eine Demokratie notwendige Rollenverteilung: Sie will selbst »journalistisch« kommunizieren, ihre Öffentlichkeitsarbeit soll nicht Ergänzung, sondern Ersatz für unabhängige Medien sein. Das ist ein demokratiefernes Verständnis von Pressefreiheit und Partei-PR, das etwa an die Propaganda staatlich kontrollierter Medienkanäle eines Viktor Orbán in Ungarn erinnert.

Reichweitenmeister in den sozialen Medien

Wie ernst muss man das von Weidel formulierte Ziel nehmen? Wie viele Menschen erreicht die AfD in den Social Media tatsächlich? Und sind die verbreiteten Inhalte kompatibel mit demokratischen Werten? Für stichhaltige Aussagen über Erfolg und Misserfolg von Parteien auf Digitalplattformen müssen unterschiedliche Maßzahlen ausgewertet werden. Im öffentlichen Diskurs wird häufig die bloße Anzahl der Fans oder Follower:innen eines Profils als Maßstab herangezogen. Die Größe der Community sagt allerdings nichts darüber aus, wie viele Nutzer:innen eine Partei tatsächlich mit ihren Beiträgen erreicht. Die Algorithmen der Plattformen verschaffen nicht allen Beiträgen aus dem Netzwerk die gleiche Sichtbarkeit, sondern weisen ihnen unterschiedlich hohe Relevanz anhand eines Sets von Kriterien zu. Die genaue Funktionsweise der Algorithmen ist Betriebsgeheimnis, bezüglich des Facebook-Algorithmus ist aber beispielsweise bekannt, dass die Menge der Interaktionen anderer Nutzer:innen (Kommentare, Reaktionen, Shares) die Aktualität des Beitrags und die Ähnlichkeit mit Beiträgen, mit denen die individuellen Nutzer:innen in der Vergangenheit interagiert haben, eine bedeutende Rolle spielen.[3] Vereinfacht bedeutet das: Nur wenn Nutzer:innen mit den Posts einer Partei regelmäßig interagieren, werden diese ihnen auch regelmäßig angezeigt und gegenüber anderen Inhalten bevorzugt. Reichweite entsteht also nicht primär durch die Anzahl der Fans, sondern vielmehr durch die Anzahl der Interaktionen der Nutzer:innen mit den Posts einer Partei. Für die folgende Auswertung wurde mittels der Analysesoftware *Fanpage Karma* die Fan-, Follower:innen- und Abonnent:innenzahlen sowie die absolute und durchschnittliche Interaktionsmenge der Social-Media-Kanäle der im Bundestag vertretenen Parteien über einen Zeitraum von zwei Jahren (1.1.2022 bis 31.12.2023) erhoben.[4]

Zunächst soll auf die Größe der Communitys der Parteien auf Facebook, X, Instagram und YouTube, die zu den populärsten Plattformen in Deutschland gehören, geblickt werden (zu TikTok weiter unten): Entgegen der allgemeinen Erwartung hat die AfD nicht auf allen Plattformen die meisten Follower:innen. Sie liegt auf Facebook (ca. 530 000 Fans) und YouTube (ca. 250 000 Abonnierende) vorne, auf X und Instagram verfügen die Grünen jedoch über die größten Communitys. Bemerkenswert ist in dieser Statistik, wie groß der Abstand der AfD auf Facebook und YouTube zu den anderen Parteien ist: Der Youtube-Kanal AfD TV ist um den Faktor zehn größer als die Kanäle anderer Parteien. Auf Facebook haben die anderen Parteien jeweils höchstens halb so viele Fans wie die AfD.

Die Interaktionen der Parteien lassen sich (bei unterschiedlich großen Communitys und unterschiedlicher Anzahl von Posts) am besten mit dem Indikator Post-Interaktion vergleichen, der die durchschnittliche Anzahl von Interaktionen pro Post und Fan/Follower:in misst. Für YouTube wird als Indikator für die Reichweite die durchschnittliche Anzahl der Aufrufe pro Video verwendet. Insgesamt ergeben sich im Vergleich zur Größe der Communitys eindeutige Verhältnisse im Reichweitenwettbewerb der Parteien: Die AfD erzielt im Durchschnitt auf Facebook, X und Instagram die meisten Interaktionen und kommt auf YouTube auf die meisten Aufrufe pro Video. Damit erzielt die AfD die höchste Reichweite auf allen vier Plattformen. Noch etwas griffiger kann man die Reichweite der AfD für YouTube beschreiben: Durchschnittlich wird ein Video der AfD 36 861-mal angesehen. Die erfolgreichsten AfD-Videos liegen deutlich über dem Durchschnitt: Das Video mit dem Titel »Politiker-Einkünfte: Schlicht und einfach UNGERECHT!« erhielt mit 3,1 Millionen die meisten Aufrufe, gefolgt von dem Clip »Der Weidel-Hammer: Bei dieser Rede tobte der Bundestag!« (2,5 Mio.) und »Sie, Herr Habeck, wollen den Untergang Deutschlands! Wir nicht.« (1,6 Mio.).

Ein gesonderter Blick soll nun auf das Videoportal TikTok geworfen werden, das laut ARD/ZDF-Onlinestudie mittlerweile die drittpopulärste Plattform in Deutschland ist und von 41 Prozent der 14- bis 29-Jährigen regelmäßig genutzt wird.[5] Trotz dieser Verbreitung steckt die TikTok-Kommunikation der Parteien größtenteils noch in den Kinderschuhen, manche sind dort noch gar nicht aktiv. Ein Vergleich lohnt derzeit am ehesten zwischen den Bundestagsfraktionen, da von ihnen eine höhere Anzahl als von den Bundesparteien auf TikTok präsent sind. Die Daten offenbaren eine enorme AfD-Dominanz auf TikTok unter den Fraktionen: Mit etwa 375 000 Follower:innen verfügt die AfD über die größte Community, die SPD folgt dahinter mit 86 000 Follower:innen. Sogar noch etwas ausgeprägter ist der Vorsprung der AfD bei der Tik-Tok-Reichweite: Die AfD-Bundestagsfraktion kommt im Durchschnitt auf rund 435 394 Aufrufe (Impressions) ihrer Clips, die CDU/CSU-Fraktion liegt auf dem zweiten Rang mit 90 583 Aufrufen. Auch hierbei handelt es sich um Durchschnittswerte. Das erfolgreichste TikTok-Video der AfD erreichte 6,6 Millionen Aufrufe, trägt den Titel »Diese Politik ist irre« und enthält einen Ausschnitt aus einer Bundestagsrede des Abgeordneten Martin Sichert, der darin behauptet, dass in Deutschland ein ukrainischer Flüchtling (»mit Mercedes S-Klasse«) mehr staatliche Unterstützung bekomme als eine alleinerziehende Mutter.

In der Gesamtschau hat die AfD zwar auf den relevantesten Social-Media-Plattformen nicht durchgängig die meisten Fans und Follower:innen, sehr wohl aber die größte Reichweite. Mit einzelnen Beiträgen ist sie in der Lage, ein Millionenpublikum zu erreichen. Aus strategischer Sicht erscheint für die AfD insbesondere ihre Präsenz auf TikTok von großer Bedeutung. Bei der Bundestagswahl 2021 kam sie bei einem Gesamtergebnis von 10,3 Prozent unter Erstwählenden nur auf 6 Prozent. Seitdem wurden auf Bundes- und Landesebene die TikTok-Aktivitäten deutlich ausgebaut, was mutmaßlich zu den besseren Ergebnissen unter Jungwählenden bei den Landtagswahlen 2023 beigetragen hat.[6]

Erfolgsfaktoren der Social-Media-Kommunikation der AfD

Neben allgemein günstigen Umweltbedingungen in den sozialen Medien – Algorithmen bevorzugen populistische, polarisierende, emotionalisierende Inhalte – gibt es eine Reihe weiterer spezifischer Gründe für den Erfolg der AfD auf diesen Plattformen. Unterscheiden lassen sich diese Reichweitenfaktoren der AfD in strategische, inhaltliche und netzwerkbezogene.

Strategische Faktoren

Unter strategischen Faktoren werden hier jene Aspekte der Ausrichtung der Parteiorganisation und -kommunikation verstanden, mit denen sich die AfD überhaupt erst in die Lage versetzt, die Plattformen effektiv zu bespielen. *Erstens* wendet die AfD ein hohes Maß an Ressourcen (Finanzen, Personal, Technik) für ihre Digitalkommunikation auf. Als erste Fraktion richtete sie in ihren Räumlichkeiten im Bundestag ein »Studio« für die Videoproduktion ein. Im Vergleich zu anderen Parteien postet die AfD auch mehr Inhalte auf den Plattformen. Insgesamt ist davon auszugehen, dass die AfD im Vergleich mit den anderen Parteien der Social-Media-Kommunikation die höchste Priorität beimisst und folglich den höchsten Ressourcenaufwand zuweist. Zuletzt begann die AfD damit, künstliche Intelligenz bei der Produktion von Inhalten einzusetzen, beispielsweise zur Fälschung der Stimmen von Regierungsmitgliedern.[7] *Zweitens* konstruiert sie die journalistischen Massenmedien, wie oben bereits angedeutet, systematisch als Feindbild (»Systempresse«, »Lügenpresse«, »Staatsfunk« etc.), erzeugt somit in ihrer Anhängerschaft einen Bedarf nach vermeintlich wahrhaftigen Informationen, die sie vorgibt, auf ihren Parteikanälen anbieten zu können. *Drittens* verschafft sie sich häufig einen Wettbewerbsvorteil auf neuen Plattformen, indem sie zu den ersten politischen Akteuren gehört (»first mover«), die dort systematisch kommunizieren. TikTok und Telegram sind Plattformen, auf denen die AfD vor anderen Parteien auf dem Platz war. *Viertens* beinhaltet die strategische Priorisierung von Social Media auch, dass einzelne Politikerinnen und Politiker der AfD im Stile von Influencer:innen kommunizieren und sich dementsprechend inszenieren. Solche Partei-Influencer:innen finden sich auf Bundes- und Landesebene. So erinnern etwa die Videos der NRW-Landtagsabgeordneten Enxhi Seli-Zacharias auf TikTok und Instagram in Stil und Ästhetik an die Beiträge von Produkt-Influencer:innen.

Inhaltliche Faktoren

Der strategische Ressourceneinsatz ist eine zentrale Voraussetzung dafür, dass die AfD effektiv in den sozialen Medien kommunizieren kann. Die Reichweiten entstehen letztlich aber durch ihre Inhalte (»Content«), die sie auf den Plattformen verbreitet. Dieser Content weist auf Ebene der Botschaften eine Reihe wiederkehrender Merkmale auf: *Erstens* gelingt der AfD der »Messagetransfer« aus dem Parlament auf die Plattformen, indem AfD-Abgeordnete plattformkonforme Plenumsreden halten. Im Bundestag wie auch in Landtagen fällt auf, dass einzelne Redepassagen von AfD-Abgeordneten hinsichtlich der Aussage (Radikalität), Länge (60 bis 90 Sekunden) und Form (abgeschlossener, simplifizierender Sinnabschnitt) perfekte Kurzvideos für Social Media ergeben. Diese Clips werden anschließend mit zugespitzten Teasern (siehe oben) auf den Plattformen verbreitet. Dass die primäre Zielgruppe von Parlamentsreden der AfD nicht im Plenum sitzt, sondern auf den Plattformen ist, offenbarte einst Frank Pasemann in der Begrüßung seiner Bundestagsrede: »Sehr geehrter Herr Präsident, sehr geehrte Damen und Herren, verehrte Zuschauer an den Fernsehgeräten und – für die AfD viel wichtiger – auf YouTube, Facebook und sonstigen sozialen Kanälen.«[8]

Zweitens ermöglicht die AfD ihren Follower:innen eine Identifikation durch ihre Kommunikation, indem sie in ihren Botschaften eine kollektive Identität zwischen sich und ihrer Community konstruiert. Für ihre Facebook-Kommunikation konnte eine solche »Wir«-Konstruktion in knapp 75 Prozent ihrer Beiträge nachgewiesen werden.[9] Diese kollektive Identität ist zum einem durch soziokulturelle Merkmale geprägt (ethnisch-kulturelle Homogenität, Geschichtsbild, Tradition), zum anderen durch Emotionen. Interessant ist dabei, dass sich das »Wir« der AfD keinesfalls nur aus negativen Emotionen (z. B. Wut, Angst, Zorn) definiert, sondern etwa im gleichen Maße positive Gefühle enthält (z. B. Stolz, Überlegenheit, Machertum).

Drittens ist die Polarisierung in den Botschaften der AfD hauptsächlich affektiver Natur, keine sachbezogene Polarisierung. Das heißt, dass inhaltliche Differenzen zu anderen in ein gruppenbezogenes Freund-Feind-Schema übertragen werden, in dem nicht mehr der Widerspruch in der Sache zählt, sondern die Zugehörigkeit zu einem legitimen bzw. einem illegitimen Lager (z. B. die etablierten Parteien als »Volksverräter«). Von diesen affektiv-polarisierenden Botschaften kann sich die AfD stets zahlreiche Interaktionen versprechen, welche die Reichweite ihres Contents steigern.

Viertens kommuniziert die AfD permanent wiederkehrende Narrative, die sich aus einem radikal rechten Weltbild ergeben und dieses durch ihre Redundanz verfestigen und bestätigen. Auf den Plattformen herrscht ein intensiver Wettbewerb um die Aufmerksamkeit der Nutzer:innen: Die gängigen Narrative und Framings der AfD gegen Migrant:innen, gegen die anderen Parteien, gegen den öffentlich-rechtlichen Rundfunk, gegen sexuelle Selbstbestimmung oder gegen Klimaschutz haben durch ihre Eingängigkeit und Emotionalität einen Wettbewerbsvorteil, indem sie von der Community rasch verarbeitet werden können und ihre bestehenden Einstellungen mit einer neuen Story bestätigen.

Netzwerkbezogene Faktoren

Ein weiteres Set an Faktoren, die zum Social-Media-Erfolg der AfD beitragen, ist im Umfeld der Partei verortet – also ihren Wählenden, den Fans/Follower:innen auf den Plattformen oder Akteuren ihres politischen Vorfelds: *Erstens* ist die Anhängerschaft der AfD durch ein überdurchschnittlich starkes Misstrauen gegenüber etablierten Medien geprägt. 2023 glaubten 75 Prozent der AfD-Anhängerschaft, dass den deutschen Medien von Staat und Regierung vorgegeben werde, worüber sie zu berichten hätten. 74 Prozent halten die Informationen in deutschen Medien für unglaubwürdig.[10] Das Misstrauen gegenüber journalistischen Qualitätsmedien geht einher mit einer stärkeren Nutzung sozialer Medien: Dieselbe Umfrage ergab, dass Social Media für die AfD-Anhängerschaft die Hauptinformationsquelle für politische Informationen ist.

Zweitens verfügt die Partei über ein äußerst digitalaffines Vorfeld. Jugendorganisationen wie die Junge Alternative, die »Identitäre Bewegung« oder »Ein Prozent« verfügen über reichweitenstarke Kanäle und Influencer:innen. Sie sind ein wichtiger Eckpfeiler eines rechtsextremen digitalen Netzwerks, das in der Lage ist, Aktionen und Kampagnen zu koordinieren. Ein Beispiel ist die »Stolzmonat«-Kampagne aus dem Jahr 2023, ein rechtsradikaler Gegenentwurf zum »Pride Month« der LGBTQ-Szene.[11] Zum digitalen Milieu der AfD zählen zudem zahlreiche sogenannte »Alternativmedien« (z. B. *Deutschland-Kurier, Compact, AUF1),* die mit pseudojournalistischen Formaten die Narrative der AfD verstärken.

Drittens gilt ein relevanter Teil der Community der AfD als »hyperactive«, also Fans/Follower:innen, die mit nahezu jedem Beitrag der AfD interagieren. Eine Datenanalyse von Forschenden der TU München zeigt: Die AfD verfügt über deutlich mehr solcher hyperaktiven Fans als andere Parteien.[12]

Die Autor:innen der Studie gehen davon aus, dass es sich um authentische Nutzer:innen handelt, nicht um automatisierte Profile. Zwar gibt es eine weitere Studie von Forschenden der George Washington University[13], die nahelegt, dass unter den Facebook-Fans mancher AfD-Landes- und Kreisverbände ein relevanter Anteil aus »Fake Accounts« und »Bots« besteht, für die Kanäle der Bundes-AfD fehlen allerdings bisher Nachweise über einen großflächigen Einfluss unauthentischer Profile.

Propaganda für ein Millionenpublikum

Fakes, Falschinformationen, Feindbilder – die in diesem Beitrag analysierte Social-Media-Kommunikation der AfD rechtfertigt deren Klassifizierung als »digitale Propaganda«, wohl wissend um die historische Belastung des Begriffs.[14] Aufgrund des hohen Ressourceneinsatzes, aber auch der Vorstellung, die Partei-PR könne Journalismus ersetzen, kann die AfD als digitale Propagandapartei bezeichnet werden. Offen ist somit nur noch, ob es der AfD tatsächlich gelingt, eines Tages mehr Menschen zu erreichen als die ARD. Strukturell scheint dieses Ziel der AfD kaum realistisch zu sein, man denke allein an das 10-Millionen-Publikum, das die *Tagesschau* im Durchschnitt jeden Abend erreicht. Allerdings finden sich Beispiele für vergleichbare Beiträge von AfD und ARD, bei denen die Partei mit ihrer Reichweite vorn liegt: Als Alice Weidel am 10. September 2023 im ARD-Sommerinterview zu Gast war, schauten dies im Fernsehen 1,5 Millionen Zuschauerinnen und Zuschauer.[15] Weidel postete einen Ausschnitt des Interviews auf TikTok, der Clip trug den Titel »Die Bürger werden komplett über den Tisch gezogen!«. Dieses Video von Weidel erzielte 2,6 Millionen Aufrufe. In diesem Fall schauten mehr Menschen AfD als ARD.

Dr. Johannes Hillje ist selbstständiger Politik- und Kommunikationsberater und arbeitet für Ministerien, Parteien, Verbände und Unternehmen. Er ist Autor mehrerer Bücher zu politischer Kommunikation, Populismus, europäischer Öffentlichkeit und Digitalität. Zuletzt erschien sein Buch Das ›Wir‹ der AfD.

AfD im Aufwind und das Verstummen der Mitte

Jana Faus

Die Alternative für Deutschland (AfD) wurde vor inzwischen über einem Jahrzehnt gegründet und hat seitdem kontinuierlich an Zuspruch gewonnen. Ihre Akteur:innen sowie ihre Anhänger:innen sind selbstbewusst und laut, Gegenstimmen dringen immer weniger durch, vor allem weil sich die gesellschaftliche »Mitte« – bis zu den Enthüllungen der Investigativjournalist:innen von *CORRECTIV* zum »Geheimplan gegen Deutschland«[1] – weitgehend aus dem Diskurs zurückgezogen hat. Die pollytix strategic research gmbh forscht seit über einem Jahrzehnt qualitativ und quantitativ zur öffentlichen Stimmung in Deutschland und beobachtet das Leiserwerden der Mitte seit etwa 2016.

Bundesweit liegt die AfD Anfang 2024 deutlich vor allen Ampel-Parteien und landet mit gut 20 Prozent hinter dem Oppositionsführer CDU/CSU, die rund ein Drittel der Wähler:innen hinter sich vereinen. 2024 werden in Sachsen, Thüringen und Brandenburg neue Landtage gewählt. Zu Beginn dieses Jahres wird die AfD in *allen* Umfragen und in *allen* ostdeutschen Bundesländern als stärkste Kraft gesehen. In den drei Bundesländern, die dieses Jahr ihren Landtag neu wählen, liegt sie zu Jahresbeginn in den Umfragen mit jeweils rund einem Drittel der Stimmen auf Platz eins vor den jeweils regierenden Parteien. Und dennoch kann die AfD schon lange nicht mehr als rein »ostdeutsches Problem« abgetan werden. Das haben die Landtagswahlen in Bayern und Hessen im

Jahr 2023 eindrücklich gezeigt: In Bayern landete die AfD mit 14 Prozent auf dem dritten Platz nach CSU (37 Prozent) und Freien Wählern (15,8 Prozent), in Hessen sogar mit 18,4 Prozent auf dem zweiten Platz nach der CDU (34,6 Prozent). Ohnehin zeigt das weltweite Erstarken der extremen Rechten, dass nationale und regionale Spezifika in einem übergreifenden Trend zusammenwirken.

Verfassungsschutzbehörden, Expert:innen, Wissenschaftler:innen und Aussteiger:innen der Partei attestieren: Die AfD hat sich massiv nach rechts radikalisiert. Die AfD und ihre Akteur:innen äußern sich rassistisch, antisemitisch, fremdenfeindlich und antidemokratisch. Sie richten sich demnach gegen die Prinzipien der Menschenwürde, der Demokratie und des Rechtsstaats. Eine klare Abgrenzung zu anderen rechtsextremen Akteur:innen ist nicht zu erkennen.

Wie konnte es so weit kommen?

Erklärungsansätze dafür gibt es zuhauf, die Forschungsergebnisse, warum Menschen rechtsextreme Parteien wählen, sind erstaunlich stabil und eindeutig. Und dennoch scheinen wir als Gesellschaft sowie die demokratischen Parteien auf allen Ebenen keinen Weg zu finden, mit diesem Problem angemessen umzugehen.

Performanz der Regierung

Immer wieder wird ins Feld geführt, die agierenden Parteien auf Landes-, aber besonders auf Bundesebene regierten zu schlecht und würden damit der AfD Wählende in die Arme treiben. Diese Erklärung mag auf den ersten Blick einleuchten, denn natürlich kommt regierenden Parteien und ihrer

Performanz eine besondere Bedeutung zu. Schaut man sich dieses Argument etwas genauer an, wird schnell klar, dass es nur mäßig zur Erklärung beiträgt. Die Ampel-Regierung hat nach der Hälfte der Wahlperiode bereits fast zwei Drittel ihres durchaus ambitionierten Koalitionsvertrages umgesetzt oder zumindest angegangen.[2] Seit Beginn ihrer Regierungszeit war sie zudem mit dem Managen von Krisen befasst: Corona war noch nicht ausgestanden, da überfiel Russland die Ukraine. Die Folgen dieses Angriffskriegs auf europäischem Boden sind spürbar. Bei der Bewältigung dieser Krisen kann man der Regierung ebenfalls eine ordentliche Note ausstellen: Deutschland ist unter Merkel und Scholz vergleichsweise gut durch die Coronapandemie gekommen; die kritische Infrastruktur ist weder in dieser Krise noch in der Energiekrise zusammengebrochen, befürchtete Blackouts blieben aus.

Und dennoch sind Ende 2023 über 60 Prozent der Bürger:innen mit der Ampel-Regierung unzufrieden. Diese Unzufriedenheit scheint sich mehr um den in aller Öffentlichkeit ausgetragenen Koalitionsstreit zu drehen als um die tatsächliche Umsetzung von Vorhaben. Gerade in Zeiten der Unsicherheit und Polykrise brauchen Bürger:innen eine stabile Regierung, die Vertrauen ausstrahlt und allen glaubhaft das Gefühl vermitteln kann, dass Krisen gut überwunden werden können. Das Gegenteil ist 2023 der Fall, und das kann der Ampel angelastet werden. Besonders Kanzler Scholz wird immer wieder kritisiert, auch weil er zu wenig agiert und kommuniziert und eher wie ein Schiedsrichter am Spielfeldrand zu stehen scheint. Er hat es erstens versäumt, seine Entscheidungen so zu kommunizieren, dass die Bürger:innen ihm das notwendige Vertrauen schenken können, zweitens für politische Vorhaben zu werben und drittens eine positive Zukunft zu skizzieren. So ist es kaum verwunderlich, dass das Vertrauen in die Problemlösungskompetenz »der Politik« auf einem historischen Tiefstand ist. Damit hat die Regierung ihrerseits fahrlässig Leerstellen geschaffen, die durch die AfD und ihre populistischen Antworten auf komplexe Probleme besetzt werden konnten. Dass sie der AfD damit Wähler:innen in ihre Arme getrieben hat, ist dennoch eine zu holzschnittartige Erklärung.

Seit ihrer Gründung hat die AfD bereits mehrere Höhenflüge und Einbrüche hinter sich, einen ersten im Jahr 2016, einen zweiten 2018. Sowohl 2016 als auch 2018 war jedoch die Große Koalition mit CDU/CSU und SPD an der Regierung, nicht die Ampel. Auch in den ostdeutschen Ländern, die in diesem Jahr ihren Landtag neu wählen, haben wir es mit unterschiedlichen Regierungen zu tun: In Brandenburg regiert eine rot-schwarz-grüne Koalition unter Dietmar Woidke (SPD), in Sachsen setzt sich die Staatsregierung aus CDU, Grünen und SPD unter Führung von Michael Kretschmer (CDU) zusammen, in Thüringen führt Bodo Ramelow von der LINKEN eine rot-rot-grüne Minderheitsregierung an. Dass sich Wählende also maßgeblich aus Unzufriedenheit mit der amtierenden Regierung der AfD zuwenden, ist deutlich zu kurz gedacht.

Das sagen auch die Wählenden der AfD: Bei der Bundestagswahl 2013 gaben 37 Prozent der AfD-Wählenden an, sie hätten die Partei aus Überzeugung gewählt, aber eine Mehrheit von 57 Prozent meinte, sie aus Enttäuschung gewählt zu haben. Beinahe sechs von zehn AfD-Wählenden konnten also als Protestwähler:innen angesehen werden. Heute geben etwa drei Viertel der AfD-Wählenden an, die Partei aus Überzeugung zu wählen, da ihre persönlichen Grundüberzeugungen sehr nah an denen der AfD seien. Die Mär von der angeblich mangelnden Unterscheidbarkeit der von der AfD als »Altparteien« titulierten Parteien lässt sich nicht mehr halten. Das belegt einerseits der koalitionsinterne Streit in der Ampel, andererseits auch, dass der Oppositionsführer im Deutschen Bundestag, Friedrich Merz, die regierenden Grünen zum

»Hauptgegner« ausgerufen hat. Zu Zeiten, in denen eine in Teilen gesichert rechtsextreme Partei mit Faschisten an der Spitze immer mehr an Aufwind gewinnt, ist es ein Armutszeugnis für eine demokratische Partei, eine andere demokratische Partei zum »Hauptgegner« auszurufen. Es verschiebt den demokratischen Kompass auf verantwortungslose Weise und führt zu einer Normalisierung des Extremen.

Veränderung der Einstellungen

Es liegt der Schluss nahe, dass wir es mit Einstellungsänderungen innerhalb der deutschen Bevölkerung zu tun haben. Das zeigt auch die jüngste Mitte-Studie[3]: Rechtsextreme Einstellungen haben seit 2014 dramatisch zugenommen, und zwar in allen politisch-historischen Dimensionen, Befürwortung einer Diktatur (6,6 Prozent), Zustimmung zum Nationalchauvinismus (16,6 Prozent), der Verharmlosung des Nationalsozialismus (4,0 Prozent) sowie in allen sozial-völkischen Dimensionen, Fremdenfeindlichkeit (16,2 Prozent), Antisemitismus (5,7 Prozent), Sozialdarwinismus (5,7 Prozent). Ein manifest rechtsextremes Weltbild weisen aktuell 8,3 Prozent der Deutschen auf (2014 waren es noch 2,5 Prozent), bei AfD-Wählenden sind es knapp ein Viertel. Dieser Anstieg vollzog sich nicht kontinuierlich, sondern verfünffachte sich beinahe zwischen 2020/2021 und 2022/2023.

Einstellungen fallen nicht vom Himmel, sie sind nicht angeboren, sondern durch Sozialisation, Erfahrungen und politische Meinungsbildung beeinflusst. Hier liegt das grundlegende Problem, das wir seit Jahren kennen, jedoch immer vernachlässigt haben. Die AfD erntet nun die Früchte unserer Ignoranz. Mit »Wir« meine ich die Demokrat:innen, die Zivilgesellschaft, die Medien und die Intellektuellen Deutschlands.

Leerstellen, die von Rechten besetzt werden

Wir haben es zugelassen, dass die AfD sich breitmachen konnte, die zivilgesellschaftlichen Institutionen unterwandert, digitale Räume besetzt und die Diskussionen beherrscht. Wir haben der AfD diese Räume überlassen und haben es versäumt, sie zurückzuerobern. Dabei gab es nicht das eine Ereignis, den viel zitierten Dammbruch; vielmehr war es ein schleichender Prozess, ein Schneeball, der langsam den Berg hinunterkullerte und nun zu einer Lawine geworden ist.

Die Jahre 2015 und 2016 waren dominiert von Diskussionen über die Migrationskrise. Aber auch von einer großen Hilfsbereitschaft von Menschen, die sich in der Geflüchtetenhilfe engagierten, von Rentner:innen, die Deutschunterricht gaben, und Unmengen von Kleidung, Spielzeug und Möbeln, die Notunterkünften gespendet wurden. Scheinbar gab es dabei zwei Seiten: selbst ernannte »besorgte Bürger:innen«, die Angst um die deutsche Identität hatten, auf der einen Seite, und als »Bahnhofsklatscher:innen« Abgewertete, die sich um ein weltoffenes Deutschland bemühten. Hier zeigte sich schon eine gewisse Sprachlosigkeit der Engagierten, die sich selbst keine gemeinsame Beschreibung geben konnten, im Gegensatz zu den Lauten auf der Gegenseite. Rainer Faus und Simon Storks nennen sie »national Orientierte« und »weltoffen Orientierte«.[4] Was oftmals übersehen wurde, war die große Mitte zwischen diesen beiden Antipoden, die »bewegliche Mitte«. Menschen, die sich weder bei PEGIDA noch bei der benachbarten Flüchtlingsfamilie blicken ließen. Nicht, weil ihnen das Thema egal war, sondern weil es in ihrem Alltag kaum Platz hatte. Sie waren damit beschäftigt, ihr Leben zu leben, ihre Familie zu versorgen, ihrem Beruf nachzugehen, Häuser zu bauen – kurzum: ihr ganz normales Leben weiterzuleben. Und diese übersehene Mitte machte etwa die Hälfte der bundesdeutschen Wahlbevölkerung aus, während die beiden anderen Gruppen jeweils ein Viertel ausmachten. In ihren Einstellungen ähnelt die »bewegliche Mitte« eher den »weltoffen Orientierten« als den »national Orientierten«. Sie war nicht politikfern oder politisch demobilisiert, doch hielt sie sich in der Diskussion zurück.

Zwischen den »national Orientierten« und den »weltoffen Orientierten« war kaum noch eine Diskussion möglich. Das haben viele von uns unter dem Weihnachtsbaum oder auf Schulfesten miterleben können. Und so kam es in vielen Familien und Freundeskreisen dazu, dass die heiklen Themen vermieden wurden und man sich stattdessen lieber über das Wetter unterhielt.

2020 führten Matthias Hartl und ich eine qualitative Studie für die Friedrich-Ebert-Stiftung[5] durch, bei der wir der Frage nachgingen, ob es zwischen diesen beiden Gruppen noch zu einem Diskurs kommen kann und welche Rolle der »beweglichen Mitte« dabei zukommen kann. Der Wunsch nach einer Überwindung der Gräben war allen drei Gruppen gemein, doch fehlte bereits 2020 ein grundsätzliches Verständnis für die jeweilige andere Gruppe, deren Einstellungen als zu »extrem« wahrgenommen wurden. Die »bewegliche Mitte« fiel bereits vor vier Jahren als Brückenbauerin aus, zu oft hatte sie sich bei den genannten Familienfeiern und ähnlichen sozialen Zusammenkünften wie die Zuschauerin eines Ringkampfes gefühlt und sich über die Schärfe und Unversöhnlichkeit der Auseinandersetzungen verwundert die Augen gerieben. Sie war müde und wollte nicht mehr zwischen die Fronten geraten. Und dennoch zeigte sich in den moderierten Workshops, dass Diskussionen stattfinden konnten, von denen alle profitierten. Die Meinungen mögen sich nicht signifikant geändert haben, und nach wie vor blieben inhaltliche Differenzen, aber zumindest konnte ein Verständnis für die andere Seite gewonnen werden. Die Diskutant:innen verbrachten sogar freiwillig einen gemeinsamen Abend an der Hotelbar. Etwas, das sich niemand zu Beginn des Workshops hätte vorstellen können. So schien der gesellschaftliche Dialog nicht gänzlich verloren, sondern wiederbelebbar zu sein. Daher schlugen wir einen »Tag der Demokratie« vor, an dem Menschen in ganz Deutschland in moderierten Kleingruppen ins Gespräch kommen. Die Kritik auf diesen Vorschlag ließ nicht lange auf sich warten – die einen empfanden den Vorschlag als zu klein für die entstandenen Gräben, die anderen empfanden den Vorschlag als zu groß für ein paar Meinungsverschiedenheiten. Und so passierte schlicht nichts, und man hoffte, die Menschen würden wie von Geisterhand wieder zueinanderfinden.

Die Mitte verstummt

pollytix strategic research führt seit nunmehr zwölf Jahren Tiefeninterviews, Fokusgruppen, Workshops und repräsentative Studien durch. Überall in der Republik saßen wir bei Menschen zu Hause auf dem Sofa und besprachen mit ihnen ihren Blick auf die Welt. Schon immer war es eine Herausforderung, bestimmte Menschen für diese Art »politischer« Gespräche zu rekrutieren, die aber bisher bewältigt werden konnte. Im Herbst 2023 führten wir eine zweistufige Studie in Thüringen durch und wollten in moderierten Diskussionsrunden mit Menschen über die Landespolitik sprechen. Doch den avisierten Termin für die Fokusgruppen mussten wir mehrfach verschieben, weil es uns kaum gelang, bestimmte Menschen für ein Gespräch zu finden. Es war besonders schwer, Menschen eben dieser »beweglichen Mitte« zu finden, die vorhaben, bei der nächsten Landtagswahl eine demokratische Partei zu wählen. Nicht, weil es diese Menschen in Thüringen nicht gibt, sondern weil sie »Politik aus ihrem Leben verbannt haben«, »keine Lust haben, über Politik zu sprechen«, »nicht mehr streiten wollen«. Diejenigen, die wir am Ende doch noch für unser Forschungsprojekt gewinnen konnten, berichteten Ähnliches aus ihrem Umfeld. Sie wollten auf keinen Fall politische Themen »in ihrem Alltag« erleben und schlossen politische Diskussionen beispielsweise im Sportverein kategorisch aus.

Das überraschte uns, hatte es das in dieser Form in den letzten zwölf Jahren doch kaum gegeben. Im Gegensatz dazu war es unproblematisch, AfD-Wählende zu finden, die allesamt ein recht großes Mitteilungsbedürfnis an den Tag legten und sehr offen rechtsextreme Einstellungen vertraten. Diese Sichtweisen blieben weitestgehend unwidersprochen, und zwar aus zwei Gründen: erstens, weil die »bewegliche Mitte« nicht mehr widersprechen wollte – aus Resignation, aber auch, weil sie dem rechtsextremen Gedankengut schlicht nichts mehr entgegenzusetzen hat. Ihr sind die Argumente ausgegangen, zuweilen teilt sie mittlerweile diese Einstellungen auch. Aber es gibt noch einen zweiten Grund: Rechtsextreme Codes konnte die »bewegliche Mitte« nur noch unzureichend entschlüsseln. So warf ich als Moderatorin immer wieder mal rechtsextreme Codes in die Diskussion ein, ohne sie als solche zu kennzeichnen: »Tausendjähriges Reich«, »dem wahren Volk«, »Alles für Deutschland«.

Auch hier kam kein Widerspruch. Zum einen fehlt Verständnis, zum anderen ist kaum jemand gewohnt oder in der Lage, demokratische Werte zu verteidigen. Auf die Nachfrage, warum ich damit keinen Widerspruch provoziere, wurde geantwortet, dass nicht klar sei, was damit gemeint sei. In den letzten zwölf Jahren haben wir solche Dinge in unserer Forschung noch nicht erlebt, eine völlig neue Qualität des Schweigens demokratischer Kräfte ist zu beobachten. Demokratische Argumentationen und auch demokratische Akteur:innen treten im Nahumfeld vieler Menschen schlicht nicht mehr in Erscheinung – in bestimmten Gegenden dominieren die AfD, ihre Akteur:innen, Wählenden und rechte Narrative den politischen Diskurs in Kommunen, in Vereinen, in öffentlichen wie privaten Diskussionen und im digitalen Raum. Die AfD präsentiert sich auch außerhalb des Wahlkampfs vor Ort als Kümmerer. Die demokratischen Parteien haben es immer schwerer, der blauen Materialschlacht in Form von Flyern, kostenfreien Zeitungen, Plakaten und der Dauerbeschallung in sozialen Medien etwas entgegenzusetzen. So beschrieb ein hochgebildeter Mann, der ursprünglich im Prenzlauer Berg in Berlin wohnte, seine neue Wahlheimat im brandenburgischen Speckgürtel von Berlin so: »Hier wohnen eigentlich nur ehemalige Berliner. Alle so Fraktion Holzspielzeug und Tesla vor dem Haus, gut verdienend mit tollen Jobs. Vermutlich wählen die grün. Aber wenn ich auf die Straße blicke, ist alles blau. Ich bekomme selbst hier nichts von anderen Parteien mit. Nur die AfD wirft hier was in den Briefkasten. Und wenn die es selbst bei uns hier versuchen, wie soll es dann woanders aussehen?«

Wehrhafte Demokratie

Diese Entwicklung ist besorgniserregend und gefährdet Demokratie in einer völlig neuen Dimension. 59 Prozent der Wahlberechtigten halten die AfD für die größte Gefahr für die Demokratie seit Gründung der Bundesrepublik.[6] »Man darf nicht warten, bis aus einem Schneeball eine Lawine geworden ist.«[7] Dafür ist es nun schon zu spät, aber vielleicht schaffen wir es, die Lawine noch aufzuhalten, bevor sie unser Land vollends überrollt. Demokratische Stimmen dringen mancherorts kaum mehr durch; es sind zu wenige, und die wenigen sind zu leise. Heute ist es für einen »Tag der Demokratie« zur Wiederbelebung des gesellschaftlichen Diskurses zu spät. Wir müssen uns die Räume zurückerobern, sie besetzen und vor Antidemokrat:innen beschützen.

Einen ersten Schritt haben die über eine Million Demokrat:innen im Januar 2024 gemacht, als sie in ganz Deutschland gegen Rechtsextremismus auf die Straße gegangen sind. Die Besorgnis über die Enthüllungen um den »Geheimplan« ist groß: 65 Prozent der Deutschen zeigen sich sehr oder eher besorgt.[8] Es geht aber nicht mehr nur mit gutem Willen und langem Atem, sondern muss mit aller Wucht geschehen: Dafür sind die Plattformbetreiber gefragt, die stärker in die Verantwortung genommen werden müssen, digitale Räume zu schützen. Es sind die demokratischen Parteien gefragt, (wieder) im öffentlichen Raum präsent zu sein und nicht auf den nächsten Wahlkampf zu warten. Von ihnen fordern 60 Prozent der Deutschen ein, sich zu verpflichten, nicht mit der AfD zusammenzuarbeiten. 70 Prozent der CDU/CSU-Wählenden wünschen sich, dass die Union sich stärker von der AfD abgrenzen sollte.[9] Es ist die Zivilgesellschaft gefordert, vernetzt und mutig öffentlich in Erscheinung zu treten. Es sind alle Demokrat:innen gefordert, immer und überall demokratisch zu widersprechen, wenn notwendig, und Politik wieder in ihren Alltag Einzug halten zu lassen. Die AfD ist in weiten Teilen gesichert rechtsextrem, Björn Höcke ist Faschist, die Rechtsextremen wollen die Demokratie von innen heraus bekämpfen.

Eine wehrhafte Demokratie darf sich auch vor einem Verbot der Antidemokrat:innen nicht scheuen. 50 Prozent der Deutschen sehen das ebenso, für ein Verbot der als gesichert rechtsextrem eingestuften Landesverbände sprechen sich sogar 59 Prozent aus.[10] Das wird nicht das rechtsextreme Gedankengut in der Bevölkerung dezimieren, aber es schützt unsere freiheitlich-demokratische Grundordnung.

Jana Faus, geb. 1977, ist Diplom-Sozialwissenschaftlerin. Seit 2012 ist sie Geschäftsführerin der von ihr mitgegründeten pollytix strategic research gmbh in Berlin. Sie berät auf der Basis von qualitativen und quantitativen Daten Kunden aus Wirtschaft, Gesellschaft und Politik in Fragen der öffentlichen Meinung und Meinungsbildung. Sie ist Autorin zahlreicher Studien zu gesellschaftspolitischen Themen, kommentiert regelmäßig gesellschaftliche und tagespolitische Ereignisse in Medien und tritt regelmäßig als Speakerin auf. Außerdem ist sie Co-Vorsitzende des Vereins Artikel 1 – Initiative für Menschenwürde e. V., ist im wissenschaftlichen Beirat der Deutschen Gesellschaft für Politikberatung und des Wirtschaftsforums der SPD.

Verschwörungserzählungen und die AfD

Pia Lamberty

Verschwörungserzählungen sind in der Gesellschaft weitverbreitet. Sie werden immer wieder gezielt zur politischen Mobilisierung genutzt – auch von der Alternative für Deutschland (AfD). Dass sie sich dafür so gut eignen, ist kein Zufall: Verschwörungsideologien weisen eine enge Verbindung zum Populismus auf. Aus einer theoretischen Perspektive stellen beide eine »dünne« Ideologie dar. Sie können mit anderen umfassenderen Ideologien (Faschismus, Nationalismus, Sozialismus) zusammen auftreten und dann irgendwann zum Weltbild werden.

Die Rolle von Verschwörungserzählungen für politische Radikalisierung und Mobilisierung

Verschwörungserzählungen enthalten keine differenzierte Gesellschaftskritik, sondern fungieren eher als »Raunen« gegen die vermeintliche oder tatsächliche Elite, deren Bedeutung weit übertrieben wird, also gegen »die da oben«. Durch diese kryptische, personalisierte Form der Auseinandersetzung mit Gesellschaften bieten sie Anschlussfähigkeiten an verschiedene politische Milieus – auch wenn sie gehäuft im politisch rechten bis rechtsextremen Spektrum auftauchen. Der ideologisierte Glaube an Verschwörungen geht auch empirisch mit einem Rückzug aus dem demokratischen System einher. Wer meint, die Regierung sei nur eine Marionette von dahinterstehenden Mächten, geht weniger wahrscheinlich wählen oder nimmt weniger teil am demokratischen Diskurs. Stattdessen werden tendenziell eher antidemokratische Wege gewählt, um die eigenen politischen Ziele durchzusetzen.

Verschwörungserzählungen werden vielfach gezielt genutzt, um gesellschaftliche Stimmungslagen zu verschärfen. Wer davon überzeugt ist, dass die Regierung wirklich so weit gehen würde, die Bevölkerung durch ein geheimes Komplott beispielsweise mit »Chemtrails« zu vergiften, der sieht es auch eher als gerechtfertigt an, Gewalt gegen den Staat und seine Repräsentantinnen und Repräsentanten anzuwenden. Aus diesem Grund ist es nicht verwunderlich, dass terroristische oder extremistische Gruppierungen Verschwörungserzählungen nutzen, um ihre Mitglieder zu mobilisieren. Verschiedene Studien kommen zu dem Ergebnis, dass bereits die individuelle Tendenz, an Verschwörungserzählungen zu glauben, mit einer erhöhten Wahrscheinlichkeit einhergeht, Gewalt zu befürworten oder sogar selbst gewalttätig zu werden.

Das Verhältnis der AfD zu Verschwörungserzählungen im zeitlichen Verlauf

Die Alternative für Deutschland wurde im Jahr 2013 gegründet. Lange galt die rechtsextreme Partei in der öffentlichen Wahrnehmung »nur« als rechtspopulistisch, während sie sich gleichzeitig immer mehr radikalisierte. Neben offenem Rassismus und anderen Formen der Menschenfeindlichkeit spielen auch Verschwörungserzählungen und Desinformation eine Rolle, um die eigene Reichweite zu erhöhen und politisch zu mobilisieren.

2013–2017: Frühe Nutzung von Verschwörungserzählungen

Die im Jahr 2013 als vermeintlich »euroskeptisch« und nationalliberal gegründete AfD machte eine rassistische »Migrationskritik« auch im Kontext der verschärften Debatte zu Flucht und Asyl immer mehr zum eigenen Kernthema und konnte so politisch von der Stimmungsmache gegen Geflüchtete profitieren. Der damalige stellvertretende Bundessprecher, Alexander Gauland, bezeichnete die »Flüchtlingskrise« sogar als Geschenk für seine Partei, der sie den Aufstieg zu »verdanken« habe.

Insbesondere rassistische Verschwörungserzählungen und Codes spielten in den Jahren nach der Gründung recht früh eine Rolle. Für die politische Agitation nutzte die Partei den rechtsextremen Mythos der »Umvolkung«. Beatrix von Storch twitterte beispielsweise am 8. Mai 2016, dass die »Pläne für einen Massenaustausch der Bevölkerung [...] längst geschrieben« seien. Der Mythos der vermeintlichen »Umvolkung« handelt von einem angeblichen Plan, wonach die »heimische« Bevölkerung durch Immigration schleichend ersetzt werden würde. Dieser Mythos greift rechtsextreme Vorstellungen auf, wonach eine homogene »weiße Rasse« von »Durchmischung« bedroht sei – diese Bedrohung sei dabei gezielt gesteuert. Bei dieser vermeintlichen Steuerung werden wiederum antisemitische Stereotypen aufgegriffen und oft Chiffren für Jüdinnen:Juden genutzt, die vermeintlich ein Interesse an der Vernichtung oder Unterdrückung der Bevölkerung hätten. Alexander Gauland spielte ebenfalls auf diese Verschwörungserzählungen an, als er im Frühjahr 2017 davon sprach, dass der »Bevölkerungsaustausch in Deutschland auf Hochtouren« laufe. Björn Höcke veröffentlichte im Jahr 2018 ein Buch, in dem es hieß, dass angeblich der »Volkstod durch Bevölkerungsaustausch« bevorstehe.

Die Partei verbreitete auch schon zu dieser Zeit Falschinformationen über die menschengemachte Klimakrise, die wiederum Grundlage für Verschwörungserzählungen sein können. Im Frühjahr 2016 auf dem Parteitag in Stuttgart wurde bereits der menschengemachte Einfluss auf den Klimawandel geleugnet, und es wurden falsche bzw. irreführende Sachaussagen getroffen. Alexander Gauland sah 2019 die »Kritik an der sogenannten Klimaschutzpolitik« – nach dem Euro und der Zuwanderung – als »das dritte große Thema für die AfD«.[1] Insofern ist es wenig verwunderlich, dass die Partei versucht, auch über dieses Thema zu mobilisieren.

2018–2020: Taktische Zurückhaltung bei der Verbreitung von Verschwörungserzählungen?

2018 gab es dann in Deutschland vermehrt Rufe nach einer Beobachtung der Partei durch den Verfassungsschutz. Mehrere Bundespolitiker:innen von CDU, SPD, DIE LINKE, Grünen und FDP sprachen sich zu dieser Zeit dafür aus, die AfD überwachen zu lassen. Auch um einer Beobachtung zu entgehen, ließ die AfD 2018 ein internes Gutachten erstellen. Dort wurde geraten, »extremistische Reizwörter« wie »Umvolkung«, »Überfremdung«, »Volkstod« oder »Umerziehung« zu vermeiden. Es ging hier nicht um eine inhaltliche Auseinandersetzung, sondern um einen strategischen Umgang mit Verschwörungserzählungen oder rassistischen Aussagen.

Die drohende Beobachtung führte allerdings nicht dazu, dass die Partei sich von ihren Inhalten distanzierte. Im Gegenteil, Björn Höcke warnte seine Anhänger:innen sogar vor Panik, nannte die Angst vor einer Verschärfung »politische Bettnässerei«.[2] Auch im Verfassungsschutz-Gutachten aus dem Jahr 2019 zeigte sich, dass es wenig Zurückhaltung gab und dass die »Warnung vor einer ›Überfremdung‹

Deutschlands regelmäßig auch mit verschwörungstheoretischen Ansätzen verbunden« sei.

Von einer etwaigen taktischen Zurückhaltung in Bezug auf die Nutzung rechtsextremer Verschwörungserzählungen ist schon lange nichts mehr übrig.

2020–2022: Coronapandemie und AfD

Das Jahr 2020 war von der Coronapandemie und damit verbundenen starken Einschränkungen im öffentlichen und privaten Leben geprägt. Pandemien und andere gesellschaftliche Krisen verstärken das, was sowieso in der Gesellschaft vorhanden ist – im Guten wie im Schlechten. Allgemein kann man sagen: Verschwörungserzählungen blühen vor allem in Krisenzeiten. Das ist kein neues Phänomen.

Anfangs schien die AfD zunächst Probleme zu haben, eigene Positionen zu finden. In der Partei gab es interne Machtkämpfe, ebenso Streit über den richtigen Umgang mit den Coronaschutzmaßnahmen. Zu Beginn der Pandemie wurde eher nach schärferen Maßnahmen gerufen, die AfD-Landtagsfraktion in Sachsen forderte beispielsweise im März 2020 strengere Maßnahmen und die Schließung der Grenzen nach Polen und Tschechien.[3] Auch im digitalen Raum konnte man sehen, dass es der AfD zunächst schwerfiel, zu mobilisieren. Laut dem Politik- und Kommunikationsberater Johannes Hillje war die Reichweite der Partei auf Facebook zwischen Mitte März und Anfang April 2020 um die Hälfte zurückgegangen.

In den folgenden Monaten versuchte die Partei, sich dann stärker als der parlamentarische Arm der verschwörungsideologischen Proteste zu inszenieren und vom Unmut in der Gesellschaft zu profitieren. AfD-Abgeordnete erschienen mit perforierten Masken im Bundestag und versuchten über verschiedene Wege, die Schutzmaßnahmen zu diskreditieren. Gunnar Lindemann, Mitglied des Berliner AfD-Landesvorstands, sprach im April 2021 davon, dass er sich über jedes Parteimitglied freue, das an »Anti-Corona-Demonstrationen« teilnehme.

Mit Beginn der Coronapandemie kam parallel mehr Bewegung in das Milieu der »Reichsbürger«. Sie vermochten es nicht nur, ein fester Teil der Querdenker-Proteste zu werden, sondern wirkten in die Proteste selbst hinein. Sogenannte »Reichsbürger« zeichnen sich durch ein verschwörungsideologisches Weltbild aus, in dem Menschen auf Grundlage falscher Behauptungen glauben, ein Deutsches Reich müsse anstelle der Bundesrepublik Deutschland, die als illegitim und nicht souverän betrachtet wird, wieder handlungsfähig gemacht werden. Diese Gruppierungen wurden lange nicht ernst genommen in ihrer Gefährlichkeit. Das änderte sich in der Öffentlichkeit nur teilweise, nachdem am 7. Dezember 2022 Ermittlungsbehörden nach Medienberichten den bis dahin größten Antiterroreinsatz in der Geschichte der Bundesrepublik Deutschland durchführten. Dabei spielte beispielsweise Birgit Malsack-Winkemann, Richterin und ehemalige AfD-Bundestagsabgeordnete, eine wichtige Rolle: Sie ist mutmaßlich ein Mitglied der Gruppe gewesen und hatte Mitbeschuldigte im September 2022 durch das Reichstagsgebäude geführt.

Ab 2022: Russischer Angriffskrieg, Inflation und Energiekrise als Nährboden für die AfD

Am 24. Februar 2022 begann Russland seinen brutalen Angriffskrieg auf die Ukraine. Mit der russischen Aggression rückte das Thema Krieg auch in der deutschen Gesellschaft wieder stärker ins Bewusstsein. Ängste vor atomaren Angriffen, vor einem drohenden Weltkrieg und den wirtschaftlichen und sozialen Folgen machten sich breit. Das verschwörungs-ideologische Spektrum brauchte nicht lange, um die NATO oder den Westen insgesamt als vermeintlich Schuldige für die russische Invasion ausfindig zu machen. Proteste, die sich vorher gegen die ausklingenden Coronaschutzmaßnahmen wendeten, griffen nun den russischen Angriffskrieg als Thema auf.

Gezielte Desinformationskampagnen aus Russland versuchen seitdem verstärkt, die Demokratie anzugreifen und westliche Länder weiter zu destabilisieren. Seit Beginn der russischen Invasion werden immer mehr Beispiele bekannt, die die prorussische, antiwestliche Haltung der AfD aufzeigen. Maximilian Krah, Spitzenkandidat der AfD für die Europawahl 2024, schrieb beispielsweise in seinem 2023 veröffentlichten Buch *Politik von rechts. Ein Manifest,* dass Europas »Eliten« sich dem »Globalismus verschrieben« hätten und »als Vasall der USA« agieren würden. Der Begriff »Globalismus« wird häufig als verschwörungsideologisches Codewort in rechtsextremen Kreisen verwendet und beschreibt dann den Mythos, dass internationale Eliten eine Neuordnung der Welt planen würden. Dieser Mythos ist wiederum anschlussfähig an antisemitische Narrative.

Im Sommer 2022 wurden dann mit Bezug auf Sorgen um die Energiesicherheit im Winter Ängste lauter, dass rechtsextreme und antidemokratische Akteur:innen die angespannte gesellschaftliche Lage für sich nutzen und es zu gesellschaftlichen Unruhen kommen könnte. Je instabiler die gesellschaftliche Lage ist, desto besser können Rechtsextreme diese für sich nutzen. Das weiß auch die Alternative für Deutschland. Die Partei versuchte im Herbst 2022, mit überzogenen Warnungen und verschwörungsideologischem Raunen vor angeblich massiven Stromausfällen gezielt Stimmung zu machen. Ähnliche Dynamiken sah man im Kontext der Debatten um Wärmepumpen.

Der Bundesparteitag Ende Juli 2023 in Magdeburg zeigte dann noch einmal eindrücklich, dass rassistische Verschwörungserzählungen, wie die einer vermeintlichen Umvolkung, offen verbreitet werden – beispielsweise durch den derzeitigen AfD-Europaabgeordneten Dr. Gunnar Beck, der sich laut seiner Bewerbungsrede für »Asylstopp und Remigration statt Großem Austausch« einsetzen wolle. Der rechtsextreme Begriff »Remigration« wird mit der sogenannten »Identitären Bewegung« in Verbindung gebracht. Dahinter steht die Vorstellung, dass all die Menschen, die für Rechtsextreme als nicht deutsch gelten, deportiert werden sollen. Eine Recherche von CORRECTIV zu einem geheimen Treffen, bei dem auch AfD-Angehörige zugegen waren, etwa Roland Hartwig, der mittlerweile gekündigte persönliche Referent der AfD-Vorsitzenden Alice Weidel, und die daran anknüpfende Berichterstattung offenbarten einmal mehr, wie sehr diese Ideen in der Partei verankert sind.

Die Wähler:innen der AfD und Verschwörungserzählungen

Im öffentlichen Diskurs wird wiederholt intensiv über die Wählerschaft der AfD und ihre Einstellungen debattiert. Oftmals wird versucht, dies als vermeintliche Protestwahl einzuordnen; diese Sichtweise wird von Expert:innen jedoch häufig kritisiert. Empirisch ist die These einer reinen Protestwahl ebenfalls wenig haltbar. Eine Umfrage der Bertelsmann Stiftung kam bereits 2021 zu dem Ergebnis, dass fast jede dritte Person, die die AfD präferiert, ein geschlossen rechtsextremes Weltbild zeigen würde. Fast 60 Prozent der befragten AfD-Anhänger:innen hatten mindestens latent rechtsextreme Einstellungen.[4]

Unter den (potenziellen) Wähler:innen der AfD spielt neben anderen Ausdrucksformen von Menschenverachtung auch der Glaube an Verschwörungserzählungen eine wichtige Rolle, wobei dieser nahtlos an die populistischen Kommunikationsstrategien der rechtsextremen Partei anknüpft. Gemäß den Ergebnissen der Leipziger Autoritarismus-Studie von 2022 wiesen 73,5 Prozent der AfD-Anhänger:innen eine Neigung zur Verschwörungsmentalität auf, die eine generalisierte Neigung beschreibt, an Verschwörungserzählungen zu glauben. Darüber hinaus teilten zwei Drittel von ihnen COVID-19-bezogene Erzählungen. Die CeMAS-Umfrage vom Frühjahr 2022 zeigte diesen Effekt auch für Haltungen zum russischen Angriffskrieg: Fast 60 Prozent der AfD-Anhänger:innen stimmten verschwörungsideologischen Aussagen zum russischen Angriffskrieg gegen die Ukraine zu.[5]

Allerdings ist es kein Automatismus, dass Menschen mit einer starken Verschwörungsideologie die AfD wählen. Zur Bundestagswahl 2021 offenbarten sich drei größere Wahltendenzen: die Wahl der AfD, der Wahlboykott oder die Wahl von verschwörungsideologischen Kleinstparteien, wie »dieBasis« oder »Wir2020«. Dies wird noch einmal relevant in Bezug auf Parteineugründungen, beispielsweise durch Sahra Wagenknecht.

Fazit

Die Alternative für Deutschland nutzt Verschwörungserzählungen als Einfallstor in den Rechtsextremismus. Die Coronapandemie hat verdeutlicht, dass über solche Mythen Menschen mobilisiert werden können und Abgrenzungen nach rechts immer mehr verschwimmen. Die hohen Zustimmungswerte zu Verschwörungserzählungen innerhalb der Anhänger:innen der AfD zeigen, dass die Partei mit solchen Narrativen ihre Anhängerschaft stärken und neue Unterstützer:innen gewinnen kann.

Das mit dem Verschwörungsglauben verbundene generalisierte Misstrauen und der Gut-Böse-Dualismus machen es besonders schwierig, Anhänger:innen der AfD für das demokratische Spektrum zu erreichen. Es hat sich wiederholt gezeigt, dass Verschwörungserzählungen das Potenzial besitzen, unmittelbar als Katalysator für Radikalisierung zu wirken. Insbesondere rechtspopulistische und rechtsextreme Gruppen nutzen sie gezielt als Mittel, um ihre politische Agenda voranzutreiben und in der Gesellschaft Misstrauen zu säen. In einem weiteren Schritt können Verschwörungserzählungen sogar dazu dienen, Gewalt zu legitimieren. Somit stellen Verschwörungserzählungen eine direkte Gefahr für den gesellschaftlichen Zusammenhalt und die Demokratie als Ganzes dar.

Pia Lamberty ist Psychologin und Co-Geschäftsführerin bei CeMAS. Sie forscht seit Jahren zu den Gründen und Konsequenzen von Verschwörungserzählungen. Gemeinsam mit Katharina Nocun veröffentlichte sie verschiedene Sachbücher, darunter Fake Facts. Wie Verschwörungstheorien unser Denken bestimmen.

Brandmauer: ja, nein, vielleicht?
Zum schwierigen Umgang mit der AfD inner- und außerhalb der Parlamente

Anna-Sophie Heinze

2024 ist die AfD elf Jahre alt geworden. Sie ist die erste (populistische) Rechtsaußenpartei in der Geschichte der BRD, der es in rasanter Geschwindigkeit gelang, in alle 16 Landtage, den Bundestag und das Europäische Parlament einzuziehen (auch wenn sie später aus einigen davon wieder herausflog, so etwa in Schleswig-Holstein und Bremen). Damit unterscheidet sie sich von früheren Parteien wie der NPD, den Republikanern oder der Deutschen Volksunion. Aber auch organisatorisch und strategisch tritt die AfD anders auf als frühere Vertreter der Parteienfamilie, was den Umgang mit ihr erschwert.

Seit ihrer Gründung hat sich die AfD inhaltlich sowie personell stark gewandelt. Während sie 2013 eher als euroskeptisch und wirtschaftsliberal eingestuft wurde, gilt sie seit 2015 als klassische Vertreterin der (populistischen) rechtsradikalen Parteienfamilie.[1] Solche Parteien vertreten nativistische und autoritäre Positionen, das heißt, sie sehen den Nationalstaat durch »fremde« Elemente gefährdet und wollen dem hart entgegenwirken. Anders als rechtsextreme Parteien sind sie jedoch nicht zwangsläufig antidemokratisch, sondern vor allem illiberal. Meist verstehen sie sich sogar als die »wahren« Demokraten und kritisieren das angebliche Nichtfunktionieren der liberalen, repräsentativen Demokratie, etwa die vermeintlich korrupten »Altparteien« oder die vielfältigen

Minderheitenrechte (klassisch etwa ihre Kritik am »Gender-Gaga«). Da es immer häufiger zu inhaltlichen, personellen sowie strategischen Überschneidungen zwischen rechtsradikalen und rechtsextremen Akteuren kommt, nutzen mittlerweile viele Wissenschaftler:innen den Sammelbegriff »Rechtsaußen« (auf Englisch: *far right*).[2]

Wie viel Einfluss solche Parteien nehmen können, hängt maßgeblich davon ab, wie die anderen Parteien, Medien und die Zivilgesellschaft auf sie reagieren.[3] Inhaltlich können die anderen Parteien die Herausfordererpartei – bis zu einem gewissen Grad – ignorieren, die von ihr bespielten Themen als unwichtig darstellen, über einzelne Positionen debattieren oder sie im Extremfall sogar übernehmen. Die formalen Handlungsoptionen reichen von der strikten Ausgrenzung (der sogenannten »Brandmauer«) bis hin zur direkten oder indirekten Regierungsbeteiligung.[4] So ließen sich zum Beispiel verschiedene liberal-konservative Minderheitsregierungen in Dänemark zwischen 2001 und 2011 sowie 2015 und 2019 von der Dänischen Volkspartei tolerieren. Das gab Letzterer ein hohes Maß an Gestaltungsspielraum, ohne Verantwortung für unliebsame Regierungsentscheidungen übernehmen zu müssen.

Wie die AfD parlamentarische Regeln bricht

Seit dem Einzug der AfD in die Parlamente haben die anderen Parteien viel über die neue Partei und ihre Arbeitsweisen hinzugelernt. Dies geschah zunächst in den einzelnen Bundesländern, denn die AfD zog in 13 von 16 Landesparlamenten ein, bevor sie es 2017 – im zweiten Versuch – schließlich in den Bundestag schaffte. In Sachsen, Thüringen und Brandenburg war sie 2014 als Erstes parlamentarisch vertreten. Für viele Parteien war die AfD damals noch eine völlige »Blackbox«. Weder über ihre Inhalte noch über ihre Mitglieder war zum damaligen Zeitpunkt besonders viel bekannt – selbst über extreme Akteure wie Björn Höcke nicht.[5] Entsprechend unverhofft bis ahnungslos saßen die Abgeordneten der etablierten Parteien damals neben den »Neuen« der AfD.

Während sich die Debatten in den Parlamenten in der Anfangszeit noch häufig hochschaukelten, verstanden die Abgeordneten der etablierten Parteien relativ bald, wie die AfD funktioniert. So verhielt sich die neue Partei von Anfang an unkooperativ und respektlos gegenüber dem Hohen Haus und seinen Mitgliedern. Zum Beispiel nutzte sie gezielte Provokationen und Tabubrüche (die NS-Zeit sei »nur ein Vogelschiss«, das Holocaust-Denkmal in Berlin ein »Denkmal der Schande« etc.), um die Grenzen des Sagbaren zu verschieben und die anderen Parteien – und letzten Endes die gesamte repräsentative Demokratie – als unfähig bzw. ungeeignet darzustellen. Dabei spielte die verzerrte Weiterverarbeitung einzelner parlamentarischer Vorgänge in ihren eigenen (sozialen) Medien eine zentrale Rolle.

Um dies zu verstehen, muss man wissen, wie die parlamentarische Arbeit in Deutschland funktioniert. Anders als in Redeparlamenten – wie dem britischen – findet der Großteil der Arbeit hier in den Ausschüssen statt. Die zentrale Aufgabe der Opposition ist es dabei, die amtierende Regierung zu kontrollieren und inhaltliche sowie personelle Alternativen aufzuzeigen (zum Beispiel für die zukünftige Besetzung von öffentlichen Ämtern).

Die AfD konzentrierte sich von Anfang an auf die »einfacheren« parlamentarischen Instrumente, vor allem Kleine Anfragen, aber auch Anträge. Diese brachte sie immer wieder zu ähnlichen Themen ein, vor allem – aber nicht nur – zu Migration und Asyl. Einige Anträge »geisterten« dabei nach dem Prinzip »copy and paste« durch verschiedene Landesparlamente, was schnell die Vermutung nahelegte, dass die AfD über eine Art bundesweiten »Pool« parlamentarischer Initiativen verfügen muss.[6] Zudem kramt sie frühere Anträge der anderen Parteien aus den Archiven und macht sich diese zu eigen, vor allem die der CDU (zum Beispiel im Bereich Familie und Schule), aber auch der linken Parteien (etwa zu Fragen der Bürgerbeteiligung).

Das Ziel dieses Verhaltens liegt wohl kaum in der konstruktiven Regierungskontrolle oder gar Problemlösung, sondern vielmehr im »Vorführen« der anderen Parteien und im »Lahmlegen« von Ministerien sowie Behörden. Das wiederholte Abfragen ähnlicher Dinge – etwa Details zu Geflüchteten, Homosexuellen oder zivilgesellschaftlichen Organisationen gegen Rechtsextremismus – kann zudem als »Instrument zur Feindbestimmung« bzw. Einschüchterungstaktik verstanden werden.[7]

Unterstützt wird diese Annahme von der Tatsache, dass der strategische Fokus der AfD von Anfang an auf den Plenardebatten lag, wo ihre Abgeordneten teilweise sehr wortgewaltig auftraten, während sie zuvor in den Ausschüssen (in denen die eigentliche parlamentarische Arbeit stattfindet) nur selten mitwirkten. Hier zeigte sich, dass der Partei vor allem an einer möglichst großen medialen Aufmerksamkeit gelegen ist – etwas, das sich durch Ausschüsse nicht herstellen lässt, da diese selten öffentlich tagen.

Um parlamentarische Debatten zu »befeuern«, nutzt die AfD gezielte Provokationen sowie Tabubrüche und eine harsche Rhetorik. Vor allem am Anfang empörten sich die Abgeordneten der anderen Parteien darüber noch stark, und Debatten schaukelten sich infolgedessen tatsächlich hoch. Später verstanden sie, dass die AfD auf diese Weise nur noch mehr Aufmerksamkeit erreichen möchte, und versuchten sich stärker zurückzuhalten. Viele dieser Provokationen – und Reden generell – waren dafür gemacht, dass die AfD sie später in verkürzter und verzerrter Form in ihren eigenen (sozialen) Medien weiterverbreiten kann, um zu behaupten: Schaut her, die AfD – als einzige Kraft, die für Demokratie und Meinungsfreiheit kämpft – wurde ein weiteres Mal von den korrupten »Altparteien« ausgegrenzt. Die AfD inszeniert sich dabei gezielt als die von »den anderen« geächtete Partei, die sich doch lediglich dem Wohl »des Volkes« verschrieben habe.

Um genau diesen Opfermythos zu bedienen, lässt sich die AfD immer wieder neue Dinge einfallen, die die anderen Parteien teilweise sehr unvorbereitet treffen. In Baden-Württemberg brachten zum Beispiel alle parlamentarisch vertretenen Parteien am Anfang der Legislaturperiode zusammen mit der AfD einen Gesetzentwurf zur Stärkung der Bürgerbeteiligung ein, der bereits vor der Wahl gemeinsam erarbeitet worden war. In der Plenardebatte kritisierte die AfD die anderen Parteien und den Gesetzentwurf dann plötzlich so heftig, dass diese ihn irritiert zurückzogen. Ein solches Verhalten verblüffte selbst diejenigen Abgeordneten, die noch die Republikaner im Parlament miterlebt haben, die im Vergleich zur AfD »zum großen Teil sehr viel konstruktiver« gewesen seien.[8]

Auf ähnliche Weise stimmte die AfD immer wieder und entgegen ihrer bisherigen Position für Anträge der Regierungsfraktionen oder der inhaltlich weit entfernten LINKEN. Für die meisten Abgeordneten konnte es schon allein deswegen keinerlei konstruktive, auf Vertrauen basierende Zusammenarbeit mit der AfD geben. Denn die Parteien vertraten zwar schon vor Gründung der AfD teilweise sehr gegensätzliche Positionen und gingen verbal auch hart miteinander ins Gericht. Was sie jedoch einte, war das Einhalten eines Mindestmaßes ungeschriebener parlamentarischer Normen und Praktiken, die für das Funktionieren der Demokratie notwendig sind.

Niemand hat die Absicht, die Brandmauer zur AfD einzureißen – oder doch?

Mit der Zeit lernten die Parteien jene Arbeitsweisen der AfD immer besser kennen und passten ihren Umgang entsprechend an. Selbst in den Fällen, in denen sie die neue Partei anfangs noch »wie jede andere auch« behandeln wollten (so etwa in Baden-Württemberg, wo sie den genannten Gesetzentwurf gemeinsam einbrachten), kam es bald zu einer klaren Frontenbildung zwischen der AfD und allen anderen Parteien.

In der Forschung wird eine solche konsequente Ausgrenzung meist als *Cordon sanitaire* bezeichnet. In Deutschland ist sie eher als »Brandmauer« bekannt. Einige erinnern sich vielleicht noch an den »Schweriner Weg«, mit dem die Parteien in Mecklenburg-Vorpommern nach 2006 beschlossen, in keiner Weise mit der NPD zusammenzuarbeiten. Gemeint ist immer das Gleiche: keinerlei Kooperation mit Rechtsaußen – weder im Parlament noch darüber hinaus (zum Beispiel in TV-Duellen oder gemeinsamen Veranstaltungen).

Ein solches Ausgrenzungsbündnis kann nur dann gelingen, wenn sich alle relevanten Parteien darauf einigen und es konsequent durchgesetzt wird. Das war lange Zeit zum Beispiel in Belgien oder Schweden der Fall. Dort nahmen die Parteien dafür unter anderem in Kauf, sich von ihren »klassischen« Koalitionsformaten (entweder innerhalb des linken oder des rechten Lagers) zu lösen.

In Deutschland wurde eine Regierungszusammenarbeit mit der AfD von Anfang an strikt ausgeschlossen. Ein solches Bündnis käme am ehesten für die CDU infrage, die der AfD inhaltlich am nächsten steht und die entsprechend größten Schnittmengen mit ihrer Wählerschaft hat. Unter der früheren Parteivorsitzenden Angela Merkel wurde eine solche Option jedoch von Anfang an vehement abgelehnt. Auch auf dem CDU-Parteitag, dem höchsten Entscheidungsgremium der Partei, wurde 2018 jede Zusammenarbeit mit der AfD (und auch der LINKEN) ausgeschlossen.

Zum bisher größten und bekanntesten »Tabubruch« des *Cordon sanitaire* kam es im Februar 2020, als sich Thomas Kemmerich (FDP) mit Stimmen der FDP, CDU und AfD zum Thüringer Ministerpräsidenten wählen ließ. Vor dem Hintergrund der oben beschriebenen, bis dahin gut bekannten Strategien der AfD war es kaum überraschend, dass die Partei nicht für ihren eigenen (Schein-)Kandidaten Christoph Kindervater stimmte.[9] Der eigentliche Tabubruch bestand deswegen darin, dass Kemmerich die Wahl trotzdem annahm und erst nach wenigen Tagen heftiger, teilweise auch innerparteilicher Kritik zurücktrat. Er hinterließ damit einen Riss in der Brandmauer.

Die Wahl Kemmerichs hat sich für viele ins Gedächtnis gebrannt. Thüringen war für wenige Tage im Fokus nationaler wie auch internationaler Medienberichterstattung. Es zeigte sich deutlich, was aus der Forschung bereits bekannt ist: Der *Cordon sanitaire* bröckelt häufig zuerst auf den »unteren« föderalen Ebenen, und neue Koalitionsmodelle werden – so sie sich denn bewähren – zu einem späteren Zeitpunkt auf die Bundesebene übertragen. Es ist deswegen ganz und gar nicht zweitrangig, was auf der Landesebene passiert.

Umso besorgniserregender ist es, dass vor allem die CDU und die FDP seitdem immer wieder mit der AfD zusammen abgestimmt haben. Im September 2023 beschlossen sie in Thüringen zum Beispiel gemeinsam die Senkung der Grunderwerbsteuer – eine Forderung, die sich zwar bereits im Wahlprogramm der CDU wiederfand, aber nicht im Verhältnis zur schleichenden Normalisierung der AfD (die in Thüringen von Anfang an besonders extrem auftrat!) steht.

Schon vorher hatten einzelne Parteien immer wieder mit der AfD abgestimmt – teilweise auch völlig »ohne Not«. In Sachsen-Anhalt hatte die CDU 2017 (damals in der Regierung mit der SPD und den Grünen) für einen Antrag der AfD gestimmt, einen Untersuchungsausschuss zum Thema Linksextremismus einzusetzen. Die Koalitionspartner reagierten entsetzt, und die »Kenia«-Koalition überlebte nur mit Mühe und Not – und weil es keine andere rechnerisch sowie politisch mögliche Koalitionsoption gab (das heißt keine ohne ein Zusammengehen von CDU und AfD oder LINKEN).

Erschwerte Koalitionsbildungen wird es in Zukunft wohl immer häufiger geben, vor allem dort, wo die AfD stark abschneidet und trotzdem nicht am Koalitionstisch sitzen soll. Umso wichtiger ist es, dass sich die Parteien vor Augen führen, dass die AfD auch dann Einfluss nimmt, wenn sie ihre Positionen und Frames übernehmen. In der Forschung werden diese Prozesse als »Mainstreaming« und »Normalisierung« bezeichnet. Wenn Friedrich Merz (CDU) vom »Sozialtourismus« ukrainischer Geflüchteter spricht oder Olaf Scholz (SPD) »endlich im großen Stil« abschieben will, dann lacht sich die AfD ins Fäustchen.

Häufig scheint mit einem solchen »Rechtsruck« die Hoffnung einherzugehen, man könne damit Wähler:innen zurückgewinnen. Aus der Forschung ist bekannt, dass es ganz so einfach dann doch nicht funktioniert. Zwar gelang es einigen Parteien auf diese Weise, Wahlerfolge einzufahren (etwa den Konservativen in Österreich oder den Sozialdemokraten in Dänemark), doch verloren sie zugleich an liberale und linke Parteien. Zudem steigt mit der Übernahme von Rechtsaußenpositionen und -frames langfristig die Gefahr, dass diese nicht nur an Bedeutung gewinnen, sondern auch legitimiert werden (»Das wird man wohl noch sagen dürfen«). Die Wähler:innen von Rechtsaußenparteien entscheiden sich in dieser Situation dann häufig erst recht für das »Original«.[10]

Langfristig ist die »Brandmauer« deswegen nur dann wasser- bzw. vielmehr luftdicht, wenn die Parteien zum einen jegliche Zusammenarbeit mit der AfD im Parlament und in der

Regierung ausschließen und zum anderen auch ihre Positionen und Frames nicht übernehmen. Das heißt nicht, dass sie in einzelnen Themenfeldern (klassisch etwa: Migration) nicht agieren dürfen. Es ist jedoch wichtig, klar zwischen Themen, Positionen und Frames zu unterscheiden. Man kann auch hart in der Sache streiten, ohne Rechtsaußenpositionen zu legitimieren.

Auch die kommunale Ebene spielt hierbei eine nicht zu unterschätzende Rolle. Zwar gelten Entscheidungen, die dort getroffen werden, häufig als »unpolitisch« – man denke etwa an den Bau von Kinderspielplätzen, Zebrastreifen oder die Sanierung von Jugendzentren. Doch genau solche sachpolitischen Fragen nutzen Rechtsaußenakteure für das Mainstreaming ihrer sonstigen Positionen. In Frankreich etwa stellte sich der Rassemblement National in lokaler Regierungsverantwortung erfolgreich als »normale« Partei dar. Seit seiner Wahl haben dort viele Bürger:innen den Eindruck, die Städte seien »sauberer, schöner und hätten mehr Blumen«.[11] Von radikalen Forderungen war dabei zunächst keine Rede. Wenn die AfD immer mehr Bürgermeister- und Landratsposten stellt, sollten jene Prozesse unbedingt im Hinterkopf behalten werden.

Darüber hinaus müssen sich die Parteien die Frage stellen, warum ihre Zustimmungswerte in einigen Fällen so gering sind und was sie dafür tun können, wieder mehr Menschen von ihren politischen Angeboten zu überzeugen. Die Stärkung ihrer eigenen Programme, Kommunikation und Mitgliederorganisationen ist dabei zweifelsohne eine Mammutaufgabe, an der jedoch kein Weg vorbeiführt. Denn eines ist klar: Die AfD ist vor allem dort stark, wo die anderen Parteien schwach sind – auch auf der kommunalen Ebene.

Gleichzeitig müssen die Parteien die Vorteile unseres politischen Systems – der liberalen Demokratie – dringend besser erklären und sie womöglich besser schützen. Ihren

Handlungsmöglichkeiten sind dabei Grenzen gesetzt, denn freiheitliche Staaten lassen sich prinzipiell nicht mit undemokratischen Mitteln schützen – das klassische Demokratie-Paradox. Umso wichtiger ist es, klare »rote Linien« zu ziehen und etwa jede Form von Rassismus, Antisemitismus und Sexismus in aller Deutlichkeit zurückzuweisen. Nur so kann der schwierige Balanceakt des »richtigen« Umgangs mit der AfD langfristig gelingen und ihr Einfluss begrenzt werden – denn eine »Zauberformel« wird es aufgrund der beschriebenen Arbeits- und Funktionsweisen der Partei auch in Zukunft nicht geben.

Anna-Sophie Heinze ist Politikwissenschaftlerin und Akademische Rätin an der Universität Trier. Ihre Forschungsschwerpunkte liegen im Bereich Parteien, Demokratie, radikale und extreme Rechte. In ihrer Doktorarbeit beschäftigte sie sich mit dem Umgang mit der AfD in den Landesparlamenten.

#NordhausenZusammen: Wie ein zivilgesellschaftliches Bündnis einen AfD-Oberbürgermeister verhinderte

Jens-Christian Wagner

Nordhausen ist eine beschauliche Stadt mit 40 000 Einwohner:innen am Rande des Harzes in Nordthüringen. Historisch ist sie protestantisch geprägt, hat aber auch einen katholischen Dom. Es gibt ein Theater und mehrere Museen, dazu einen Bahn- und Autobahnanschluss. Seit Ende der 1990er-Jahre ist die Stadt Hochschulstandort; an der Hochschule Nordhausen studieren gut 2000 junge Menschen Ingenieur- sowie Sozial- und Wirtschaftswissenschaften. Von der ehemals blühenden Tabak- und Maschinenbauindustrie ist zwar spätestens seit den wirtschaftlichen Umbrüchen nach dem Ende der DDR nicht mehr viel vorhanden, dennoch ist Nordhausen auch heute noch eine wichtige Industrie- und Handelsstadt in der Mitte Deutschlands.

Das Lager in der Stadt: KZ Mittelbau-Dora

International bekannt wurde Nordhausen 1945, als amerikanische Soldaten das am Stadtrand gelegene KZ Mittelbau-Dora befreiten und erschütternde Foto- wie auch Filmaufnahmen von befreiten Häftlingen und ausgemergelten Leichen aus dem Hauptlager Dora und einem Außenlager in der Nordhäuser Boelcke-Kaserne um die Welt gingen. Insbesondere die Aufnahmen aus der Kaserne, die sich inmitten der Stadt befand und in der die Befreier die Leichen von rund 1300 KZ-Häftlingen vorfanden, gehören bis heute zur Ikonografie des Holocaust.

Die Häftlinge waren u. a. zur Zwangsarbeit in der Montage der V2-Raketen herangezogen worden, von der sich die Nationalsozialist:innen die Wende im bereits verlorenen Krieg erhofft hatten. Insgesamt 60 000 Menschen hatte die SS zwischen 1943 und 1945 in das KZ Mittelbau-Dora verschleppt, etwa 20 000 Männer und Frauen haben das nicht überlebt.[1] In vielen Teilen der Welt ist der Name der Stadt seither untrennbar mit den nationalsozialistischen Verbrechen verbunden.

Lebendige Erinnerungskultur

Zu DDR-Zeiten lagen Nordhausen und die Gedenkstätte Mittelbau-Dora – vom Westen gesehen – hinter dem Eisernen Vorhang. Erst nach dem Ende der DDR war es vielen Überlebenden aus Frankreich, Belgien oder Israel möglich, nach Nordhausen zu kommen und dort um ihre getöteten Kameraden zu trauern. Dass die Überlebenden und ihre Angehörigen den Menschen in Nordhausen trotz ihrer grauenhaften Erfahrungen die Hand gereicht haben, ist den Bürgerinnen und Bürgern der Stadt und ganz maßgeblich auch den seit 1990 gewählten Stadtspitzen zu verdanken, die mit Offenheit, Geschichtsbewusstsein und der nötigen Portion Demut wie auch mit viel Sensibilität auf die Überlebenden zugegangen sind. Oberbürgermeister Manfred Schröter (CDU) schrieb in den 1990er-Jahren ein Standardwerk zur Verfolgung der Nordhäuser Jüdinnen und Juden im Nationalsozialismus und sorgte für eine Städtepartnerschaft mit dem israelischen Beth Shemesh. Barbara Rinke (SPD) wiederum ernannte den französischen Dora-Überlebenden Jean Mialet 1999 zum Ehrenbürger der Stadt und ließ inmitten der Stadt einen Ehrenhain für die Überlebenden pflanzen. Aus all diesen Aktivitäten sind Vertrauen und Freundschaften zwischen Überlebenden und den Nordhäuserinnen und Nordhäusern entstanden; an runden Jahrestagen der Lagerbefreiung würdigen Überlebende und ihre Angehörigen im Nordhäuser Theater gemeinsam mit Bürger:innen der Stadt die Opfer.

Bürgermeisterwahl unter schwierigen Bedingungen

All dies drohte im Spätsommer 2023 mit der Wahl des AfD-Funktionärs Jörg Prophet zum Oberbürgermeister zerstört zu werden. Der 61-jährige Unternehmer war kurz vor der Grenzöffnung 1989 aus Nordhausen in die Bundesrepublik ausgereist und 2000 in seine Heimatstadt zurückgekehrt. Seit 2016 ist er Mitglied der AfD, deren Nordhäuser Regionalverband er seit 2019 führt. Prophets Chancen, gewählt zu werden, waren außerordentlich gut. Landesweit lag die AfD in Thüringen zu diesem Zeitpunkt in Umfragen bei rund 30 Prozent, und zusätzlichen Auftrieb hatte der Partei im Juni 2023 die Wahl ihres Landtagsabgeordneten Robert Sesselmann zum Landrat in Sonneberg gegeben. In Nordhausen war die Ausgangssituation für die AfD besonders günstig: Zugkräftige Gegenkandidat:innen hatten die zerstrittenen demokratischen Parteien nicht vorzuweisen, und der amtierende und zur Wiederwahl angetretene parteilose Oberbürgermeister Kai Buchmann konnte sich erst kurz vor dem ersten Wahlgang wieder ins Amt zurückklagen, nachdem ihn Landrat Matthias Jendricke (SPD) ein halbes Jahr zuvor wegen tatsächlicher oder angeblicher Dienstvergehen suspendiert hatte – eine Steilvorlage für das AfD-Narrativ vom Parteiengezänk und von angeblich korrupten und unfähigen »Altparteien«. Günstig wirkte sich für die AfD zudem aus, dass sich fast alle Parteien im Stadtrat mit dem angeschlagenen Oberbürgermeister überworfen hatten.

Anfangs lief es für die AfD daher sehr gut. Dazu trugen auch die OB-Kandidat:innen der CDU und der SPD bei, die eine Abgrenzung zum rechtsextremen AfD-Kandidaten vermissen ließen und sich etwa gemeinsam mit dem AfD-Mann beim Fahrradfahren ablichten ließen. Auch die lokalen und überregionalen Medien berichteten kaum kritisch über den AfD-Kandidaten, der sich als erfolgreicher, anpackender Unternehmer darstellte (auf Wahlplakaten war er stets mit weißem Hemd mit Hosenträgern abgebildet). Mehr noch: Selbst manche Journalist:innen gingen der Selbstinszenierung des angeblich konservativen Saubermanns zunächst auf den Leim. In der *ZEIT* hieß es Anfang September 2023, der AfD-Mann sei ein professioneller und »vorzeigbarer« Kandidat,[2] und ähnlich urteilte einige Wochen zuvor bereits die *taz*, die Prophet als »bürgerlich« und »gemäßigt« beschrieb.[3] Das Nordhäuser Leitmedium, das Online-Anzeigenblatt *Nordhäuser Neue Zeitung* (nnz-online), machte wiederum ganz unverhohlen Wahlkampf für die AfD.

Es lief also gut für die Partei am ganz rechten Rand. Die Frage war eigentlich nur, ob Jörg Prophet der Sieg bereits im ersten Wahlgang oder erst in der Stichwahl gelingen würde. Ersteres schaffte er zwar nicht, doch mit einem Stimmenanteil von 42,1 Prozent landete er im ersten Wahlgang am 10. September weit vorn. Amtsinhaber Buchmann folgte abgeschlagen mit 23,7 Prozent, die SPD-Kandidatin Rieger kam auf 18,6 Prozent und der CDU-Kandidat Trump (ja, der heißt wirklich so und hatte mit einem Law-and-Order-Programm für seine Wahl geworben) auf 11,2 Prozent der Stimmen. Die Grünen schließlich landeten bei kaum messbaren 1,4 Prozent; DIE LINKE war gar nicht erst angetreten. Prophet ging damit als haushoher Favorit in die Stichwahl. Gegenkandidat war der parteilose Amtsinhaber und Einzelkämpfer Buchmann, der auf einen Wahlkampf weitgehend verzichtete und in der Stichwahl kaum Unterstützung von den anderen Parteien erhielt. Lediglich die Grünen riefen zur Wahl des demokratischen Kandidaten auf; CDU, SPD und FDP mochten hingegen keine Wahlempfehlung geben.[4]

Das rief die Zivilgesellschaft auf den Plan. Bereits vor dem ersten Wahlgang hatten Studierende der Hochschule Nordhausen versucht, gegen die Wahl des AfD-Kandidaten zu mobilisieren; sie fanden aber zunächst kaum Gehör und wurden bis in die Lokalzeitung hinein als undemokratische Unruhestifter und Krakeeler diskreditiert. Der Rest der eigentlich starken Zivilgesellschaft in Nordhausen – Kirchen, soziale Einrichtungen, Flüchtlingsinitiativen, eine breite Kulturszene – schien lange wie in Schockstarre zu verharren. Es fehlte eine Initialzündung.

Geschichtsrevisionismus des AfD-Kandidaten

Die kam aus der Hochschule mit ihren vielen ausländischen Studierenden, die fürchteten, in der Stadt nicht mehr willkommen zu sein – und aus der Gedenkstätte Mittelbau-Dora bzw. der Stiftung Gedenkstätten Buchenwald und Mittelbau-Dora. Deren Mitarbeitende hatten sich drei geschichtspolitische Texte, die Jörg Prophet auf der Website der AfD Nordhausen veröffentlicht hatte, genauer angesehen – und sehr schnell festgestellt, dass der angeblich sachorientierte Konservative seinem rechtsextremen Thüringer Parteichef Björn Höcke hinsichtlich geschichtsrevisionistischer Positionen in nichts nachsteht.

Das erste geschichtsrevisionistische Pamphlet des AfD-Kandidaten trägt den Titel »Gedanken zum Jahrestag der Luftangriffe« und wurde am 2. April 2020 von Jörg Prophet auf der Website der AfD Nordhausen veröffentlicht. Erst im Herbst

2023 löschte die AfD den Eintrag; während des Wahlkampfes war er ständig online.[5] Das Papier ist ein Machwerk aus Fake History, NS-Verharmlosung und rechtsextremen Chiffren bzw. Signalwörtern. Prophet schreibt, Deutschland sei von den Alliierten in Jalta »filetiert« worden, und greift den bereits von der NS-Propaganda verbreiteten rechtsextremen Geschichtsmythos auf, die Alliierten hätten Deutschland zu einem Agrarland machen wollen. Auch vom »Schuldkult« ist in dem Papier die Rede, jenem geschichtspolitischen Kampfbegriff, mit dem extrem Rechte die Erinnerungskultur und die Arbeit der Gedenkstätten seit Jahrzehnten diskreditieren.[6]

Am deutlichsten wird der Geschichtsrevisionismus des AfD-OB-Kandidaten bei seinen Ausführungen über die Befreiung des KZ Mittelbau-Dora am 11. April 1945. Damals retteten amerikanische Soldaten einige Hundert kranke und sterbende KZ-Häftlinge, die von der SS bei der Räumung des Lagers zurückgelassen worden waren. Die amerikanischen Befreier, so Prophet, hätten dabei »ihr wahres Gesicht« gezeigt, als »sie sich das holten, was sie scheinbar antrieb: Vorsprung durch Inbesitznahme von Technologien des Tötens, um die eigene Stellung in der Welt zu sichern«. Diese »Morallosigkeit« werde nur durch die heutigen »Sozialisten« übertroffen. Gemeint war damit die Thüringer Landesregierung.

Das zweite Papier Prophets trägt den Titel »8. Mai – persönliche Gedanken« und stammt vom 8. Mai 2020.[7] »Der Sozialist«, schreibt Prophet darin, verneige sich am 8. Mai, also am Jahrestag des Endes des Zweiten Weltkrieges, »vor den offiziellen Stelen des Erinnerns« (also etwa in der KZ-Gedenkstätte Mittelbau-Dora) und gedenke der Befreiung vom Nationalsozialismus. Er, Jörg Prophet, habe da ganz andere Gedanken. Für ihn sei es der Tag der bedingungslosen Kapitulation und ihrer Folgen, den »politischen Opfern danach«. Was damit genau gemeint sein soll, lässt er offen. Doch er raunt von den »Rheinwiesen«, seit den 1950er-Jahren ein klassischer geschichtsrevisionistischer Mythos der Rechtsextremen. Seine Klientel weiß genau, was damit gemeint ist. Das gilt auch für seinen Hinweis, »dass wir noch immer keine Friedensverträge haben« – ein ideologisches Andockangebot für »Reichsbürger« und andere Anhänger:innen von Verschwörungslegenden.

Sein drittes Papier versah Prophet mit der Überschrift »Trauer um die Opfer von Dresden«. Es stammt vom 14. Februar 2021 und stand bis Herbst 2023 auf der Website der AfD Nordhausen.[8] Die britischen Luftangriffe auf Dresden vom 13. Februar 1945, von Prophet »Morde von Dresden« genannt, setzte er in dem Papier mit Hiroshima und Auschwitz gleich – eine schamlose Relativierung des Holocaust. Die Briten, so Prophet, hätten in Dresden »Killermoral« gezeigt. Diejenigen, die auf die deutsche Verantwortung für die Auseinandersetzung mit den NS-Verbrechen hinweisen, diskreditierte er im rechtsextremen Jargon als »Systemlinge« und »angepasste Mitläufer« – auch das wieder eine Täter-Opfer-Umkehr und NS-Verharmlosung. Schließlich schrieb Prophet in dem Papier, die Nationalsozialist:innen seien keine Rechten, sondern als »Sozialisten« Linke gewesen (auch das eine beliebte Legende im rechtsextremen Milieu). Deshalb sei es »schizophren«, wenn der »linke Nationalsozialismus von damals« heute als Argument »gegen den freiheitlichen Konservatismus von heute« (damit meinte er sich selbst) diene. Auch hier bediente der AfD-Mann wieder die klassische Schuldabwehr und Täter-Opfer-Umkehr.

DDR-geprägter Geschichtsrevisionismus

Interessant und für die Auseinandersetzung mit der AfD in Ostdeutschland nicht ganz irrelevant ist die DDR-Prägung der geschichtsrevisionistischen Positionen von Jörg Prophet. Im Unterschied zum klassischen westdeutschen Geschichtsrevisionismus, der sich häufig auf Flucht und Vertreibung der Deutschen aus den Ostgebieten und auf stalinistische Verbrechen bezog und bezieht, richtet sich die Täter-Opfer-Umkehr Prophets fast ausschließlich gegen die Westalliierten, vor allem gegen die Briten und die US-Amerikaner.

Tatsächlich ist Prophets Geschichtsrevisionismus ein diffuses Amalgam aus klassischen westdeutschen rechtsextremen Geschichtsbildern und einer antiwestlichen und antiliberalen Sozialisation in der DDR. Auch die Prägung durch den von der SED propagierten staatsoffiziellen Antifaschismus dürfte eine Rolle spielen. Präsentiert wurde der DDR-Bevölkerung ein Geschichtsbild, wonach die NS-Verbrechen von einer Clique von Monopolkapitalisten und NS-Funktionären begangen worden seien, die nach 1945 alle in den Westen gegangen waren. »Die Blutspur führt nach Bonn« hieß die erste, 1966 eröffnete Dauerausstellung in der KZ-Gedenkstätte Mittelbau-Dora. Ein solches Geschichtsbild wirkte entlastend; eine wirkliche Auseinandersetzung mit der eigenen Verantwortung für die NS-Verbrechen blieb in der DDR weitgehend aus. Auch das ist zweifellos ein Grund (unter etlichen anderen), warum die AfD in Ostdeutschland stärker ist als in den sogenannten alten Bundesländern.

Stunde der Zivilgesellschaft

Doch zurück zum Wahlkampf in Nordhausen: Die hier skizzierten geschichtsrevisionistischen Positionen kritisierte die KZ-Gedenkstätte Mittelbau-Dora ab August 2023 öffentlich per Social Media und im Rahmen einer Pressekonferenz vor der Stichwahl. Zudem wies sie darauf hin, dass sie einem AfD-Oberbürgermeister, der die Leiden der KZ-Opfer kleinredet, die Teilnahme an Veranstaltungen in der Gedenkstätte nicht erlauben werde. Nun berichteten auch die regionalen und nationalen Medien über den rechtsextremen OB-Kandidaten in Nordhausen, und auch internationale Medien richteten ihren Blick auf Nordhausen, nachdem Überlebendenverbände aus Frankreich und Israel öffentlich vor einer Wahl Prophets gewarnt hatten.

Die zunächst weggeduckte Zivilgesellschaft Nordhausens zeigte nun deutlich Präsenz. Innerhalb kürzester Zeit entstand das parteiunabhängige Bündnis #NordhausenZusammen, das Kundgebungen veranstaltete, Infozettel verteilte und über Social Media und eine eilends erstellte Website (https://www.nordhausenzusammen.de/) professionell für eine plurale und vielfältige Demokratie und gegen den AfD-Kandidaten warb. Abschluss der zivilgesellschaftlichen Mobilisierung war ein Straßenfest vor dem Rathaus am Vorabend der Stichwahl. Hunderte Menschen jeden Alters nahmen daran teil; es herrschte trotz des befürchteten AfD-Wahlsiegs eine gelöste und fröhliche Stimmung.

Die Stichwahl am 24. September 2023 endete schließlich mit einem überraschend deutlichen Vorsprung für den parteilosen demokratischen Kandidaten Buchmann. Bei einer für eine OB-Wahl vergleichsweise hohen Wahlbeteiligung von fast 60 Prozent erhielt Buchmann knapp 55 Prozent; Prophet kam auf 45 Prozent der Stimmen. Sein Parteichef Höcke, der sich bereits in Nordhausen eingefunden hatte, um den ersten AfD-Oberbürgermeister Deutschlands zu feiern, verschwand noch am Abend still und heimlich wieder aus der Stadt.

Dass das Wahlergebnis noch einmal gedreht werden konnte, war ganz maßgeblich der zivilgesellschaftlichen Mobilisierung zu verdanken, aber auch der Arbeit der Gedenkstätte, die wesentlich dazu beitrug, dass die Tarnung Prophets als angeblich Konservativer aufflog. Allerdings trug Prophet auch selbst dazu bei. Im Juli 2023 reiste er, statt an einer Kandidatenbefragung in einem Nordhäuser Ortsteil teilzunehmen, auf Einladung des notorischen Antisemiten Jürgen Elsässer zum Sommerfest des rechtsextremen Magazins *Compact* und hielt dort eine Rede vor expliziten Neonazis und Reichsbürger:innen. Das wurde kritisch von einer mutigen Redakteurin der Nordhäuser Lokalredaktion der *Thüringer Allgemeinen* aufgegriffen.[9] Wenig später lud der angeblich Konservative, offenkundig berauscht vom vermeintlich sicheren Wahlsieg, zu einem »Bürgerfest« vor das Rathaus. Als Helfer und Hauptredner hatte er sich mit AfD-Bundeschef Tino Chrupalla und dem Europa-Spitzenkandidaten Maximilian Krah ausgerechnet zwei Vertreter des offiziell aufgelösten völkischen »Flügels« eingeladen – nicht gerade ein Ausweis politischer Mäßigung. Krah etwa bezeichnet sich selbst (ganz korrekt) explizit als Antikonservativen.[10]

Nach der Wahl kam denn auch prompt Kritik aus Götz Kubitscheks rechtsextremem Thinktank in Schnellroda: Sein Autor Benedikt Kaiser schrieb am Tag nach der Wahl auf X (vormals Twitter), Prophet habe den Fehler gemacht, »geschichtspolitische Hegemonialfragen« zu thematisieren, ohne vorher die kulturelle Hegemonie auch in der Zivilgesellschaft erlangt zu haben.[11] Im Klartext: Prophet habe seine Maske zu früh fallen lassen.

Damit hat der rechtsextreme Propagandist sicherlich recht. Dass der AfD-Kandidat nicht gewählt wurde, liegt aber vor allem an der zivilgesellschaftlichen Mobilisierung, die jenseits der Parteien erfolgte. Zwar engagierten sich auch einzelne Stadträte im Bündnis #NordhausenZusammen, im Wesentlichen aber waren es parteipolitisch ungebundene Bürger:innen, die sich engagiert dafür einsetzten, dass ihre Stadt weltoffen und vielfältig bleibt – und es war die moralische und wissenschaftliche Autorität der Gedenkstätte Mittelbau-Dora, die ihnen Rückhalt gab und die diffusen geschichtspolitischen Auslassungen des AfD-Kandidaten quellenkritisch als das analysierte, was sie waren: rechtsextremer Geschichtsrevisionismus, der die NS-Opfer verhöhnte.

Das Beispiel Nordhausen macht Mut. Es zeigt, wie man die AfD zurückweisen kann: geschichtsbewusst, sachlich argumentierend, ohne schrille Töne – vor allem aber, indem zivilgesellschaftliche Akteur:innen auch in einem schwierigen außerurbanen Umfeld gestärkt und diejenigen erreicht werden, die kurz vor dem Abkippen sind oder sich als Nichtwählende aus dem demokratischen Selbstverständigungsprozess zurückgezogen haben.

Der Zivilgesellschaft in Nordhausen zeigte das Wahlergebnis, dass ihr Engagement ganz konkrete Wirkung entfaltet hat – eine bestärkende Erfahrung, die das Bündnis in das Wahljahr 2024 mitnimmt. Dann stehen in Thüringen Kommunal-, Europa- und Landtagswahlen an. Es werden über Thüringen hinaus richtungsweisende Wahlen sein.

Jens-Christan Wagner, geboren 1966, ist Historiker. Er leitet die Stiftung Gedenkstätten Buchenwald und Mittelbau-Dora und ist Professor für Geschichte in Medien und Öffentlichkeit an der Friedrich-Schiller-Universität Jena. Seine Forschungsschwerpunkte sind die Geschichte des Nationalsozialismus und Erinnerungskulturen nach 1945.

Wo bleiben die Demokraten?

Claus Leggewie

Im Dezember 2023 erhielt der Verfasser folgende nicht anonyme Mail:

> »Zwei vergewaltigungen innert 24h auf offener strasse, durch frisch importierte neger!*
>
> Dafür steht ihr bastarde des system brd! Kulturlose, gemeingefährliche bastarde, garantiert euch einen posten im agenda huren nwo system brd.
>
> Nochmals innert 24 h zwei vergewaltigungen durch eure frischen niger importe in einer stadt mit knapp 200k einwohner!
>
> Das ist der kukturelle genozid, gefolgt vom ethnischen, dafpr steht ihr, ihr brd bastarde von willigen agenda huren!«

Mails wie diese, deren Absender in der Regel begierig auf Antwort hoffen, um weitere Beschimpfungen nachzulegen, erhalten Kritiker:innen der AfD und ihrer rechtsradikalen

---

* Der hier abgedruckte Originaltext der Mail (einer von vielen) an den Verfasser enthält schockierende, möglicherweise verletzende Worte. Er ist nicht verändert worden, um die Rhetorik und Haltung der radikalen Rechten öffentlich zu machen.

Vorläufer seit Jahrzehnten. Wie kann man sich eine solche Attacke erklären? Als schlechtes Benehmen, als vereinzeltes Nazi-Gerede, als persönlich gemeinte Drohung, als Vorschein einer rechten Machtübernahme? Wie soll man antworten? Gar nicht, aufklärend, dagegenhaltend?

V

Es ist schon viel versucht worden, erklärte Anhänger:innen und unentschiedene Sympathisant:innen der AfD von ihrer Neigung abzubringen. Die erste Reaktion war, dass sich diese Neigung wie schon bei der NPD, DVU, den REPs und verdeckt auftretenden Rechtsaußenparteien von selbst geben werde – »von selbst« durch Selbstzweifel von Protestwählenden nach kurzem Wutausbruch, durch Selbstzerstörung einer amateurhaft auftretenden Querulanten-Ansammlung oder Selbstschädigung durch Ansehensverluste. Die »DM-Nationalisten« in der Partei würden die Vorteile des Euro schon einsehen, die »Völkischen« würden eine marginale Sekte bleiben, die »Identitären« mit ihrem Jargon und Aktionismus nicht ankommen. Dann kam die Rückgewinnungsoperation: Man verstehe ja die Empörung der AfD-Wählenden über das zunehmende Politik- und Staatsversagen angesichts der Bürgerferne der politischen Klasse, der Zumutungen der multiplen Krisen, der Verödung der Hinterwelt, der anhaltenden Degradierung der Ossis, des verordneten Genderns und der Hinnahme alternativer Lebensstile und – Gottseibeiuns! – sexueller Orientierungen. Kurz: Die Wahrnehmung der AfD begann mit ihrer Verharmlosung, setzte sich fort im Mitleid mit den Zukurzgekommenen und Abgehängten und endete im ratlosen Scheitern, »diese Leute« (die immer radikaler auftraten und in Umfragen und Wahlen fast kontinuierlich zulegten) »zurückzuholen« in die Volksparteien.

Bei Begegnungen mit einzelnen AfD-Anhänger:innen erfährt man drei typische Reaktionen: pauschale Diskussionsverweigerung (»mit so einem wie Ihnen/Dir rede ich nicht«), wütendes Geschimpfe (siehe oben), selten Verunsicherung durch Gegenargumente. In öffentlichen Debatten steigert sich das, zu einem halbwegs gelungenen Austausch von Argumenten und Meinungen kommt es in der Regel nicht. Das zugrunde liegende Problem ist die Verhaftung in einem Milieu, die keine neutralere Grundlage für zivil ausgetragenen Streit erlaubt. Am meisten auseinander liegen die Milieus der Grünen und der AfD im Niveau formaler Bildung und Berufsausübung, der Welt- und Menschenbilder und des benutzten Vokabulars, Übergänge finden hier am seltensten statt.

Als vorherrschende Kommunikationslage nicht nur zwischen diesen Milieus gilt die »Polarisierung«. Das unterstellt eine wechselseitige Ablehnung der Extreme, die im letzten Jahrzehnt so aber nicht gegeben war; vielmehr haben sich Grün-Alternative immer stärker auf »mittlere« Kompromisspositionen zubewegt, während sich im AfD-Milieu immer radikalere Einstellungen durchgesetzt haben. Während Erstere von linker Fundamentalopposition Abstand genommen haben, bekennen sich Letztere immer selbstbewusster als »Rechte« und nehmen Abstand von der »Merkel-CDU«, die sich stets als Volkspartei der Mitte präsentiert hat.

Es ist also nicht so, dass hier zwei gleichermaßen angriffslustige Kampfhähne übereinander hergefallen wären. Vielmehr kommt die Attacke zumeist von rechts, mit einer fundamentalen Infragestellung sämtlicher Auffassungen und Vorschläge, für die Grüne stehen: humanitäre Migrations- und Einbürgerungspolitik, vorausschauende Klima- und Umweltpolitik, faktische Gleichstellung von Frauen, Toleranz gegenüber »abweichenden« sexuellen Orientierungen, mehr Europa, Diskriminierungsschutz von Minderheiten. AfD-Sympathisant:innen werden nicht bestreiten können, dass sie in der Mehrheit eher für Abschottung, überkommene Energie- und Verkehrspolitik und ein traditionelles Frauen- und Familienbild eintreten und »Brüssel« möglichst wenig Einfluss belassen, wenn sie nicht aus EU und Euro austreten wollen. Den Verfall des traditionellen Wertekanons und den Austritt aus dem nationalstaatlichen Politikrahmen lasten sie einer schleichenden kulturellen Revolution an, die Grüne als Nachfolger der neuen sozialen Bewegungen seit den 1960er-Jahren vorangetrieben haben. Deren »kosmopolitischem« Weltbild setzen sie ein nationalistisches entgegen, das die Anwartschaft des *deutschen* Volkes in jeder Hinsicht bevorzugt. Die größte Ablehnung besteht gegenüber Migrant:innen, die sozialstaatliche Unterstützung erhalten, ohne zuvor in das Sozialsystem eingezahlt zu haben. Dazu gesellt sich die Vorstellung, Deutschland sei der »Zahlmeister« der EU ohne entsprechende Gegenleistungen.

In diesen Positionen spiegeln sich drei Beweggründe, die die AfD seit ihrer Gründung wellenweise stärkten. Die Gründer trieben überwiegend wirtschafts- und sozialpolitische Motive: der Verlust einer harten DM-Währung, die Überlastung der Sozialsysteme, Steuerlasten für den Mittelstand. Zugrunde lag und liegt dem ein verletztes Gerechtigkeitsgefühl, das leicht in ein pauschales Ressentiment gegen »Andere« und »Fremde« umschlägt und sich zur Frontstellung gegen »Sozialschmarotzer« radikalisiert. Mit der Öffnung der deutschen und europäischen Grenzen konzentrierte sich die Kritik an der damals CDU-geführten Regierung auf die Migrationspolitik, deren Motive oft in einer angeblichen Verschwörung gegen das deutsche Volk wahrgenommen wurden: »Umvolkung« war da der Verdacht, auch der »Große Bevölkerungsaustausch«, der hinter den Kulissen beschlossen worden sei und vor allem in der »zweiten Öffentlichkeit« thematisiert wurde. Als Nebeneffekt verstärkte sich das Misstrauen gegen liberale, vor allem öffentlich-rechtliche Medien, denen das erwähnte Milieu unterstellte, regierungsseitig gleichgeschaltet worden zu sein und die Meinungsbildung zu verfälschen.

Diese Auffassung verbreitete und radikalisierte sich 2019 ff. mit den als Freiheitsberaubung empfundenen und dargestellten Maßnahmen des Staates zur Eindämmung der COVID-19-Pandemie, deren Existenz teilweise ganz geleugnet wurde. Im Zuge dieser Welle gerieten »Staatskritiker« aus vielen, auch ex-grünen und außerparlamentarischen Protestmilieus unter AfD-Einfluss. Sie hatten zwar kein »geschlossen rechtsextremes Weltbild«, übten aber energisch Kritik an Institutionen der liberalen Demokratie: nicht nur der »Lügenpresse«, sondern nun auch an der Wissenschaft und insgesamt an der »politischen Klasse« in den »Altparteien« und in den Parlamenten. Das Volk sei dort nicht repräsentiert, deswegen müsse es neue Volksvertretungen geben, womit per Proteststimme die AfD gestärkt wurde. Eine ähnliche Distanz zu wissenschaftlichen Erkenntnissen bestand schon länger in der Wahrnehmung des Klimawandels, dessen Existenz zum Teil ganz bestritten oder dessen politische Bearbeitung durch die »Energiewende« infrage gestellt wurde. Auch die Energiepolitik – der Ausstieg aus der Atom- und Kohleenergie – galt als erhebliche Freiheitseinschränkung durch zugemutete Konsumverzichte und Kostensteigerungen.

Einen neuerlichen Radikalisierungsschub gab es seit der Attacke Russlands auf die Ukraine. Klimaleugnung und Corona-Skepsis ergänzten sich mit einer Friedensbereitschaft, die auf den weitgehenden Verzicht von Solidarität hinauslief, oft gepaart mit großem Verständnis für Wladimir Putins angebliches Motiv, einer Umklammerung durch den Westen zu entkommen. Die Folgen des Angriffs – teure Energie, Inflation, Wirtschaftsflaute – wurden als Anzeichen einer gefährlichen Deindustrialisierung der Politik der Ampelkoalition angelastet und zu einem Angriff auf ihre Energiepolitik genutzt, den auch die CDU/CSU unterstützte und die FDP nicht entschieden abwehrte. Unterdessen hatte sich die AfD in einigen Ländern als größte Oppositionsfraktion stabilisiert und die etablierten Parteien vor allem in Sachen Asyl und Einwanderung zu Zugeständnissen bewegt. Nachdem Friedrich Merz bei seiner Wahl zum CDU-Vorsitzenden versprochen hatte, die AfD zu halbieren, sie ihre demoskopische Zustimmung aber verdreifachen und Mandate auf kommunaler und Landesebene erringen konnte, ist diese Anpassungsstrategie gescheitert. Wie frühere Unionspolitiker:innen der Mitte wussten, etwa der einstige Generalsekretär Heiner Geißler, bevorzugen Wählerinnen und Wähler stets das »Original«, und der Effekt ist eine allgemeine Rechtsverschiebung der parlamentarischen Mehrheiten.

II/

Man darf als Zwischenfazit festhalten, dass die aktuelle und potenzielle Anhängerschaft der radikalen Rechten angesichts vielfältiger Krisenerscheinungen generell eine geringere Risikobereitschaft aufweist. In wirtschaftlichen Krisenzeiten und vor dem Hintergrund kriegerischer Auseinandersetzungen, erhöhter Migrationsbewegungen, punktueller und globaler Umweltkatastrophen und durch Terrordrohungen tendiert sie leichter zu panischen Übertreibungen und fordert eine striktere Abschottung, die sich gegen weitere wirtschaftliche Grenzöffnung stemmt und einen kulturellen »Globalismus« verdammt. Die Welt wird (auch von Vielreisenden) eingeteilt in »Somewheres«, die in lokalen Lebenswelten verwurzelt sind und ihre Heimat schätzen, und »Anywheres«, die solche Provinzler:innen verachten und so reich und mobil sind, dass sie sich überall hinbegeben können, aber nirgendwo zu Hause sind. Tenor: Das Hinterland sei von den Eliten abgehängt und von der Politik vergessen worden.

Diese Weltsicht rutscht leicht in Verschwörungsdenken ab. Sie erklärt strukturelle Entwicklungen zu solchen, die eine verschworene Minderheit willentlich ausgelöst hat. Migration ist demnach keine Folge von Kriegen und Bürgerkriegen, Umweltkatastrophen, starkem Wohlstandsgefälle, ungerechten Handelsbeziehungen und dergleichen, sondern das erklärte Ziel des »Volkstodes«, das die Verschwörerregierung durch eine massive demografische Verschiebung erreichen wolle. Solche Wahnvorstellungen rechtfertigen Gewalt, wie der thüringische AfD-Vorsitzende und Ministerpräsidentenkandidat Björn Höcke deutlich gemacht hat, ohne seine Vision schon als ethnische Säuberung und Massendeportation beim Namen zu nennen. 2018 kündigte er »wohltemperierte Grausamkeit« an, »menschliche Härte und unschöne Szenen werden sich nicht immer vermeiden lassen«, denn »existenzbedrohende Krisen erfordern außergewöhnliches Handeln«. Das ist die Ausbuchstabierung der offiziellen AfD-Forderung nach »Remigration«. Dabei werde man »leider ein paar (germanische) Volksteile verlieren, die zu schwach oder nicht willens sind, sich der fortschreitenden Afrikanisierung, Orientalisierung und Islamisierung zu widersetzen«, was auf die inneren, grün-alternativen und links-liberalen Feind:innen zielt. Existenzielle Feindschaft, nicht politische Gegnerschaft prägt ein Denken, das keine Kompromisse mehr duldet.

Brisant ist der nicht nur in den Vereinigten Staaten um sich greifende »Great Again«-Nationalismus, der an eine vergangene Größe appelliert, heutige Akteur:innen für deren Niedergang verantwortlich macht und andere Nationen gering schätzt. Die Glorifizierung der eigenen Nation führt nicht in eine bessere Zukunft, sie idealisiert eine Vergangenheit, die es so nie gegeben hat. Der originäre Nationalismus war in Europa demokratisch eingehegt; auch Fremde konnten Staatsbürger:innen werden, bei denen nicht die ethnische Herkunft und Abstammung zählte, sondern die Zustimmung zu einer demokratischen Republik. »Great Again« setzt hingegen auf einen engeren Begriff des Volkes, der Minderheiten, Fremde und innere Feind:innen ausschließt. Diesen Ausschluss nicht mehr zu machen wurde nach den Auswüchsen des extremen Nationalismus geschworen, der zwei Weltkriege ausgelöst hat. Auch hat die nachlassende Steuerungsmöglichkeit nationaler Staaten zu der sinnvollen Konsequenz geführt, in den Vereinten Nationen multilaterale und in der Europäischen Union supranationale Lösungen anzustreben.

Wer es mit zutiefst überzeugten AfD-Sympathisant:innen zu tun bekommt, weiß um die geringen Erfolgschancen eines Versuchs, sie »zurückzuholen«; auch Ehen, Familien, Freundschaften sind an der Hartnäckigkeit ihrer Sympathien gescheitert. Ganz verfehlt ist eine Illusion, die der konservative Publizist Jacques Schuster in der *Welt* zur AfD geäußert hat: »Man kann ihr dankbar sein, dass sie Probleme ansprach, die von den etablierten Parteien lange Zeit tabuisiert worden sind. Der Einfluss der AfD war in den vergangenen Jahren gewaltig. Durch ihren Druck wurden alle Parteien zu nötigen Kurskorrekturen gezwungen. Leider gelingt es ihr nicht, sich aus den Flegeljahren eines völkisch-rechten Rabaukentums zu befreien. Zur ewigen Halbstarkenexistenz verdammt, könnte darin dereinst der Grund ihres Scheiterns liegen.«

III/

Kann man etwa gar nichts mehr gegen den aufhaltsamen Aufstieg der AfD ausrichten? Die häufig in privaten und öffentlichen Gesprächen ins Feld geführten Argumente verfangen nicht. Dazu zählen »utilitäre«, auf Nutzen und Schaden abzielende Einwände von Wirtschaftsvertreter:innen, das rechtsradikale Erscheinungsbild einer Stadt, einer Region oder eines ganzen Landes werde Investor:innen und Unternehmen vertreiben, also Arbeitsplätze kosten und das Image von »Made in Germany« trüben. Denn auch eigene berufliche Nachteile werden ignoriert oder eingepreist. Ebenso wenig verfängt bei Klimaskeptiker:innen die Aussicht, auch sie selbst könnten unter den schon erkennbaren Folgen von Klimawandel und Artensterben in Mitleidenschaft gezogen werden. Gar nicht zählt, dass die AfD der Demokratie Schaden zufügen könnte, solange sich AfD-Wählende nicht repräsentiert fühlen und ohnehin ein anderes Demokratiemodell im Sinn haben, das Volkes Wille in direkten Volksentscheiden zum Ausdruck bringt. Humanitäre Einwände zielen ins Leere, solange die AfD-Anhängerschaft Interessen deutscher Abstammung über alles stellt, was Menschen in Not anführen können. Der tatsächliche Zustand der Welt außerhalb des eigenen Gesichtskreises wird nicht zur Kenntnis genommen, oder man befleißigt sich Höckescher Gefühlskälte. Frauen waren bisher weniger leicht einzufangen: Bei der Bundestagswahl 2021 stimmten rund 12 Prozent der Männer und 8 Prozent der Frauen für die AfD; aber eine weibliche Kanzlerkandidatin und innere Widerstände gegen einen entschiedenen Feminismus dürften die Geschlechterunterschiede einebnen.

Verständnis und Nachgiebigkeit haben die AfD nicht geschwächt, sondern radikaler werden lassen. Eine Blockade der Parlamente und Regierungsbildungen durch eine große Sperrminorität ist denkbar, Bündnisse jenseits der »Brandmauer« von der kommunalen Ebene bis auf die europäische sind bereits geschlossen worden, selbst eine Regierungsübernahme wie in anderen EU-Ländern kann nicht ausgeschlossen werden. Was also tun? Wir wissen, »wie Demokratien sterben«. Fachleute besprechen wortreich ihre Schwächen, doch während die rechten Minderheiten sich eindrucksvoll in Szene zu setzen vermögen, kommt die Mobilisierung der Mehrheit schwer in Gang. Mutige Richterinnen und Richter und vor allem Frauenbewegungen haben sich quergestellt und eindrucksvolle Massendemonstrationen organisiert.

Feststeht: Die AfD-Anhängerschaft bildet eine starke, aber demoskopisch aufgeblasene und medial dramatisierte Minderheit. An Beispielen wie dem Wahlsieg der Opposition in Polen muss sich eine wehrhafte Demokratie orientieren, die noch alle Mittel zu ihrer Verteidigung in der Hand hat. Das erste Gebot heißt also: Wählen gehen. Davon kann man Nichtwählende nur überzeugen, wenn man die Mängel unserer parlamentarischen Demokratie schonungslos benennt. Zu Recht fühlen sich viele Bürger:innen nicht repräsentiert. Demokratieförderprojekte bleiben oft bei der Nabelschau der ohnehin Überzeugten stehen; die Stärkung der Demokratie muss, wie Michel Friedman angesichts eines wieder offen artikulierten Antisemitismus fordert, die Alltagskultur erreichen. Und das heißt, was die AfD betrifft: im kontroversen Gespräch mit Kolleginnen, Nachbarn, Freundinnen, die womöglich wahlmüde sind oder ihren Unmut bekunden wollen. Entschiedener Widerspruch und ziviler Widerstand gegen die Feind:innen der Demokratie sind gefragt. Für das deutsche Wahljahr 2024 braucht es eine regelrechte *Levée en masse*, eine friedliche Massenerhebung für die freiheitliche Demokratie. Das Aufflammen von Protest gegen die durch die Rechercheplattform *CORRECTIV* ruchbar gewordenen Deportationspläne des »Düsseldorfer Forums«, eines Netzwerks aus Identitären, AfD-Spitze und rechtsradikalen Bürgerlichen, darf kein Strohfeuer bleiben. Zu erinnern ist an das entlarvende »Ibiza-Video«, das den österreichischen FPÖ-Chef Heinz-Christian Strache zu Fall brachte, aber nicht verhinderte, dass sein radikalerer Nachfolger Herbert Kickl neue Umfragehochs erreicht und sich schon als nächster Bundeskanzler der Republik Österreich sieht.

Konkret schlage ich im Jahr 2024 zehn (ergänzungsfähige) Maßnahmen nachhaltigen Widerstands gegen die AfD vor:

1. Weitere investigative Recherchen zu Netzwerken, Finanzierung, Treffen, Mitarbeiter:innen
2. Professionalisierung des Widerstands, Crowdfunding
3. Pro-bono-Plakatierung entlarvender AfD-Forderungen
4. Störmanöver in den sozialen Medien der AfD
5. Besuche in Bürgersprechstunden von AfD-Abgeordneten
6. Unterstützung regionaler Initiativen (Manpower, Ideen, Logistik)
7. Mobilisierung zur Europawahl, vor allem der 16- bis 18-jährigen Neuwähler:innen
8. Intensivierung der »Brandmauer«-Debatte in der CDU/CSU
9. Themenwechsel z. B. im überfraktionellen »Klima-Caucus« in Bundes- und Landtagen
10. Mehr Demokratie: gut funktionierende Bürger:innenräte auf kommunaler Ebene

Wenn »Demokratien sterben«, muss man sie durch demokratische Experimente beleben. Flankiert werden muss die antifaschistische Mobilisierung also durch Reformen, etwa in Gestalt von wirkungsvollen Bürger:innenräten und gut dosierten Volksentscheiden auf kommunaler Ebene, die den Graben zwischen dem Staatsvolk und den Volksvertretungen verkleinern.

Claus Leggewie, Ludwig-Börne-Professor an der Universität Gießen, arbeitet seit Langem an der vergleichenden Analyse der politischen Rechten in westlichen Demokratien. Letzte Monografie: Jetzt! Opposition, Protest, Widerstand, *Köln 2019.*

Die blaue Welle brechen – was können wir tun gegen AfD und rechtsextreme Ideen?

Judith Rahner und Simone Rafael

Zehn Jahre nach ihrer Gründung im Jahr 2013 hat es die Alternative für Deutschland (AfD) geschafft, ein Sammelbecken für Rechtsextreme aller Art zu sein. Sie verbindet unterschiedliche rechtsextreme Spektren – vom Springerstiefel-Neonazi über die Reichsbürgerin bis zur völkischen Siedlerin und zum intellektuellen »Neuen Rechten« – und schlägt eine Brücke zum Verschwörungsgläubigen, zum »Wutbürger«, zur Rassistin oder zum nationalistisch-autoritären Mitläufer. Dabei werden auch AfD-Fans radikalisiert, die anfangs vielleicht keine Affinität zu rechtsextremem Gedankengut hatten. In der AfD finden all jene eine politische Heimat, die Demokratie bekämpfen, Andersdenkende ablehnen und sich eine autoritäre politische Ordnung wünschen, notfalls mit Gewalt.

Blaue Welle brechen, aber wie? Erkennen, benennen, handeln

Eine rechtsextreme Vormachtstellung kann sich vor allem da ausbreiten, wo es keinen Widerspruch gibt, wo es keine aktive Zivilgesellschaft gibt oder wo sich diese entmutigt zurückgezogen hat. Soziale Funktionen, die vom Staat vernachlässigt werden, werden nur zu gern von der AfD und einem AfD-nahen Umfeld übernommen. Das kennen wir noch aus Zeiten der NPD. Die AfD wird sich dabei auch in kommunalen Spitzenämtern nicht selbst entzaubern. Ganz im Gegenteil: Ihre Positionen werden normalisiert, und wenn demokratische Parteien mit der AfD zusammenarbeiten, wird sie weiter legitimiert, und es werden rechtsextreme Inhalte in die gesellschaftliche Mitte geholt. Wenn es so weit ist, wird es für zivilgesellschaftliche Initiativen immer schwieriger, Unterstützung für ihre Anliegen zu bekommen, wie die Arbeit gegen Rassismus und den Einsatz dafür, dass alle Menschen die gleichen Rechte haben.

Was braucht es für eine resiliente Zivilgesellschaft? Was haben wir aus der Vergangenheit gelernt, etwa im Umgang mit der NPD oder den Anfängen der AfD? Was kann aus anderen Ländern übertragen werden, und welche Erfolgsfaktoren haben beispielsweise kommunale Wahlerfolge der AfD verhindert?

In der Kommune

Das Bewahren demokratischer Werte und die Förderung einer integrativen und solidarischen Kultur müssen vor allem auf der Ebene der Stadtgesellschaft oder in der ländlichen Gesellschaft in regionaler Begrenzung geführt werden. Eine demokratische Kultur wird vor allem sozialräumlich gelebt und verteidigt. Hier sollten alle erfahren können: Wie leben wir Demokratie, damit alle Stimmen gehört und Kompromisse gefunden werden, zum Wohle aller?

Dazu braucht es eine klare und unmissverständliche Abgrenzung der Spitzen in Politik und Verwaltung zu rechtsextremen Umtrieben in der Kommune. Bürgermeisterinnen und Landräte sind dazu aufgerufen, Stellung für Demokratie und Menschenrechte zu beziehen und ihre Verwaltungen dabei mitzunehmen. Sie sind wichtige Vorbilder. Zudem ist die Stärkung lokaler Themen wichtig. Sie dürfen nicht der AfD überlassen werden – gerade wenn es Probleme gibt. Keine Angst vor dem Populismus der Partei: Der wirkt vielleicht auf den ersten Blick schlagkräftig, hilft aber keineswegs. Nicht-rechtsextreme Menschen sind jedoch an der Lösung des Problems interessiert. Die hat die AfD aber nicht zu bieten, ihr geht es vor allem um sie selbst. Trotzdem kann sie punkten, wenn sie scheinbar die einzige Partei ist, die über ein Problem spricht.

Kommunen sollten bürgerschaftliches Engagement schätzen, unterstützen und sichtbar machen. Gelebte Demokratie zeigt sich in mehr Bürgerbeteiligung und Partizipation bei Entscheidungen – bei guter Gefahrenabschätzung, denn antidemokratische Kräfte nutzen diese Möglichkeit natürlich ebenfalls, um Einfluss zu nehmen. Wenn solche Kampagnen sichtbar werden, sollten sie kommuniziert werden, um die demokratischen Menschen zu aktivieren. Hilfreich ist eine Analyse von Misserfolgs- und Erfolgsbedingungen der AfD auf Landkreis- oder kommunaler Ebene, um daraus lernen zu können. Denn kreative Ideen lassen sich auch zwischen Kommunen teilen.

In der Politik

In der politischen Kommunikation ist es wichtig, ein gutes Verhältnis zu schaffen, um AfD-Desinformationen zu entkräften und Propaganda entgegenzutreten, sich aber dabei nicht von der AfD treiben zu lassen. Es ist besser, eigene Vorschläge und Themen zu setzen und voranzubringen, als sich permanent an den Skandalen und Polarisierungen der AfD abzuarbeiten.

Trotzdem gibt es Aussagen, die so rassistisch, menschenfeindlich oder geschichtsvergessen sind, dass sie eine Erwiderung benötigen. Wichtig ist eine klare Einordnung der Narrative als rechtsextreme Ideologie und eine klare Haltung gegen diese Menschenfeindlichkeit. Diese Haltung muss von allen demokratischen Kräften von links bis rechts klar und eindeutig sein. Deshalb ist eine Zusammenarbeit mit der AfD auf allen Ebenen abzulehnen – so wie es bisher der Fall ist.

Wichtig ist zudem, die Hauptnarrative der AfD zu entzaubern: Rücksichtslosigkeit und Selbstbezogenheit sind keine Freiheit, auch wenn die AfD sie so nennt. Rassismus, Antisemitismus, Islamfeindlichkeit, Homo- und Transfeindlichkeit oder Misogynie sind keine Lösungen von gesellschaftlichen Problemen; sie schaffen neue Probleme, schlimmstenfalls mit brutalen Folgen.

Zu guter Letzt noch der Hinweis, dass die Geschichte allerorten zeigt: Ein Übernehmen oder gar Überbieten von AfD-Ideen und -Narrativen rächt sich. Die Menschen kennen das Copyright auf Formulierungen wie »linksgrüne Elite« oder »Überfremdung« und wählen das Original.

In der Verwaltung

Zivilgesellschaftliche Initiativen und Engagement müssen bei ihrem Kampf gegen Rassismus und Rechtsextremismus vor Ort und im gesellschaftlichen Alltag unterstützt werden. Rechtsextreme Versammlungen können durch Auflagen erschwert werden, sodass etwa möglichst keine menschenfeindlichen, rassistischen oder antisemitischen Parolen Raum bekommen. Städtische Immobilien sollten zudem nicht für menschenfeindliche Veranstaltungen vermietet werden, und Rechtsrockkonzerte können durch behördliche Auflagen wie Alkoholverbote unattraktiv gemacht werden. Netzwerke zwischen Verwaltungen mit vielen rechtsextremen Umtrieben helfen, gute Ideen zu vervielfältigen.

In der demokratischen Zivilgesellschaft

Die Zivilgesellschaft besitzt im Gegensatz zur Politik ein großes Pfund: Sie steht glaubhaft da und genießt hohes Vertrauen in der Gesellschaft. Das sollte sie im Kampf gegen Rechtsextremismus einsetzen. Hilfreich ist es, Netzwerke und Bündnisse zu bilden oder (wieder) zu beleben – je breiter, desto besser: über alle demokratischen Parteien, Kirchen, Vereine, Gewerkschaften, Feuerwehren, Gedenkstätten, Sportvereine, Schulen, Bürgermeister:innen, Theater oder den Einzelhandel. Breite Bündnisse helfen nicht nur gegen Vereinzelung, sondern haben einen großen Einfluss auf die örtliche Gesellschaft und ihr demokratisches Miteinander. Hilfreich ist es zudem, sich mit Lokalpresse und Medien intensiver zu vernetzen und auf das Engagement hinzuweisen.

Über breite Bündnisse lassen sich etwa Gegenproteste und Aktionen organisieren, um sich Menschenfeind:innen lautstark entgegenzustellen. Zudem können eigene Kundgebungen an Gedenktagen angemeldet werden, die sonst von Rechtsextremen instrumentalisiert werden. Auch rechtsextreme Veranstaltungen sollten im Vorfeld verhindert werden, etwa indem Vermieter:innen potenzieller Veranstaltungsorte aufgeklärt werden, dass sich bei ihnen Menschen versammeln, die rechtsextremes Gedankengut teilen.

Die Diskursverschiebung nach rechts – auch jenseits der AfD – sollte dabei in Angeboten und Engagement berücksichtigt und in den Handlungsmöglichkeiten adressiert werden. Wichtig ist, die leidtragenden marginalisierten Gruppen einzubeziehen.

In den Medien

Die AfD hasst zwar die meisten etablierten Medien, weil sie dort ihre Meinung zu selten unkommentiert abgebildet sieht, lässt aber trotzdem nichts aus, um Teil der Berichterstattung zu werden: Menschenverachtende Aussagen, Provokationen, vermeintliche Skandale – alles ist ihnen recht, wenn nur ihr Name und ihre Politiker:innen oft genug erwähnt werden. Die AfD zu ignorieren wäre allerdings ebenfalls keine Lösung – das würde ihr Opfernarrativ nähren.

Für die Medien heißt die Aufgabe: Sachlich berichten, aber nicht kritiklos – denn die AfD vertritt rassistische und rechtsextreme Ideologie. Analytische Hintergrundberichte informieren besser als sensationsinteressierte Häppchenberichterstattung, die AfD-Setzungen hinterherjagt. Wenn AfD-Vertreter:innen sich menschenfeindlich oder verschwörungsideologisch äußern, hilft es den Lesenden, wenn die Ideologie klar eingeordnet und nicht als »konservativ« oder »Kritik« verharmlost wird.

Über AfD-Lügengeschichten sollte nie ohne Einordnung und Prüfung aller Zahlen und Fakten berichtet werden. AfD-Positionen sollten möglichst wenig direkt zitiert, sondern lieber in eigenen Worten zusammengefasst werden. Damit gibt es weniger Möglichkeiten zur Selbstinszenierung, und die von der AfD gepflegte Sprache des Hasses lässt sich umgehen. Das gilt auch für die Bildauswahl: Der rassistische Plakatspruch muss nicht auf dem Foto zu sehen sein.

Angesichts der kommenden Wahlen gilt besondere Vorsicht: Hohe AfD-Werte plus provokante Parteiaussagen schaffen für die Partei Erregungsmomente, auf die alle Medien reagieren. Aber: Wenn alle Tageszeitungstitelseiten blaurote Aufmacherfotos haben, ist die Inszenierung für die AfD geglückt – also lieber eine andere Optik wählen. Und Vorsicht vor Naturkatastrophen-Metaphern: Nicht jede Wahl in ein kommunales Amt ist ein »Dammbruch«. Es ist zwar eine Katastrophe für Betroffene vor Ort, aber nicht das Ende der Demokratie in Deutschland.

Wichtig ist auch, eine schleichende Übernahme von AfD-Sprache und -Ideen zu vermeiden, also selbst keine Stereotype zu Themen wie Einwanderung zu verbreiten, sondern differenziert und rassismuskritisch zu berichten. Und angesichts von AfD-Wahlerfolgen wäre es eine erfrischende Abwechslung, nicht nur die Demokratieverächter:innen zu interviewen, die AfD gewählt haben, sondern die Zivilgesellschaft vor Ort zu porträtieren, die sich der Partei entgegenstellt.

In den sozialen Medien

Auch in den Social Media gilt: nicht das Spiel der AfD spielen. Sie provoziert, sie erzeugt dort Empörung, sie schürt Ängste und bietet als Antwort darauf die Abwertung von Menschen, die sie als »anders« definiert, sei es aufgrund von rassistischen und queerfeindlichen Motiven oder weil sie diese als politische Gegner:innen mundtot machen möchte. Die AfD-Kampagnen und -Narrative sollte die demokratische Gesellschaft im Blick behalten – aber es muss nicht aus jeder Provokation auf X oder TikTok gleich ein Artikel oder ein Reaction-Video werden. Interessanter ist die Frage: Gibt es Betroffene? Wird gegen eine Politikerin geätzt, ein Content Creator vorgeführt, eine Organisation einem Hasssturm preisgegeben? Diesen Menschen Solidarität zu zeigen und Hilfe anzubieten ist eine gute Strategie. Denn ein Problem der Plattformlogik besteht darin, dass die AfD damit Interaktionen und Sichtbarkeit erreicht, auch wenn Menschen mit Gegenrede kommentieren. Deshalb: lieber Aktionen gegen oder Aufklärung über AfD-Aussagen promoten.

Wenn es um Dokumentations- oder Informationszwecke

geht: niemals direkt auf AfD-Inhalte verlinken, lieber mit Screenshots und Internet-Archiv-Links arbeiten. Wichtig ist auch das Decodieren von Andeutungen und das Weiterdenken von Aussagen: Wie antisemitisch ist die Chiffre der »Globalisten«? Warum kann eine »traditionelle Familie« in der AfD-Erzählung nicht mehr glücklich sein, nur weil jemand anderes nicht so leben will? Wenn Beiträge der AfD gegen die Community-Guidelines der Netzwerke verstoßen, ist eine Meldung des Beitrags eine gute Maßnahme.

In Unternehmen und im Einzelhandel

Die AfD ist ein Risiko für den Standort Deutschland. Sie zeigt vorrangig Defizite auf, aber keine Lösungen. Daher sieht der Großteil der deutschen Wirtschaftsverbände die AfD nicht als einen konstruktiven Verbündeten und warnt zudem vor negativen Auswirkungen auf die politische Kultur.[1] Weltoffenheit ist für viele – gerade mit Blick auf den Zugewinn von Fachkräften aus anderen Ländern – existenziell wichtig. Deshalb sind auch Wirtschaftsakteur:innen Vorbilder für ihre Region. Der ostdeutsche Verband der Maschinen- und Anlagenbauer betont Weltoffenheit als Geschäftsgrundlage, weil 80 Prozent der Produkte exportiert werden. Die Jenoptik AG bezieht mit ihrer Kampagne #bleiboffen Stellung gegen die rassistische Hetze der AfD, und wenn der Verband Nordost-Chemie zum parlamentarischen Abend lädt, bleibt die AfD draußen. Der Bundesverband der mittelständischen Wirtschaft hat die AfD sogar aus seinem politischen Beirat geworfen. Support your local heros: Zivilgesellschaftliche Initiativen in der Kommune können in ihrem Engagement mit einer Spende unterstützt werden.

Schulen und politische Bildung

Wenn Menschen anfangen, an Demokratie zu zweifeln, kann politische Bildung helfen: Wozu ist Demokratie gut? Was sind die Aufgaben eines Landrats? Worüber kann ein Kommunalparlament entscheiden? Wie kann ich partizipieren und mich in die Politik einmischen? Es braucht zudem weiterhin Aufklärung, Informationen und Prävention über Strategien und Ideologien von Rechtsextremismus und Ungleichwertigkeit: Woran erkenne ich rechtsextreme Ideologien? Ist mein Nachbar ein Reichsbürger – und was heißt das für den Ort? Was kann ich gegen Rechtsextreme in meinem Dorf oder im Verein machen? Wie gehe ich mit rechtsextremen Umtrieben an meiner Schule um? Das Neutralitätsgebot an Schulen und in der Bildung heißt dabei nicht, neutral gegenüber Rassismus und Rechtsextremismus zu sein, sondern über Menschenrechte und die freiheitlich-demokratische Grundordnung aufzuklären und Schüler:innen für die Bedrohungen zu sensibilisieren.[2]

Was können wir im Alltag tun?

Es gibt eine Vielzahl von Möglichkeiten, sich für Demokratie und gegen Menschenfeindlichkeit im Alltag zu engagieren. Informieren Sie sich über diese Themen auf Fach-Internetportalen wie www.belltower.news, www.endstation-rechts.de, www.volksverpetzer.de, www.migazin.de oder in Qualitätsmedien und teilen Sie hilfreiche Informationen gern in Gesprächen und in den Social Media. Das hilft, um im Alltag bei menschenfeindlichen Diskussionen nicht wegzuhören, sondern argumentativ einschreiten zu können, Grenzen zu setzen, Haltung zu zeigen und gegebenenfalls Betroffene zu unterstützen. Das Argumentieren in Alltagsgesprächen, im Büro, unter Kita-

Eltern oder Sportverein-Mitgliedern ist zwar anstrengend, aber äußerst relevant in Hinblick darauf, ob Menschen den Eindruck haben, dass in der Gesellschaft menschenfeindliche Ideologien überwiegen oder ob sie auf Widerstand stoßen. Es ermutigt andere, ebenfalls Haltung zu zeigen, ihre Einstellung zu überdenken – oder nicht einfach Aussagen nachzuplappern, ohne die Fakten zu prüfen. Sie können Initiativen gegen Rechtsextremismus gründen oder bestehende unterstützen – durch Ihr Engagement oder durch Spenden, die qualitativ gute Arbeit ermöglichen. Das können lokale Initiativen sein oder überregionale Träger wie die Amadeu Antonio Stiftung. Sie sollten ebenfalls Ihre lokalen Medien und Politiker:innen in die Verantwortung nehmen, wenn diese nicht entsprechend handeln, und Ihre Meinung dazu immer wieder kundtun. Das Fatalste, was wir tun können, ist Schweigen. Schweigen wird oft als Zustimmung interpretiert, und wenn wir dem Rechtsextremismus nicht zustimmen, ist es wichtig, das aktiv zu tun.

Kein Appeasement und keine Zugeständnisse an die rechtsextreme AfD

Der Begriff *Cordon sanitaire* (frz. für »Sperrgürtel«) stammt ursprünglich aus der Medizin und ist eine Strategie aus dem Seuchenschutz, um Krankheiten und Pandemien einzudämmen. Seit den 1990er-Jahren wird international darunter die Übereinkunft mehrerer politischer Parteien verstanden, auf die Zusammenarbeit mit nationalistischen, rassistischen Parteien zu verzichten und sie politisch zu isolieren.[3] Durch die Quarantäne rechtsextremer Ideologien kann ihre Ausbreitung eingedämmt und so die Gesundheit der Demokratie geschützt werden. Ein Blick in die EU zeigt, dass der *Cordon sanitaire* in vielen Ländern wie Österreich, Italien, Finnland oder Dänemark längst gefallen ist. Es steht zu befürchten, dass diese Entwicklung auch Deutschland erreicht – zumindest einzelne Bundesländer. Einige Konservative stilisieren hierzulande bereits länger einen progressiven Zeitgeist als Bedrohung und diffamieren diesen als »Genderwahn«, »Multikulti«, »Cancel-Culture« und »links-grüne Elite«. Damit wird nicht zuletzt die Voraussetzung für die Zusammenarbeit mit der scheinbar programmatisch näherstehenden rechtsextremen Partei geschaffen. Dabei muss gerade in diesen Zeiten gelten: kein Appeasement mit Rechtsextremen und keine Zugeständnisse an die AfD. Und auch das zeigt ein Blick ins Ausland, etwa nach Polen, wo es ein breites Bündnis von gesellschaftlichen Gruppen und politischen Parteien geschafft hat, die rechtsautoritäre Regierung wieder abzuwählen: Bürgerschaftliches Engagement kann es schaffen, die Gesellschaft wieder zurückzukippen.

Judith Rahner ist bei der Amadeu Antonio Stiftung für Rechtsextremismusprävention zuständig. Sie leitet im Rahmen des Kompetenznetzwerks Rechtsextremismusprävention den Projektbereich zur Stärkung der bundesweiten Zivilgesellschaft und ist Leiterin der Fachstelle Gender, GMF und Rechtsextremismus, die mit einem Fokus auf Gender Bildungsarbeit, Politik und Medien im Umgang mit Rechtsextremismus, Rechtspopulismus und gruppenbezogener Menschenfeindlichkeit berät und schult.

Simone Rafael ist Journalistin mit Schwerpunkt Rechtsextremismus. Sie leitete von 2002 bis 2023 für die Amadeu Antonio Stiftung die Redaktionen von www.mut-gegen-rechte-gewalt.de, www.netz-gegen-nazis.de und www.belltower.news sowie den Bereich »Digitale Courage« der Stiftung, der sich mit Demokratiebedrohungen und Gegenstrategien in der digitalen Welt auseinandersetzt.

Die AfD verbieten? Ja, ja und ja!

Marco Wanderwitz

Gestern habe ich ein Radiointerview zum Thema eines möglichen AfD-Verbotsverfahrens gegeben. Das Telefon klingelt
seitdem unaufhörlich in meinem Bundestagsbüro. Im Dis-
play erscheint dabei meist keine Telefonnummer. Anonyme
Anrufer sind fast immer überzeugte AfD-Anhänger. Auf-
geregt echauffiert sich die Frauenstimme, von Ukrainern in
SUVs vor dem Supermarkt ist die Rede, an der Kasse hätten »die« statt zu zahlen »Zettel von der Stadt rübergescho-
ben«, dann erhebt sie die Stimme, »das ist ein fremder Krieg,
der auf unserem Boden ausgetragen wird, das hat uns die
NATO und die USA eingebrockt«. Sie holt aus, kleinste Kinder »von denen« hätten Waren vor dem Band im Kinder-
wagen verschwinden lassen. »Und was tut ihr da oben? Die,
die das richten wollen, die wollt ihr verbieten?« Als meine
Mitarbeiterin nachfragt, wo sie das denn erlebt habe, wird
auf der anderen Seite mit den Worten, dass »ihr erst hart
aufschlagen müsst«, brüsk aufgelegt. Die gefühlte Ungerechtigkeit der Frau, die sie beim Einkaufen erlebte, hätte ich
möglicherweise gar nicht kleinreden wollen, aber der sachli-
chen Diskussion verschließen sich solche Anrufer meist. Sie
beherrschen eine für sich abgeschlossene Negation des Status
quo, das Feindbild des vermeintlich nicht funktionierenden
demokratischen Systems, getragen von dem Wunsch nach
einem Umsturz mit harter, autoritärer, die Dinge zurecht-
rückender Hand.

Jedes Mal, wenn ich mich kritisch zur AfD äußere, häufen

sich die anonymen Anrufe, erhalte ich zahllose Beleidigungen und oft auch offene Gewaltandrohungen. Die AfD ist von Hass und Hetze genährt – und sie nährt ihre Anhängerschaft damit. Das politische und gesellschaftliche Klima in unserem Land ist deshalb zunehmend toxisch geworden.

Ein deutsches Phänomen?

Fast alle Länder des politischen Westens, also der freiheitlich-demokratisch, rechtsstaatlich und auf das Individuum als Träger unveräußerlicher Grundrechte hin verfassten Gesellschaften, erleben seit einigen Jahren eine tiefgreifende Vertrauenskrise zwischen Teilen der Bürgerschaft und den staatlichen Institutionen. Provoziert wird dies durch Populismus und die Echokammern sozialer Medien, die unser politisches und gesellschaftliches Klima vergiften und inhaltlichen Streit zunehmend in gesellschaftliche Spaltung treiben. Im Angebot stehen Parallelwelten, die sich vom gesamtgesellschaftlichen Diskurs abkoppeln und in denen millionenfach unwidersprochen Halbwahrheiten, dreiste Lügen bzw. schlicht ausgrenzende Propaganda verbreitet werden.

Der Brexit steht wie Trump in den Vereinigten Staaten beispielhaft für den Verlust an dem, was man im Vereinigten Königreich einst mit großer Selbstverständlichkeit und britischem Understatement »Common Sense« nannte und sich wohl treffend mit einem großen Vorrat an gemeinsamen Wertüberzeugungen übersetzen lässt. Diesen Wertekonsens wollen in Europa leider einige schleifen. Besonders augenscheinlich wird das im massiven Erstarken rechtspopulistischer und rechtsradikaler Kräfte bei Wahlen: jüngst in den Niederlanden mit Geert Wilders, in Italien mit der Regierung der Fratelli d'Italia, die sich nie glaubwürdig von Faschismus und Mussolini distanziert hat, in Frankreich mit Marine Le

Pen als Zweitplatzierter der Präsidentschaftswahl 2022, und in Ungarn biedert sich mit Viktor Orbán ein langjähriger europäischer Regierungschef offen dem russischen Kriegstreiber Putin an. So könnte die Liste weitergehen, mit Schweden beispielsweise. Auch in Deutschland wird die Demokratie bedroht – durch die AfD.

Die AfD ist doch eine demokratisch gewählte Partei ...

Die AfD wird demokratisch gewählt. Leider. Aber demokratischer Wahlerfolg macht sie nicht zu einer demokratischen Partei. Mit der AfD ist Rechtsradikalismus zur parlamentarischen Kraft auf Bundesebene geworden – das gab es in der Geschichte der Bundesrepublik seit 1945 zuvor nicht.

Keine andere im Bundestag vertretene Partei wird vom Verfassungsschutz wegen des Verdachts des Rechtsextremismus beobachtet. Die AfD-Landesverbände in Thüringen, Sachsen-Anhalt und Sachsen sind vom Verfassungsschutz bereits als gesichert rechtsextrem eingestuft. Dies gilt bundesweit bereits für den Jugendverband der AfD, die Junge Alternative. Diese und die ganze AfD sind inzwischen ein Sammelbecken für alles Rechtsradikale in Deutschland geworden. Identitäre, Reichsbürger, sogenannte Kameradschaften, keine rechtsextremistische Ecke ist nicht eingebunden und wirkmächtig in der Partei, die de facto vom Faschisten Höcke und seinem Vordenker Kubitschek geführt wird. Europäisch und weltweit gut vernetzt mit ihresgleichen und Autokraten aller Couleur, die hier auch munter mitmischen.

Die Partei, die sich anmaßt, letzte Bastion der Meinungsfreiheit zu sein, geht systematisch gegen Menschen vor, die andere demokratische Meinungen vertreten. Auf der Straße und in den sozialen Medien werden politische Konkurrenten und Medien als »Volksverräter« und »Lügenpresse« diffamiert, die Demokratie wird diskreditiert.

Wenn Höcke von einer künftigen Politik der »wohltemperierten Grausamkeit« spricht und die »Altparteien« als »entartet« bezeichnet, seine Anhängerschaft geradezu lustvoll mit wörtlichen Nazi-Parolen anheizt, sich dazu versteigt, dass die EU, eine beispiellose demokratische und wirtschaftliche Erfolgsgeschichte und wichtiger Baustein für Frieden im Jahrhunderte kriegsgebeutelten Europa, sterben müsse, damit das »wahre Europa« leben könne, könnte er genauso als Statist in einem Weltkriegsfilm auftreten, der nach dem Untergang der Wehrmacht in Stalingrad den verzweifelten Eltern gefallener Soldaten die bekannte Durchhalteparole entgegenschreit: »Sie starben, damit Deutschland lebe.« Höckes Rhetorik berauscht sich an der dunkelsten deutschen Vergangenheit mit dem Versuch, völkische Standpunkte in der Mitte der Gesellschaft salonfähig zu machen. Das vermehrte Einstimmen in dieses Hetzgegröle beweist, dass der Nationalsozialismus eben kein »Vogelschiss« der deutschen Geschichte ist, wie es der AfD-Ehrenvorsitzende Gauland entlarvend formulierte.

Der Sprachgebrauch des Hasses und der Ausgrenzung soll sich einnisten – gern in Kauf nehmend, dass man von der Staatsanwaltschaft angeklagt wird wegen des Verwendens von Kennzeichen verfassungswidriger und terroristischer Organisationen. Zu verführerisch war bzw. ist die reißerische Nazi-Formel »Alles für Deutschland«. Drohende Strafen sind dann sozusagen Tapferkeitsmedaillen im politischen Nahkampf um die Lufthoheit über den Stammtischen.

Nichts spricht dagegen, patriotisch zu sein und für das Wohlergehen des Vaterlands zu arbeiten. Bei der AfD geht es darum aber gerade nicht. Wer den perfiden Klang des Nationalsozialismus anschlägt, der hat gerade nicht die Liebe zum eigenen Land im Blick, sondern schürt Hass auf alles Fremde und andere Meinungen. Mit niedersten Beweggründen.

Zur diabolischen Meisterschaft gereicht es, diese hetzerische Rhetorik so häufig als irgend möglich in Bundestagsreden zu verwenden. So kann man seine Anhängerschaft daran gewöhnen, dass es der rein formal legitimierte politische Auseinandersetzungsjargon im demokratischen Spektrum sei. Sozusagen ein allmählicher Anpassungsprozess, wie man Allergiker gegen die für sie potenziell tödliche Gefahr eines Wespenstichs mit einer Hyposensibilisierung schrittweise an den allergieauslösenden Stoff gewöhnt, indem man immer wieder geringe Dosen von Gift in regelmäßigen Abständen injiziert. Nur gibt es hier anders als bei der Allergiesensibilisierung kein Happy End. In Bundestagsdebatten geht es der AfD um Polarisierung und das Aufhetzen gegen Feindbilder – ob es nun Geflüchtete, Muslime, Homosexuelle, Vertreter einer Impfpflicht oder pauschal das vermeintlich böse »Andersartige« ist. Der anfangs noch nur mehr oder minder empörte Geist soll lernen, die am Ende immer weiter verschobenen Anstandsgrenzen zu leben. Das Attentat auf die Demokratie droht nicht an einem Tag, es braucht einen langen Anlauf und beginnt mit einem Einnebelungsprozess.

Daher ist es für die AfD so wichtig, mit demokratischen Mitteln, demokratisch gewählt, an die Macht zu kommen, die Bürgerinnen und Bürger langsam in dem braunen Sumpf von Spott, Häme und Verunglimpfung anderer vorzukochen, um die Demokratie letztlich dann von innen zerstören zu können. Das darf eine wehrhafte Demokratie nicht zulassen!

Muss die Demokratie so eine Partei nicht aushalten?

»Militant Democracy«, eine wehrhafte Demokratie, die sich gegen ihre Feinde wehrt, ist die Idee, die von Anfang an zur Bundesrepublik gehörte. Karl Löwenstein, Rechtsprofessor aus München, der 1933 als Jude von den Nazis aus dem Staatsdienst vertrieben wurde, entwickelte sie. Feinde der Demokratie sollen niemals wieder die Möglichkeit haben, die Demokratie in Deutschland abzuschaffen. Auch nicht durch Wahlerfolg.

Gegen verfassungsfeindliche Einzeltäter, genauso wie Parteien, Vereine und Organisationen, kann präventiv vorgegangen werden, bevor sie die freiheitlich-demokratische Grundordnung substanziell gefährden. Es geht dabei gerade nicht darum, unliebsame Konkurrenten loswerden, sondern zu verhindern, dass nach der furchtbaren Herrschaft der Nationalsozialisten eine in großen Teilen rechtsextreme und völkische Partei in Deutschland wieder mächtig wird.

Ich befürchte, dass diese rechtsextremistische Partei, die AfD, gerade auf dem Weg ist, insbesondere in den neuen Bundesländern durchzumarschieren. Die Würde des Menschen, jedes Einzelnen, sowie das Diskriminierungsverbot werden durch alle führenden Funktionäre der AfD mittlerweile unverhohlen infrage gestellt. Die Rechte von Menschen mit Flucht- oder Migrationshintergrund, Menschen mit Behinderungen oder solchen mit nicht hetero-normativer Sexualität bspw. sollen nach dem Willen der AfD zugunsten einer völkisch-nationalen Stärkung eines vermeintlichen Deutschtums beschränkt oder gar beseitigt werden. Wenn derartige Verfassungsfeindlichkeit nicht rechtzeitig und entschieden sanktioniert wird, wird der Rechtsstaat nicht ernst genommen, und die Verfassungsfeinde fühlen sich animiert, die Grenzen immer weiter und weiter zu verschieben – bis es zu spät ist.

Beispiel Thüringen: Würde die AfD in Thüringen allein regieren können, steht auf der Agenda eines Ministerpräsidenten Höcke die »Demokratisierung« des Verfassungsschutzes. »Demokratisieren« bedeutet in seiner Diktion schlichtweg die Beschneidung der Kompetenzen der Behörde zur Überwachung rechtsextremistischer Bestrebungen. Dazu zählt eben gerade die AfD Thüringen, die der Thüringer Verfassungsschutz als erwiesen rechtsextrem einstuft. Ein Ministerpräsident Höcke würde die staatlichen finanziellen Mittel für zivilgesellschaftliches Engagement gegen Rechtsextremismus und für ein tolerantes und weltoffenes Miteinander streichen. So würden Opfer rechtsextremer Gewalt sowie Szene-Aussteiger in Thüringen keine Hilfsangebote mehr erhalten. Schulische Bildung hinsichtlich Weltoffenheit und Toleranz würde auf null gesetzt. Der öffentlich-rechtliche Rundfunk als Anker des Qualitätsjournalismus würde im Land ausgelöscht. Das Landesverfassungsgericht würde angegangen. Und so weiter. Allesamt weitere harte Schläge gegen die Fundamente unserer Demokratie.

Versuche, mit guter Politik und guter Kommunikation die Menschen davon zu überzeugen, dass man als gute Demokratin und guter Demokrat keine rechtsradikale Partei wählt, verfangen offensichtlich nicht besonders. Das ist bedauerlich, muss man aber zur Kenntnis nehmen.

Im Kern geht es um die Frage der Stellung des Individuums gegenüber der Gesellschaft bzw. dem Staat. Unsere westlichen Demokratien waren in den letzten Jahrzehnten durch eine immer weitere Individualisierung geprägt. Viele Zwänge haben sich aufgelöst, Minderheiten emanzipiert, und der freien Entfaltung der Persönlichkeit des Einzelnen sind kaum noch Grenzen gesetzt bzw. nur noch dort, wo überragende Rechtsgüter anderer bedroht sind. Diese Entwicklung kann man mit Recht als sehr positiv bewerten.

Was aber für die einen Freiheit und individuelle Entfaltungschance ist, wird von anderen als Infragestellung der eigenen Identität empfunden. Als Gesellschaft haben wir viele Gewissheiten verloren über die Jahrzehnte. Die Verdünnung von Institutionen, Kirchen und Gewerkschaften ist nur ein Kennzeichen dieser Entwicklung, die viele überfordert. Viele dieser Verunsicherten drohen für die Demokratie dauerhaft verloren zu gehen.

Ein gefühlt wahrgenommener Kontrollverlust und/oder die Angst vor ungewollter schneller Veränderung in einer globalen Welt hoher Beschleunigung machen anfällig für die Anziehung von Verschwörungserzählungen und Wutbürgerei, die insbesondere durch und in den sozialen Medien ein Leben in einer weitgehend geschlossenen Paralleöffentlichkeit führen. In den freiheitlichen Demokratien kann jede und jeder über das Internet einem Millionenpublikum mitteilen, was sie oder er will, und geradezu ungezügelt die Meinung jedes anderen kommentieren. Viele versprachen sich davon eine Demokratisierung der Öffentlichkeit, und ja, neue Teilhabe- und Austauschformate haben viel Gutes gebracht. Gleichwohl müssen wir feststellen, dass unsere Demokratie inzwischen dadurch ernsthaft und asymmetrisch herausgefordert wird. Gerade die Verbreitung sogenannter Fake News und die von den Algorithmen der Suchmaschinen und Social-Media-Plattformen begünstigte gezielte Zersetzung des öffentlichen Diskurses bedrohen den gesellschaftlichen Zusammenhalt.

Eine sachliche Auseinandersetzung wird demnach zunehmend schwierig und kann gegen die Macht der Verführung mit einfachen und pauschalen Erklärungsmustern kaum ankommen.

Was würde ein Verbot bewirken?

Ein Gesinnungswandel bei Verfassungsverächtern würde durch ein Verbot nicht eintreten. Aber: Wir würden diesen Verfassungsfeinden einmal den Stecker ziehen und ihnen den öffentlichen Resonanzraum erheblich nehmen.

Die AfD verbreitet ihre hasserfüllten Ressentiments insbesondere, indem sie die sozialen Medien erfolgreicher und gezielter als die demokratischen Parteien bespielt. Finanziell ermöglicht wird dies durch Steuermittel, die der Partei in Form von Wahlkampfkostenerstattungen als staatliche Parteienfinanzierung zukommen. Durch das Parteienprivileg fließen der AfD erhebliche Mittel zu, die eigentlich für den demokratischen Wettstreit gedacht sind. Im Fall der AfD aber verstärken diese Mittel ihren Einfluss und unterstützen ihren Kampf gegen das demokratische System. Ein Verbot der Partei bedeutet, dass diese Finanzierung sofort endet und das Vermögen eingezogen wird. Büros, Ausstattung, Kommunikationsmittel – alles weg. Alle Mandate, vom ehrenamtlichen Ortschaftsrat bis zum Europaparlamentsmandat, würden augenblicklich verfallen. Alle Mitarbeitenden der Abgeordneten und Fraktionen aller Ebenen sowie der Partei würden aufhören, weiter ihren Hass staatlich finanziert 24 Stunden auszusenden. Ihre Jobs würde es ja nicht mehr geben. Die organisatorische Struktur der AfD würde auf null zurückfahren. Das wäre eine Atempause für die Demokratie!

Dann gründet man eben eine neue Partei!

Bisher wurden in der Bundesrepublik Deutschland zwei Parteien verboten: 1952 die Sozialistische Reichspartei, eine Nachfolgeorganisation der NSDAP, und 1956 die Kommunistische Partei Deutschlands. Beide Parteien wurden durch die Verbote empfindlich getroffen. Die Gründung von Nachfolgeorganisationen ist bei einem Verbot untersagt. Es dauerte jeweils zwölf Jahre, bis sich Rechtsextreme in der NPD gesammelt und Kommunisten in der DKP neu organisiert hatten.

Auch heute wäre die Gründung direkter Nachfolgeorganisationen verboten. Und auch eine Art inoffizielle Nachfolgepartei zu gründen ist schwierig. Wer sich schon mal in einer Partei, NGO oder einem Verein organisiert hat, der weiß, dass diese Strukturen nicht so eben aufgebaut sind. Die Anhängerschaft hätte also erst mal keine »Zufluchtsstätte« mehr. Schon der Partei-Stammtisch wäre untersagt.

Dann hätten wir die Chance, AfD-Wählerinnen und -Wähler für die Demokratie zurückzugewinnen. Wir könnten ihnen sagen: Das Angebot, eine rechtsradikale Partei zu wählen, die dieses Land zerstören will, gibt es nicht mehr. Aus guten Gründen. Schaut bitte noch einmal, was die demokratischen Parteien euch für Angebote machen können. Das wird nicht leicht. Denn mit dem Verbot der AfD würden die Einstellungen nicht eben gleich verschwinden.

Es ist ja aber, Gott sei Dank, bei Weitem nicht so, dass alle Wählerinnen und Wähler der AfD gefestigte Rechtsradikale sind, ein geschlossen rechtsextremes Weltbild haben. Oft sind sie auch nur unzureichend bzw. einseitig informiert.

Es gibt ein gutes Beispiel, wie es laufen könnte: In Griechenland wurde vor einigen Jahren die rechtsradikale Partei »Goldene Morgenröte« als kriminelle Vereinigung verurteilt. Ja, mittlerweile gibt es eine Art Nachfolgepartei, die bei fast 5 Prozent liegt. Aber viele Wählerinnen und Wähler haben sich auch bei den demokratischen Parteien einsortiert, nachdem ihnen die Rote Karte einmal deutlich vors Gesicht gehalten wurde.

Wie kann die AfD verboten werden?

Entscheidungsgrundlage ist ein Verbotsantrag, den der Bundesrat, der Bundestag oder die Bundesregierung beim Bundesverfassungsgericht stellen kann. Mein Ziel ist es, dass der Deutsche Bundestag das 2024 auf den Weg bringt. Dazu gibt es eine Einbringungshürde im Parlament von 5 Prozent der Abgeordneten. Beschlossen werden muss dann mehrheitlich.

Die Entscheidung liegt dann beim Bundesverfassungsgericht, das allein nach den Maßstäben des Grundgesetzes urteilt. Am Ende müssten zwei Drittel der Mitglieder des zuständigen Senats ein Verbot der AfD bestätigen.

Das Parteiverbot nach Art. 21 Abs. 2 GG ist die schärfste Waffe des demokratischen Rechtsstaats gegen seine organisierten Feinde. Völlig zu Recht sind die Hürden für ein Verbotsverfahren daher hoch. Das Bundesverfassungsgericht hat mit seinem Urteil im zweiten NPD-Verbotsverfahren vom 17. Januar 2017 (Az: 2 BvB 1/13) seine Rechtsprechung und die Voraussetzungen für ein Parteiverbot umfassend weiterentwickelt. Eine Partei kann demnach verboten werden, wenn sie nach ihren Zielen oder nach dem Verhalten ihrer Anhängerschaft darauf aus ist, die freiheitlich-demokratische Grundordnung zu beeinträchtigen oder zu beseitigen oder den Bestand der Bundesrepublik Deutschland zu gefährden.

Weitere Voraussetzungen sind eine aktiv kämpferische, aggressive Haltung gegenüber der freiheitlich-demokratischen Grundordnung, auf deren Abschaffung die Partei abzielt, sowie konkrete Anhaltspunkte dafür, dass ein Erreichen der von ihr verfolgten verfassungsfeindlichen Ziele nicht völlig aussichtslos erscheint.

Anders als beim NPD-Verbotsverfahren erscheint es leider gerade nicht aussichtslos, dass die AfD ihre hart verfolgten verfassungsfeindlichen Ziele tatsächlich erreicht. Die Partei vereint bei Wahlen einen stetig wachsenden erheblichen Stimmenanteil auf sich und ist im Begriff, in einigen östlichen Bundesländern demnächst stärkste Kraft zu werden – bis hin zur Erlangung absoluter Mehrheiten. Auf kommunaler Ebene stellt die AfD bereits erste hauptamtliche kommunale Wahlbeamte.

Würde sich die AfD-Anhängerschaft im Fall eines Verbots nicht weiter radikalisieren?

Fakt ist doch schon: Je extremer und ungehemmter die AfD ihre Programmatik abfeuert, umso mehr erfreut sie sich wachsender Zustimmung. Vor zehn Jahren hatten noch eurokritische Professoren die AfD aus der Taufe gehoben, immer mehr verschafften sich danach Rechtsextreme in ihr Raum.

Viele ihrer Wähler wissen, »dass die Partei teils rechtsextremistisch ist, aber es ist mir absolut wurscht« – wie mir ein weiterer anonymer Anrufer neulich ins Telefon brüllte.

Die Gefahr einer zunehmenden Radikalisierung Einzelner darf in einem Rechtsstaat keine Rolle spielen, so geben wir ja auch nicht dem Erpresser nach, der mit einem Attentat droht, um seine unrechtmäßigen Ziele zu verfolgen. Ein Staat, der sich aus pragmatischen Gründen »ruhig stellt«, um vermeintlich nicht noch mehr braunen Dreck aufzuwirbeln, wird sich schon morgen mit noch ganz anderen Forderungen konfrontiert sehen. Wehrhafte Demokratie heißt auch, rechtzeitig zu handeln.

Mögliche Straftäter müssen dann die volle Härte des Rechtsstaats spüren. So wie jetzt die verhinderte Staatsstreich-Truppe um Prinz Reuß und die Ex-AfD-Bundestagsabgeordnete Birgit Malsack-Winkemann oder vor einigen Jahren die Mörder von Walter Lübcke und die Terroristen des NSU.

Zum anderen zielt ein Verbot der Partei nicht vorrangig auf Einstellungen ab, sondern auf das mächtige Instrument der Organisation. Jahrelang waren Rechtsradikale zersplittert in zahlreichen kleineren Gruppen aktiv. Es gibt die NPD (heute: »Die Heimat«), gab die DVU, vorab einmal die Republikaner, es gibt beispielsweise den III. Weg, die Freien Sachsen und wie sie alle heißen. Nun ist das einende, wärmende Lagerfeuer der AfD mittlerweile so dominant, dass erstmals nahezu alles gebunden wird, was in diesem politischen Spektrum vorhanden ist. Die alte Sehnsucht nach einer mächtigen rechtsradikalen Einheitspartei ist mit der AfD erfüllt.

Man kann dieses Komplott gegen die Demokratie nicht einfach seinen Lauf nehmen lassen. Wir müssen das zu groß gewordene rechtsradikale Lagerfeuer der AfD jetzt mit einem Verbot austreten. Bevor es zum lodernden Flächenbrand wird.

Die Veränderung von Einstellungen ist dann wieder stärker eine Frage politischer Bildung.

Zum Schluss noch einmal der wichtige Hinweis, dass nicht alle Wählerinnen und Wähler der AfD rechtsradikal sind. Auf viele trifft das leider zu. Aber die, die es nicht sind, die wollen wir Demokratinnen und Demokraten für die gemeinsame Sache zurück, die geben wir nicht auf, um die kämpfen wir.

Marco Wanderwitz wurde 1975 in Chemnitz (Karl-Marx-Stadt) geboren. Der Rechtsanwalt wurde 2002 erstmals in den Deutschen Bundestag gewählt und gehört ihm seitdem an. 2018 bis 2021 war er Parlamentarischer Staatssekretär in der Bundesregierung von Bundeskanzlerin Angela Merkel, zunächst beim Bundesminister des Innern, für Bau und Heimat, folgend beim Bundesminister für Wirtschaft und Energie.

Anmerkungen

Einleitung

1 Quent, Matthias (2024): Das perfide Rezept der Remigration, *Frankfurter Allgemeine Sonntagszeitung* vom 13.01.2024, https://www.faz.net/aktuell/feuilleton/debatten/matthias-quent-ueber-die-afd-und-remigration-19443550.html.

Strategien der Machteroberung

1 Kellershohn, Helmut (2022): Die Partei und ihr Vorfeld. Das Konzept der Mosaik-Rechten, *DISS-Journal,* Nr. 44, S. 11–14.

2 AfD-Fraktion im Deutschen Bundestag (2018): Wortlaut der umstrittenen Passage der Rede von Alexander Gauland (https://afdbundestag.de/wortlaut-der-umstrittenen-passage-der-rede-von-alexander-gauland/).

3 Eppelsheim, Philip (2018): AfD-Chef Gauland im Interview, *Frankfurter Allgemeine Zeitung* vom 07.06.2018, https://www.faz.net/aktuell/politik/inland/gauland-interview-afd-will-grenzen-des-sagbaren-ausweiten-15627982.html.

4 René Springer auf X: »Wir werden Ausländer in ihre Heimat zurückführen. Millionenfach. Das ist kein #Geheimplan. Das ist ein Versprechen. Für mehr Sicherheit. Für mehr Gerechtigkeit. Für den Erhalt unserer Identität. Für Deutschland.«/X (twitter.com), https://twitter.com/rene_springer/status/1745061387804512694?s=46&t=r2IOH4UmCJIkLg1Jd9fpiA.

5 Vgl. Stellungnahme der Fraktionsvorsitzenden Ost zur REMIGRATION (https://www.afd-thueringen.de/thuringen-2/2024/01/stellungnahme-der-fraktionsvorsitzenden-ost-zur-remigration/).

6 Serrano, Juan C. M./Shahrezaye, Morteza/Papakyriakopoulos, Oretis/Hegelich, Simon (2019): The Rise of Germany's AfD: A Social Media Analysis, *SMSociety '19: Proceedings of the 10th International Conference on Social Media and Society,* Juli 2019, S. 214–223 (https://doi.org/10.1145/3328529.3328562); Rochnia, Michael/Kleen, Hannah/Gräsel, Cornelia/Ulm, Sonja/Soermann, Fabian (2021): Die Argumentation der AfD in sozialen Medien zum Thema Flucht und Migration, *Bildungsforschung,* 18(2).

7 Heinze, Anna-Sophie (2020): *Strategien gegen Rechtspopulismus? Der Umgang mit der AfD in Landesparlamenten.* Baden-Baden: Nomos, S. 198.

8 *ARD-Tagesschau* (2017): 24.09.2017 (https://www.youtube.com/watch?v=_fnja9qN2vM).

9 Wagner, Joachim (2021): *Rechte Richter, AfD-Richter, -Staatsanwälte und -Schöffen: eine Gefahr für den Rechtsstaat?* Berlin: Berliner Wissenschafts-Verlag.

10 Auch wenn Richter:innen und Soldat:innen keine Beamt:innen sind, ist dies für diese Gruppen demokratietheoretisch und -praktisch bedeutsam.

11 Bargel, Vicky (2024): Verschwörerin im Bundestag, *Stern* 5/2024 vom 25.01.2024, S. 38–41.

12 *ARD-Kontraste* (2021): Querdenker im Kampfmodus – wie sich Teile der Bewegung weiter radikalisieren (https://www.youtube.com/watch?v=30_--Hc5EjM) (03:46–03:51).

13 Geiler, Julius/Fröhlich, Alexander (2021): AfD-Landtagsabgeordneter will »Kesselschlacht« in Berlin, *Der Tagesspiegel* vom 29.04.2021, https://www.tagesspiegel.de/berlin/afd-landtagsabgeordneter-will-kesselschlacht-in-berlin-4165768.html.

14 Thomaser, Sonja (2021): AfD-Parteimitglieder in Chats: Forderungen nach »Umsturz«, »Revolution« und »Bürgerkrieg«, *Frankfurter Rundschau* vom 02.12.2021, https://www.fr.de/politik/afd-bayern-chatgruppe-telegram-partei-mitglieder-nachrichten-umsturz-gewalt-news-91151774.html.

15 Tillmann, Steffen (2022): Gesamter WhatsApp-Chat der AfD-Bundestagsfraktion geleakt, *Die Zeit* vom 22.05.2022, https://www.zeit.de/politik/deutschland/2022-05-afd-chat-whatsapp-rechtsextremismus.

Ist die AfD eine Protestpartei?

1 Falter, Jürgen W. (1994): *Wer wählt rechts? Die Wähler und Anhänger rechtsextremistischer Parteien im vereinigten Deutschland.* München: C. H. Beck.

2 »Deutschland. Aber normal« war der zentrale AfD-Slogan im Bundestagswahlkampf 2021.

3 Nähere Informationen zur GLES finden sich unter: https://www.gesis.org/gles/about-gles.

4 Schmitt-Beck, Rüdiger (2017): The »Alternative für Deutschland in the Electorate«: Between Single-Issue and Right-Wing Populist Party. *German Politics*, 26(1), S. 124–148 (http://dx.doi.org/10.1080/09644008.2016.1184650).

5 In ihrem Programm zur Europawahl 2014 forderte die AfD vergleichsweise wenig prominent die Einführung eines »Punktesystems nach kanadischem Vorbild« zur Steuerung von Immigration. Den wenigsten Anhängerinnen und Anhängern (und Parteimitgliedern?) dürfte klar gewesen sein, dass Kanada mit diesem System seit Jahrzehnten ein jährliches Zuwanderungsziel von mehr als einem Prozent der existierenden Bevölkerung anstrebt. Auf Deutschland umgerechnet wären dies mehr als 800 000 Personen pro Jahr.

6 Arzheimer, Kai (2019): Don't Mention the War! How Populist Right-Wing Radicalism Became (Almost) Normal in Germany. *Journal of Common Market Studies*, 57(S1), S. 90–102 (http://dx.doi.org/10.1111/jcms.12920).

7 Arzheimer, Kai/Berning, Carl (2019): How the Alternative for Germany (AfD) and Their Voters Veered to the Radical Right, 2013–2017. *Electoral Studies*, 60 (http://dx.doi.org/10.1016/j.electstud.2019.04.004).

Wer wählt die AfD und warum?

1 Hövermann, Andreas (2023): Das Umfragehoch der AFD. *WSI Report*. Düsseldorf: Hans-Böckler-Stiftung.

2 Zick, Andreas/Küpper, Beate/Mokros, Nico (2023): *Die distanzierte Mitte. Rechtsextreme und demokratiegefährdende Einstellungen in Deutschland 2022/23;* hrsg. von Franziska Schröter für die Friedrich-Ebert-Stiftung. Bonn: Dietz.

3 Decker, Frank (2021): *Wahlergebnisse und Wählerschaft der AfD.* Bundeszentrale für politische Bildung.

4 Hövermann, Andreas (2023): Das Umfragehoch der AFD. *WSI Report*. Düsseldorf: Hans-Böckler-Stiftung.

5 Decker, Frank (2021): *Wahlergebnisse und Wählerschaft der AfD.* Bundeszentrale für politische Bildung.

6 Amlinger, Carolin/Nachtwey, Oliver (2022): *Gekränkte Freiheit – Aspekte des libertären Autoritarismus.* Berlin: Suhrkamp.

7 Decker, Oliver/Kiess, Johannes/Brähler, Elmar (2023): *Autoritäre Dynamiken und die Unzufriedenheit mit der Demokratie. Die rechtsextremen Einstellungen in den ostdeutschen Bundesländern.* Policy Paper 2/2023.

8 Fratzscher, Marcel (2023): Das AfD-Paradox: Die Hauptleidtragenden der AfD-Politik wären ihre eigenen Wähler*innen. *DIW aktuell,* Nr. 88.

9 Cantoni, Davide/Hagemeister, Felix/Westcott, Mark (2019): Persis-

tence and Activation of Right-Wing Political Ideology. *Rationality & Competition,* Discussion Paper 143.

10 Zick, Andreas/Küpper, Beate/Mokros, Nico (2023). *Die distanzierte Mitte. Rechtsextreme und demokratiegefährdende Einstellungen in Deutschland 2022/23;* hrsg. von Franziska Schröter für die Friedrich-Ebert-Stiftung. Bonn: Dietz; Decker, Oliver/Kiess, Johannes/Heller, Ayline/Brähler, Elmar (2022): *Autoritäre Dynamiken in unsicheren Zeiten. Neue Herausforderungen – alte Reaktionen?* Gießen: Psychosozial Verlag.

11 Heitmeyer, Wilhelm (2002): Gruppenbezogene Menschenfeindlichkeit, in: *Deutsche Zustände.* Folge 1. Frankfurt/Main: Suhrkamp.

12 Hövermann, Andreas (2023): Das Umfragehoch der AFD. *WSI Report.* Düsseldorf: Hans-Böckler-Stiftung.

13 Ebd.

14 Ebd.

15 Fratzscher, Marcel (2023): Das AfD-Paradox: Die Hauptleidtragenden der AfD-Politik wären ihre eigenen Wähler*innen. *DIW aktuell,* Nr. 88.

16 Rhein, Philipp (2023): *Rechte Zeitverhältnisse. Eine soziologische Analyse von Endzeitvorstellungen im Rechtspopulismus.* Frankfurt/Main: Campus Verlag.

»Stolz, Arbeiter:in zu sein!«: Vom Aufbegehren der Vergessenen

1 Das zitierte Interview und die nachfolgenden Ausführungen beruhen auf Forschungen, die im Rahmen des DFG-Projekts »Eigentum, Ungleichheit und Klassenbildung in sozial-ökologischen Transformationskonflikten« im SFB 294 »Strukturwandel des Eigentums« durchgeführt wurden.

2 Zick, Andreas/Küpper, Beate/Mokros, Nico (2023): *Die distanzierte Mitte. Rechtsextreme und demokratiegefährdende Einstellungen in Deutschland 2022/23;* hrsg. von Franziska Schröter für die Friedrich-Ebert-Stiftung. Bonn: Dietz, S. 80f.

3 Redecker, Eva von (2023): *Bleibefreiheit,* Frankfurt/Main: S. Fischer, S. 8.

4 Evans, Geoffrey/Tilley, James (2017): *The New Politics of Class. The Political Exclusion of the British Working Class.* Oxford: Oxford University Press.

5 Williams, Joan C. (2017): *White Working Class. Overcoming Class Cluelessness in America.* Boston: Harvard Business Review Press.

6 Milanović, Branco (2016): *Die ungleiche Welt. Migration, das Eine Prozent und die Zukunft der Mittelschicht.* Berlin: Suhrkamp.

7   Björn Höcke zitiert nach: Klaus, Fabian (2023): AfD stellt in Thü-
    ringen die Machtfrage: Vom Schattenkabinett, über »Klimagedöns«
    bis zum Medienstaatsvertrag, *Ostthüringer Zeitung* vom 19.11.2023,
    https://www.otz.de/politik/article240623290/AfD-stellt-in-
    Thueringen-die-Machtfrage-Vom-Schattenkabinett-ueber-
    Klimagedoens-bis-zum-Medienstaatsvertrag.html.

8   Die französische Delegation kam aus eben jenem Werk, das Beaud/
    Pialoux in ihrer Studie zur verlorenen Ehre der Arbeiter behandeln.

9   Dörre, Klaus/Liebig, Steffen/Lucht, Kim/Sittel, Johanna (2023):
    Klasse gegen Klima? Transformationskonflikte in der Autoindus-
    trie, *Berliner Journal für Soziologie* (https://doi.org/10.1007/s11609-
    023-00514-z).

10 Chancel, Lucas (2022): Global Carbon Inequality over 1990–2019.
    Nature Sustainability, 5, S. 931–938 (https://doi.org/10.1038/s41893-
    022-00955-z).

11 Benner, Christiane/Engelhardt, Jan (2023): Mehr Beteiligung in for-
    dernden Zeiten, in: Sommer, Jörg (Hrsg.): *Kursbuch Bürgerbeteili-
    gung #5*, Berlin: bipar, S. 505–521.

Die AfD und das Bündnis Sahra Wagenknecht: Die verlorene Mitte – Aufstieg der Extreme?

1   Mouffe, Chantal (2023): *Eine Grüne demokratische Revolution.*
    Berlin: Suhrkamp, S. 66.

2   *Die Welt* (2024): Die AfD ist so stark, weil die Politik in Berlin so
    katastrophal ist, *Die Welt* vom 23.01.2024, https://www.welt.de/
    politik/deutschland/article249675716/AfD-ist-so-stark-weil-die-
    Politik-in-Berlin-so-katastrophal-ist-sagt-Wagenknecht.html.

3   Eppelsheim, Philip/Wyssuwa, Matthias (2023): Ich mache nicht
    mehr aus Trotz Politik, *Frankfurter Allgemeine Zeitung* vom
    18.12.2023, S. 4.

4   Ebd.

5   Bündnis Sahra Wagenknecht (2023): Unser Gründungsmanifest
    (https://buendnis-sahra-wagenknecht.de/bsw/, S. 1).

6   Kissler, Alexander (2023): Attackieren oder Ignorieren?, *Neue
    Zürcher Zeitung* vom 25.10.2023, S. 2.

7   Eppelsheim, Philip/Wyssuwa, Matthias (2023): Ich mache nicht
    mehr aus Trotz Politik, *Frankfurter Allgemeine Zeitung* vom
    18.12.2023, S. 4.

8   Kissler, Alexander (2023): Attackieren oder Ignorieren?, *Neue
    Zürcher Zeitung* vom 25.10.2023, S. 2.

9   Ebd.

10 Ebd.

11 Kissler, Alexander (2023): Ein Themenstaubsauger für Unzufriedene, *Neue Zürcher Zeitung* vom 24.10.2023, S. 17.

12 Alice Weidel auf X (ehemals Twitter), 17.01.2024.

13 Eppelsheim, Philip/Wyssuwa, Matthias (2023): Ich mache nicht mehr aus Trotz Politik, *Frankfurter Allgemeine Zeitung* vom 18.12.2023, S. 4.

14 Bündnis Sahra Wagenknecht (2024): Unser Parteiprogramm (https://bsw-vg.de/wp-content/uploads/2024/01/BSW_Parteiprogramm.pdf, S. 4).

15 Eppelsheim, Philip/Wyssuwa, Matthias (2023): Ich mache nicht mehr aus Trotz Politik, *Frankfurter Allgemeine Zeitung* vom 18.12.2023, S. 4.

Role Model der europäischen extremen Rechten: Die Radikalisierung der Freiheitlichen Partei Österreichs (FPÖ)

1 Schiretz, Vilja/Czadul, Sandra (2023): Wie die FPÖ-Jugend mit den Identitären verschmilzt, *Kleine Zeitung* vom 30.08.2023, https://www.kleinezeitung.at/politik/innenpolitik/6318382/FPOeJugend Video_Wie-die-FPOeJugend-mit-den-Identitaeren-verschmilzt.

2 Horaczek, Nina/Klenk, Florian/Tóth, Barbara (2023): Hoch zu Ross, *Falter,* Nr. 5.

3 Schmid, Fabian (2023): Ex-BVT-Chef Gridling: ÖVP ließ FPÖ »schalten und walten, wie sie es wollte«, *Der Standard* vom 29.08.2023, https://www.derstandard.at/story/3000000184564/ex-bvt-chef-gridling-oevp-liess-fpoe-schalten-und-walten-wie-sie-es-wollte.

4 Huber, Markus (2023): Kickleriki, *Fleisch,* Nr. 69, https://fleisch magazin.at/index.php/28-fleisch-69/101-kickleriki.

5 Bartlau, Christian/Gassner, Florian (2023): »Volkskanzler« will er werden, *Die Zeit* vom 07.12.2023.

6 Scharsach, Hans-Henning (2023): Freiheitliche vor Gericht (https://www.stopptdierechten.at/2023/10/17/hans-henning-scharsach-freiheitliche-vor-gericht).

7 Zöchling, Christa (2018): Der Gründungsmythos der FPÖ, *Profil* vom 08.08.2018, https://www.profil.at/oesterreich/gruendungsmythos-fpoe-10258762.

8 Pesendorfer, David (2019): Anton Reinthaller, das dunkle Geheimnis der FPÖ, *News* vom 18.11.2019, https://www.news.at/a/aufarbeitung-fpoe-fuehrer-11206218.

9 Reiter, Margit (2018): Anton Reinthaller und die Anfänge der Frei-

heitlichen Partei Österreichs: Der politische Werdegang eines Nationalsozialisten und die »Ehemaligen« in der Zweiten Republik, *Vierteljahreshefte für Zeitgeschichte,* Bd. 66, Nr. 4, S. 539–576 (https://doi.org/10.1515/vfzg-2018-0033).

Die AfD und der Antisemitismus

1 DPA (2023): Kramer: Bei AfD-Beteiligung an Regierung würde ich Deutschland verlassen, *Jüdische Allgemeine* vom 27.06.2023, https://www.juedische-allgemeine.de/politik/kramer-bei-afd-regierungsbeteiligung-wuerde-ich-deutschland-verlassen/.

2 Friedman, Michel (2023): »Je länger wir schweigen, desto mehr Mut werden wir brauchen« – der Publizist Michel Friedman über den Aufstieg der AfD, *Stern* vom 28.06.2023, https://www.stern.de/politik/deutschland/michel-friedman-ueber-den-aufstieg-der-afd--dann-packe-ich-meine-koffer-33596374.html.

3 Zentralrat der Juden u. a. (2018): Gemeinsame Erklärung gegen die AfD (https://www.zentralratderjuden.de/fileadmin/user_upload/pdfs/Gemeinsame_Erklaerung_gegen_die_AfD_.pdf).

4 Zick, Andreas/Hövermann, Andreas/Jensen, Silke/Bernstein, Julia/Perl, Nathalie (2017): Jüdische Perspektiven auf Antisemitismus in Deutschland. Ein Studienbericht für den Expertenrat Antisemitismus (https://pub.uni-bielefeld.de/download/2913036/2963306/Studie_juedische_Perspektiven_Bericht_April2017.pdf, S. 35).

5 Unabhängiger Expertenkreis Antisemitismus (2017): Antisemitismus in Deutschland – aktuelle Entwicklungen (https://www.bmi.bund.de/SharedDocs/downloads/DE/publikationen/themen/heimat-integration/expertenkreis-antisemitismus/expertenbericht-antisemitismus-in-deutschland.pdf?__blob=publicationFile&v=8, S. 144).

6 International Holocaust Remembrance Alliance (2015): Arbeitsdefinition von Antisemitismus (https://www.holocaustremembrance.com/de/resources/working-definitions-charters/arbeitsdefinition-von-antisemitismus).

7 Ebd.

8 Haury, Thomas (2002): *Antisemitismus von links. Kommunistische Ideologie, Nationalismus und Antizionismus in der frühen DDR.* Hamburg: Hamburger Edition.

9 Petersen, Thomas (2018): Wie antisemitisch ist Deutschland?, *Frankfurter Allgemeine Zeitung* vom 19.06.2018, https://www.faz.net/aktuell/politik/inland/exklusive-allensbach-umfrage-antisemitismus-in-deutschland-15648477.html.

10 Zick, Andreas/Küpper, Beate/Mokros, Nico (2023): *Die distanzierte*

Mitte. Rechtsextreme und demokratiegefährdende Einstellungen in Deutschland 2022/23 (https://www.fes.de/index.php?eID=dumpFile &t=f&f=91776&token=3821fe2a05aff649791e9e7ebdb18eabdae3eofd, S. 74f.).

11 Rensmann, Lars (2020): Die Mobilisierung des Ressentiments. Zur Analyse des Antisemitismus in der AfD (https://ajcgermany.org/ system/files/document/AJC_AfD-Broschuere_final_digital.pdf, S. 12f.).

12 Kopke, Christoph/Botsch, Gideon (2014): Antisemitismus ohne Antisemiten?, in: Melzer, Ralf/Molthagen, Dietmar (Hrsg.): *Wut – Verachtung – Abwertung. Rechtspopulismus in Deutschland*. Bonn: Dietz, S. 190f.

13 Gauland, Alexander (2018): Warum muss es Populismus sein?, *Frankfurter Allgemeine Zeitung* vom 06.10.2018, https://archive.org/ details/alexander-gauland-warum-muss-es-populismus-sein.

14 Kahmann, Bodo (2016): Feindbild Jude, Feindbild Großstadt. Antisemitismus und Großstadtfeindschaft im völkischen Denken (https://www.academia.edu/31677606/Feindbild_Jude_Feindbild_ Gro%C3%9Fstadt._Antisemitismus_und_ Gro%C3%9Fstadtfeindschaft_im_v%C3%B6lkischen_Denken).

15 Grimm, Marc/Kahmann, Bodo (2017): AfD und Judenbild. Eine Partei im Spannungsfeld von Antisemitismus, Schuldabwehr und instrumenteller Israelsolidarität, in: Grigat, Stephan (Hrsg.): *AfD & FPÖ. Antisemitismus, völkischer Nationalismus und Geschlechterbilder*. Baden-Baden: Nomos, S. 46.

16 Hindrichs, Benjamin (2023): The Great Replacement: Wer hat Angst vorm Großen Austausch?, *Krautreporter* vom 19.01.2023, https://krautreporter.de/4732-the-great-replacement-wer-hat-angst-vorm-grossen-austausch.

17 Alternative für Deutschland (2016): Programm für Deutschland. Das Grundsatzprogramm der Alternative für Deutschland (https://www.afd.de/grundsatzprogramm/, S. 48).

18 Salzborn, Samuel (2017): Von der offenen zur geschlossenen Gesellschaft. Die AfD und die Renaissance des deutschen Opfermythos im rechten Diskurs, in: Grigat, Stephan (Hrsg.): *AfD & FPÖ. Antisemitismus, völkischer Nationalismus und Geschlechterbilder*. Baden-Baden: Nomos, S. 29–40.

19 Bernstein, Isabel (2019): AfD verlässt Plenum während Holocaust-Gedenkrede, *Süddeutsche Zeitung* vom 23.01.2019, https://www. sueddeutsche.de/bayern/afd-landtag-gedenkveranstaltung-opfer-nationalsozialismus-knobloch-1.4299382.

20 Niedick, Jannis (2020): Die AfD bei Twitter – eine antisemitismus-kritische Untersuchung zum Holocaustgedenktag 2020, in: IDZ Jena (Hrsg.): *Wissen schafft Demokratie. Schwerpunkt Antisemitismus* 8 (https://www.idz-jena.de/pubdet/wsd8-18/, S. 202–213).

21 Grimm, Marc/Kahmann, Bodo (2017): AfD und Judenbild. Eine Partei im Spannungsfeld von Antisemitismus, Schuldabwehr und instrumenteller Israelsolidarität, in: Grigat, Stephan (Hrsg.): *AfD & FPÖ. Antisemitismus, völkischer Nationalismus und Geschlechterbilder*. Baden-Baden: Nomos, S. 46.

22 Grimm, Marc (2019): Antisemitismus und Pro-Israelismus in der AfD, in: Haus der Geschichte Baden-Württembergs (Hrsg.): *Antisemitismus in Geschichte und Gegenwart*. Laupheimer Gespräche 2018. Heidelberg: Universitätsverlag Winter.

23 Botsch, Gideon (2020): Die »Juden in der AfD« und der Antisemitismus. Mitteilungen der Emil Julius Gumbel Forschungsstelle, Moses Mendelssohn Zentrum für europäisch-jüdische Studien (https://www.mmz-potsdam.de/files/MMZ-Potsdam/Download-Dokumente/EJG_Mitteilungen_2020_01.pdf).

AfD: Politischer Arm des Rechtsterrorismus?

1 Erb, Sebastian/Kaul, Martin/Nabert, Alexander/Schmidt, Christina/Schulz, Daniel (2023): Warten auf »Tag X«. Nordkreuz und das Hannibal-Netzwerk – eine Bilanz nach sechs Jahren Recherche, in: Kleffner, Heike/Meisner, Matthias (Hrsg.): *Staatsgewalt. Wie rechtsradikale Netzwerke die Sicherheitsbehörden unterwandern*. Freiburg/Basel/Wien: Herder, S. 34–59.

2 Bensmann, Marcus/Keller, Gabriela/Peters, Jean (2024): Geheimplan gegen Deutschland, *CORRECTIV* vom 10.01.2024, https://correctiv.org/aktuelles/neue-rechte/2024/01/10/geheimplan-remigration-vertreibung-afd-rechtsextreme-november-treffen/.

3 VBRG (2023): Analyse des Verbands der Beratungsstellen für Betroffene rechter, rassistischer und antisemitischer Gewalt: Zunehmende Gewaltbereitschaft bei Funktionär*innen der AfD (https://verband-brg.de/analyse-zunehmende-gewaltbereitschaft-bei-funktionaerinnen-der-afd).

4 Küpper, Beate/Sandal-Önal, Elif/Zick, Andreas (2023): Demokratiegefährdende Radikalisierung in der Mitte, in: Zick, Andreas/Küpper, Beate/Mokros, Nico (2023): *Die distanzierte Mitte. Rechtsextreme und demokratiegefährdende Einstellungen in Deutschland 2022/23*, Friedrich-Ebert-Stiftung. Bonn: Dietz, S. 91–148.

5 Müller, Karsten/Schwarz, Carlo, Fanning the Flames of Hate: Social Media and Hate Crime (https://ssrn.com/abstract=3082972).

6 Rees, Jonas H./Rees, Yann P. M./Hellmann, Jens H./Zick, Andreas (2019): Climate of Hate: Similar Correlates of Far Right Electoral Support and Right-Wing Hate Crimes in Germany. *Frontiers in Psychology*, 10: 2328.

7 Zum Vergleich: Politisch linksmotivierte Straftaten wurden 2022 20 Prozent weniger registriert als im Jahr 2013, obwohl darunter auch Straftaten im Kontext von Klimaprotesten und Anti-Rechts-Aktivitäten fallen.

8 Quent, Matthias (2024): Das perfide Rezept der Remigration, *Frankfurter Allgemeine Sonntagszeitung* vom 13.01.2024, https://www.faz.net/aktuell/feuilleton/debatten/matthias-quent-ueber-die-afd-und-remigration-19443550.html.

9 Richter, Christoph/Wächter, Maximilian/Reinecke, Jost/Salheiser, Axel/Quent, Matthias/Wjst, Matthias (2021): Politische Raumkultur als Verstärker der Corona-Pandemie? Einflussfaktoren auf die regionale Inzidenzentwicklung in Deutschland in der ersten und zweiten Pandemiewelle 2020, *ZRex – Zeitschrift für Rechtsextremismusforschung*, 2–2021, S. 191–211 (https://doi.org/10.3224/zrex.v1i2.01).

10 Quent, Matthias/Richter, Christoph/Salheiser, Axel (2022): *Klimarassismus. Der Kampf der Rechten gegen die ökologische Wende.* München: Piper.

Die AfD will die CDU zerstören – und die reagiert genau falsch

1 Valentim, Vicente/Ziblatt, Daniel/Dina, Elias (2023): How Mainstream Politicians Erode Norms. Evidence from Two Survey Experiments (Preprint, https://osf.io/preprints/osf/mjbnf).

2 Baumgärtner, Maik/Gathmann, Florian/Guglielmino, Sara/Müller, Ann-Katrin/Rockenmaier, Sophia/Röhlig, Marc/Schaible, Jonas/Winter, Steffen (2023): Normalisierung der Rechtsaußenpartei: Wie Union und FDP der AfD helfen, *Der Spiegel* vom 21.05.2023, https://www.spiegel.de/politik/deutschland/afd-und-diskurs verschiebung-wie-union-und-fdp-der-afd-helfen-a-ce9eb864-5bec-42b0-bd13-d00def7c7d48.

3 Ziemiak, Paul (2019): CDU-Generalsekretär: »Die AfD ist die Anti-Deutschland-Partei«, *Der Spiegel* vom 06.11.2019, https://www.spiegel.de/politik/deutschland/paul-ziemiak-cdu-generalsekretaer-afd-ist-anti-deutschland-partei-gastbeitrag-a-1295061.html.

»Europa der Vaterländer« statt EU: der Nationalismus der AfD

1 Lorimer, Marta (2021): What Do They Talk About when They Talk About Europe? Euro-Ambivalence in Far-Right Ideology, *Ethnic and Racial Studies,* 44(11), S. 2016–2033; McDonnell, Duncan/Werner, Annika (2019): Differently Eurosceptic: Radical Right Populist Parties and Their Supporters, *Journal of European Public Policy,* 26(12), S. 1761–1778; Heinisch, Reinhard/McDonnell, Duncan/Werner, Annika (2021): Equivocal Euroscepticism: How Populist Radical Right Parties Can Have Their EU Cake and Eat It, *Journal of Common Market Studies,* 59(2), S. 189–205; McMahon, Richard (2022): Is Alt-Europe Possible? Populist Radical Right Counternarratives of European Integration, *Journal of Contemporary European Studies,* 30(1), S. 10–25.

2 Taggart, Paul (2004): Populism and Representative Politics in Contemporary Europe, *Journal of Political Ideologies,* 9(3), S. 269–288; Taggart, Paul/Pirro, Andrea L. P. (2021): European Populism Before the Pandemic: Ideology, Euroscepticism, Electoral Performance, and Government Participation of 63 Parties in 30 Countries, *Italian Political Science Review,* 51(3), S. 281–304; Roch, Juan (2024): *The Populism-Euroscepticism Nexus: A Discursive Comparative Analysis of Germany and Spain.* London: Routledge.

3 Van Kessel, Stijn/Chelotti, Nicola/Drake, Helen/Roch, Juan/Rodi, Patricia (2020): Eager to Leave? Populist Radical Right Parties' Responses to the UK's Brexit Vote, *British Journal of Politics and International Relations,* 22(1), S. 65–84; Roch, Juan (2021): Friends or Foes? Europe and »the People« in the Representations of Populist Parties, *Politics,* 41(2), S. 224–239; Roch, Juan (2023): From Qualified to Conspirative Euroscepticism: How the German AfD Frames the EU in Multiple Crisis, *Journal of Contemporary European Studies* (DOI: 10.1080/14782804.2023.2271854).

4 Grimm, Robert (2015): The Rise of the German Eurosceptic Party Alternative für Deutschland, Between Ordoliberal Critique and Popular Anxiety, *International Political Science Review,* 36(3), S. 264–278; Havertz, Ralf (2018): Right-Wing Populism and Neoliberalism in Germany: The AfD's Embrace of Ordoliberalism, *New Political Economy,* S. 1–19 (DOI: 10.1080/13563467.2018.1484715).

5 Lucke, Bernd (2014): Rede in Stuttgart, Mai 2014 (https://bit.ly/2ZP37xZ).

6 AfD (2013): Das Wahlprogramm der Alternative für Deutschland zur Bundestagswahl 2013, S. 1.

7 AfD (2014): »Mut zu Deutschland. Für ein Europa der Vielfalt«.

Programm der Alternative für Deutschland (AfD) für die Wahl
zum Europäischen Parlament am 25. Mai 2014, S. 4.

8   Lucke, Bernd (2014): Rede in Stuttgart, Mai 2014
    (https://bit.ly/2ZP37xZ).

9   AfD (2014): »Mut zu Deutschland. Für ein Europa der Vielfalt«.
    Programm der Alternative für Deutschland (AfD) für die Wahl
    zum Europäischen Parlament am 25. Mai 2014, S. 8.

10 Ebd., S. 10.

11 Gauland, Alexander (2016): Rede im Januar 2016
    (https://bit.ly/2LmV9Ir).

12 Gauland, Alexander (2017): Rede im September 2017 in Bretzfeld-
    Waldbach (https://bit.ly/2YjZXSO).

13 Ebd.

14 Weidel, Alice (2022): Rede im Deutschen Bundestag im Mai 2022
    (https://dip.bundestag.de/).

15 Chrupalla, Tino (2022): Rede im Deutschen Bundestag im Juni
    2022 (https://dip.bundestag.de/).

16 AfD (2021): Programm der Alternative für Deutschland für die
    Wahl zum Deutschen Bundestag, S. 24.

17 Ebd., S. 25.

18 Gauland, Alexander (2020): Rede im Deutschen Bundestag im Juli
    2020 (https://dip.bundestag.de/).

19 AfD (2024): Programm der Alternative für Deutschland für die
    Wahl zum 10. Europäischen Parlament, Alternative für Deutsch-
    land.

20 Cerrone, Joseph (2022): Reconciling National and Supranational
    Identities: Civilizationism in European Far-Right Discourse, *Per-
    spectives on Politics,* S. 1–16 (DOI: 10.1017/S1537592722002742).

Wie die AfD zu einer Partei des Kremls wurde

1   Reinhard, Oliver (2023): »Michael Kretschmer irritiert mit
    Stalin-These«, *Sächsische Zeitung* vom 21.09.2023, https://www.
    saechsische.de/kultur/michael-kretschmer-irritiert-mit-stalin-
    these-5911021-plus.html.

2   Bensmann, Marcus (2023): Alternative für Russland, *CORRECTIV*
    vom 22.09.2023, https://correctiv.org/aktuelles/russland-
    ukraine-2/2023/09/22/alternative-fuer-russland-wie-sich-die-afd-
    systematisch-nach-russland-orientiert/.

3   Giesen, Christoph (2023): Chinas Stasi, ein belgischer Handlanger
    und Spuren zur AfD, *Der Spiegel* vom 15.12.2023, https://www.
    spiegel.de/politik/deutschland/wie-chinas-stasi-einen-belgischen-

politiker-anwarb-und-spuren-zur-afd-a-3ce67a4d-bbaa-4d39-baf3-
7e2bb5b51b74.

4 Dugin, Alexander (2021): *Das große Erwachen gegen den Great Reset*. London: Arktos, S. 105.

5 Bensmann, Marcus (2023): Alternative für Russland, *CORRECTIV* vom 22.09.2023, https://correctiv.org/aktuelles/russland-ukraine-2/2023/09/22/alternative-fuer-russland-wie-sich-die-afd-systematisch-nach-russland-orientiert/.

6 Shekhovtsov, Anton (2022): Vermittler zwischen Ost und West, *tagesschau.de* vom 29.09.2022, https://www.tagesschau.de/investigativ/ochsenreiter-afd-russland-101.html.

7 Bensmann, Marcus (2023): Parteiinterne Kritik am Umgang der AfD-Spitze mit den Terrorangriffen der Hamas gegen Israel, *CORRECTIV* vom 12.10.2023, https://correctiv.org/aktuelles/neue-rechte/2023/10/12/parteiinterne-kritik-am-umgang-der-afd-spitze-mit-den-terrorangriffen-der-hamas-gegen-israel/.

8 Kleinwächter, Norbert (2023): Krahs »Politik von rechts« und die Antidemokratie Chinas, *norbert-kleinwächter.de* vom 01.07.2023, https://norbert-kleinwaechter.de/wp-content/uploads/2023/07/Krahs-Politik-von-rechts-und-die-Antidemokratie-Chinas.pdf.

9 Krah, Maximilian (2023): *Politik von rechts – ein Manifest*. Schnellroda: Antaios, S. 117.

10 Bensmann, Marcus/Keller, Gabriela/Peters, Jean (2024): Geheimplan gegen Deutschland, *CORRECTIV* vom 10.01.2024, https://correctiv.org/aktuelles/neue-rechte/2024/01/10/geheimplan-remigration-vertreibung-afd-rechtsextreme-november-treffen/.

11 Bensmann, Marcus (2023): Alternative für Russland, *CORRECTIV* vom 22.09.2023, https://correctiv.org/aktuelles/russland-ukraine-2/2023/09/22/alternative-fuer-russland-wie-sich-die-afd-systematisch-nach-russland-orientiert/.

Die Rechtsradikalisierung im Bürgertum

1 Weiß, Volker (2013): Nicht links, nicht rechts – nur national, *Die Zeit* vom 21. März 2013, https://www.zeit.de/2013/13/Die-Identitaeren.

2 Meaker, Morgan (2018): Österreichs junge Rechte positionieren sich, *Deutsche Welle* vom 30. August 2018, https://www.dw.com/de/wie-gef%C3%A4hrlich-ist-%C3%B6sterreichs-identit%C3%A4re-bewegung/a-45291874.

3 *CORRECTIV* (2024): Geheimplan gegen Deutschland, *CORREC-TIV* vom 10. Januar 2024, https://correctiv.org/aktuelles/neue-

rechte/2024/01/10/geheimplan-remigration-vertreibung-afd-rechtsextreme-november-treffen/.

4 *Zeit online* (2024): Alice Weidel beendet Zusammenarbeit mit Roland Hartwig, *Zeit online* vom 15. Januar 2024, https://www.zeit.de/politik/deutschland/2024-01/alice-weidel-beendet-zusammen arbeit-mit-roland-hartwig.

5 Wikipedia (2024): Roland Hartwig (https://de.wikipedia.org/wiki/Roland_Hartwig).

6 Matussek, Matthias (2013): Heiliger Rebell, *Der Spiegel* vom 29. September 2013, https://www.spiegel.de/kultur/heiliger-rebell-a-e1646 911-0002-0001-0000-000114948858.

7 Matussek, Matthias (1997): Die gejagte Jägerin, *Der Spiegel* vom 7. September 1997.

8 Matussek, Matthias (2017): Rechts, na und?, *Weltwoche* vom 5. Januar 2017, https://weltwoche.ch/story/rechts-na-und/ und »Die mutigen Einzelnen«, Teil 2, *Weltwoche* vom 12. Januar 2017, https://weltwoche.ch/story/die-mutigen-einzelnen/.

9 Matussek warnt bei Anti-Merkel-Demo vor »Islamisierung«, *Hamburger Abendblatt* vom 19.03.2018, https://www.abendblatt.de/hamburg/hamburg-mitte/article213767751/Matussek-eifert-Seehofer-bei-Anti-Merkel-Demo-nach.html.

10 Kartoffelsuppe mit Speck zum Abschied der Kanzlerin: So kochen Sie Angela Merkels Leibgericht ganz einfach selber, *Berliner Kurier* vom 2. Dezember 2021, https://www.berliner-kurier.de/rezepte/leckere-kartoffelsuppe-mit-speck-so-kochen-sie-ganz-einfach-das-leibgericht-von-kanzlerin-angela-merkel-nach-li.193358.

11 Bednarz, Liane (2022): Grenzüberschreitungen und Angstlöcher: Katholiken und die Neue Rechte, *katholisch.de* vom 16.10.2022, https://www.katholisch.de/artikel/41510-grenzueberschreitungen-und-angstloecher-katholiken-und-die-neue-rechte.

12 https://www.facebook.com/FG808/posts/1684096671810866.

13 https://www.facebook.com/1734485782/posts/10207183104532666/?extid=0&d=n.

14 https://www.facebook.com/hedwig.beverfoerde/posts/102077729 64078786.

15 Laun, Andreas (2017): Hinter der Gender-Ideologie steht die Lüge des Teufels!, *kath.net* vom 25.03.2017, https://www.kath.net/news/58970.

Unerwünschte Berichte: Medien im Visier der AfD

1 Brandner, Stephan (2023): Grundfunk und Programmauftrag statt öffentlich-rechtlichen Rundfunks, *afd.de* vom 01.12.2023, https://www.afd.de/stephan-brandner-grundfunk-und-programmauftrag-statt-oeffentlich-rechtlicher-rundfunk/.
2 Möller, Stefan (2023): X, 15.11.2023. Zitiert nach https://www.deutschlandfunk.de/afd-muss-monitor-team-zugang-zum-parteitag-gewaehren-104.html.
3 Restle, Georg (2023): X, 15.11.2023, https://twitter.com/georgrestle/status/1724780339909054599.
4 Höcke ist Spitzenkandidat der Thüringer AfD, *Die Zeit* vom 17.11.2023, https://www.zeit.de/news/2023-11/17/bjoern-hoecke-fuehrt-thueringer-afd-erneut-in-den-wahlkampf.
5 Speit, Andreas (2019): Eine Spende mit Problempotenzial, *taz* vom 18.06.2019, https://taz.de/Toedlicher-Schuss-auf-Walter-Luebcke/!5604292/.
6 Restle, Georg (2018): X, 02.09.2018.
7 Bundesregierung (2022): Antwort der Bundesregierung auf die Kleine Anfrage der Abgeordneten Martina Renner, Nicole Gohlke, Gökay Akbulut, weiterer Abgeordneter und der Fraktion Die Linke – Drucksache 20/1619, 21.06.2022 (https://dserver.bundestag.de/btd/20/024/2002413.pdf).
8 European Center for Press & Media Freedom (2021): Feindbild Journalismus 6, 12.04.2022, https://www.ecpmf.eu/ecpmf-feindbild-study-2022/.
9 Kaske, Michael (2020): Beleidigung, Bedrohung, Hetze und Gewalt, *Journalist* vom 07.10.2020, https://www.journalist.de/startseite/detail/article/beleidigungen-bedrohungen-hetze-und-gewalt.
10 Gantenberg, Véronique/Regis, Julia (2023): Pressefreiheit im Visier: Wie die AfD kritischen Journalismus bekämpft, *MONITOR* vom 21.11.2023, https://www1.wdr.de/daserste/monitor/sendungen/pressefreiheit-im-visier-wie-die-afd-kritischen-journalismus-bekaempft-100.html.
11 Tucholsky, Kurt (1993): Rosen auf den Weg gestreut. In: Ders.: Gesammelte Werke, Bd. 9 (1931), Reinbek: Rowohlt, S. 162f.

Die AfD als digitale Propagandapartei

1 Alice Weidel: »Unser ambitioniertes Fernziel ist es, dass die Deutschen irgendwann AfD und nicht ARD schauen«, *Neue Zürcher Zeitung* vom 09.05.2018, https://www.nzz.ch/ international/jedes-afd-mitglied-ist-ein-social-media-soldat-ld.1384297.

2 *Focus* (2018): AfD will im Frühjahr Medienoffensive mit eigenem Newsroom starten (https://www.focus.de/magazin/archiv/politik-alternative-fakten-fuer-deutschland_id_8442303.html).

3 DeVito, Michael A. (2017): From Editors to Algorithms, *Digital Journalism,* 5(6), S. 753–773.

4 Diese Auswertung bezieht sich nur auf Parteien; zieht man einzelne Bundespolitikerinnen und -politiker hinzu, dann kommt Sahra Wagenknecht auf YouTube und Facebook auf leicht größere Communitys als die AfD und deren Personal.

5 Koch, Wolfgang (2023): Soziale Medien werden 30 Minuten am Tag genutzt – Instagram ist die Plattform Nummer eins, *Media Perspektiven,* 26/2023, S. 1–8.

6 Experte zeigt, warum das »Gift der AfD in der Jugend angekommen« ist, *Frankfurter Rundschau* vom 12.10.2023, https://www.fr.de/politik/landtagswahl-bayern-hessen-afd-jugend-junge-menschen-rechtsruck-jugend-zr-92567338.html.

7 Alternative für Deutschland (2023): Der große AfD-Ampelkalender (https://www.afd.de/ampelkalender/).

8 Deutscher Bundestag (2020): Rede von Frank Pasemann am 14.05.2020 zum Tagesordnungspunkt »Rechte von Kindern in der Corona-Krise« (https://dbtg.tv/fvid/7446008).

9 Hillje, Johannes (2022): *Das »Wir« der AfD – Kommunikation und kollektive Identität im Rechtspopulismus.* Frankfurt/Main: Campus.

10 Infratest dimap (2023): Glaubwürdigkeit der Medien 2023 (https://presse.wdr.de/plounge/wdr/programm/2023/12/_pdf/Glaubwuerdigkeit_der_Medien_2023.pdf).

11 Landesverfassungsschutz Baden-Württemberg (2023): »Identitäre Bewegung« propagiert den »Stolzmonat« (https://www.verfassungsschutz-bw.de/,Lde/Die+Identitaere+Bewegung+propagiert+den+Stolzmonat).

12 Papakyriakopoulos, Orestis/Shahrezaye, Morteza/Serrano, Juan C. M./Hegelich, Simon (2019): Distorting Political Communication: The Effect Of Hyperactive Users, IEEE INFOCOM 2019 – IEEE Conference on Computer Communications Workshops (DOI: 10.1109/INFCOMW.2019.8845094).

13 Davis, Trevor/Livingston, Steven/Hindman, Matt (2019): Suspicious Election Campaign Activity on Facebook. How a Large Network of Suspicious Accounts Promoted Alternative Für Deutschland in the 2019 EU Parliamentary Elections. Washington, DC: The George Washington University, 22.7.2019.

14 Für eine Diskussion des Begriffs vgl. Hillje, Johannes (2021): *Propaganda 4.0.*, Bonn: Dietz.

15 Meedia (2023): Grandiose Quoten für das Basketball-Finale im ZDF, NFL startet bei RTL unspektakulär (https://www.meedia. de/tv-quoten/grandiose-quoten-fuer-das-basketball-finale-im-zdf-nfl-startet-bei-rtl-unspektakulaer-6276563b166491878ef780 ea29123b9b).

AfD im Aufwind und das Verstummen der Mitte

1 https://correctiv.org/aktuelles/neue-rechte/2024/01/10/geheimplan-remigration-vertreibung-afd-rechtsextreme-november-treffen/ (abgerufen 22.1.2024).

2 https://www.bertelsmann-stiftung.de/de/publikationen/ publikation/did/mehr-koalition-wagen-1.

3 Zick, Andreas/Küpper, Beate/Mokros, Nico (2023): *Die distanzierte Mitte. Rechtsextreme und demokratiegefährdende Einstellungen in Deutschland 2022/23*. Bonn: Dietz.

4 Faus, Rainer/Storks, Simon (2019): *Das pragmatische Einwande-rungsland. Was die Deutschen über Migration denken*. Bonn: Friedrich-Ebert-Stiftung.

5 Hartl, Matthias/Faus, Jana (2020): *Auf der Suche nach dem verlore-nen Dialog. Erkenntnisse einer qualitativen Studie über die fragmen-tierte Gesellschaft in Deutschland*. Bonn: Friedrich-Ebert-Stiftung.

6 https://pollytix.de/correctiv-recherchen/ (abgerufen 26.1.2024).

7 Kästner, Erich (2023): *Über das Verbrennen von Büchern*. Bonn: Bundeszentrale für politische Bildung.

8 https://pollytix.de/correctiv-recherchen/ (abgerufen 26.1.2024).

9 https://pollytix.de/correctiv-recherchen/ (abgerufen 26.1.2024).

10 https://pollytix.de/correctiv-recherchen/ (abgerufen 26.1.2024).

Verschwörungserzählungen und die AfD

1 Brinkmann, Tjade (2023): Studie zur Klimapolitik der AfD: Warten auf die Spaltung, *taz* vom 24.09.2021, https://taz.de/Studie-zur-Klimapolitik-der-AfD/!5798257/.

2 *Zeit online* (2018): AfD-Parteitag: Björn Höcke als Vorsitzender der AfD in Thüringen wiedergewählt, *Zeit online* vom 03.11.2018, https://www.zeit.de/politik/deutschland/2018-11/afd-parteitag-bjoern-hoecke-vorsitz-thueringen-wiederwahl.

3 Corona: AfD-Fraktion will Schließung der Grenzen und Schulen, *Süddeutsche Zeitung* vom 12.03.2020, https://www.sueddeutsche.de/ gesundheit/krankheiten-dresden-corona-afd-fraktion-will-

schliessung-der-grenzen-und-schulen-dpa.urn-newsml-dpa-
com-20090101-200312-99-304076.

4 Bertelsmann Stiftung (2023): Policy Brief – Rechtsextreme Einstellungen der Wähler:innen vor der Bundestagswahl 2021
   (https://www.bertelsmann-stiftung.de/de/unsere-projekte/
   monitoring-der-demokratie/projektnachrichten/rechtsextreme-
   einstellungen-der-waehlerinnen-vor-der-bundestagswahl-2021).

5 Lamberty, Pia/Godeke Tort, Maheba/Heuer, Corinne (2022):
   Von der Krise zum Krieg. Verschwörungserzählungen über den
   Angriffskrieg gegen die Ukraine in der Gesellschaft (https://cemas.
   io/publikationen/von-der-krise-zum-krieg-verschwoerungs
   erzaehlungen-ueber-den-angriffskrieg-gegen-die-ukraine-in-der-
   gesellschaft).

**Brandmauer: ja, nein, vielleicht? Zum schwierigen Umgang mit der
AfD inner- und außerhalb der Parlamente**

1 Arzheimer, Kai (2019): »Don't Mention the War!« How Populist
   Right-Wing Radicalism Became (Almost) Normal in Germany,
   Journal of Common Market Studies, 57(S1), S. 90–102 (https://doi.
   org/10.1111/jcms.12920).

2 Mudde, Cas (2020): *Rechtsaußen. Extreme und radikale Rechte in
   der heutigen Politik weltweit*. Bonn: Dietz.

3 Art, David (2011): *Inside the Radical Right: The Development of
   Anti-Immigrant Parties in Western Europe*. Cambridge: Cambridge
   University Press.

4 Heinze, Anna-Sophie (2022): Dealing with the Populist Radical
   Right in Parliament: Mainstream Party Responses Toward the
   Alternative for Germany, *European Political Science Review*, 14(3),
   S. 333–350 (https://doi.org/10.1017/S1755773922000108).

5 Heinze, Anna-Sophie (2020): *Strategien gegen Rechtspopulismus?
   Der Umgang mit der AfD in Landesparlamenten*. Baden-Baden:
   Nomos, S. 196.

6 Ebd., S. 200.

7 Ebd., S. 198.

8 Ebd., S. 207.

9 Debes, Martin (2021): *Demokratie unter Schock. Wie die AfD einen
   Ministerpräsidenten wählte*. Essen: Klartext Verlag.

10 Krause, Werner/Cohen, Denis/Abou-Chadi, Tarik (2023): Does
   Accommodation Work? Mainstream Party Strategies and the Suc-
   cess of Radical Right Parties, *Political Science Research and Methods*,
   11(2), S. 172–179 (https://doi.org/10.1017/psrm.2022.8).

11 Paxton, Fred/Peace, Timothy (2021): Window Dressing? The Main-streaming Strategy of the Rassemblement National in Power in French Local Government, *Government and Opposition,* 56(3), S. 545–562 (https://doi.org/10.1017/gov.2020.11).

#NordhausenZusammen: Wie ein zivilgesellschaftliches Bündnis einen AfD-Oberbürgermeister verhinderte

1 Vgl. etwa Wagner, Jens-Christian (2015): *Produktion des Todes. Das KZ Mittelbau-Dora*. Göttingen: Wallstein Verlag.

2 Debes, Martin (2023): Der nächste Thüringen-Test, *Zeit online* vom 10.09.2023, https://www.zeit.de/politik/deutschland/2023-09/nordhausen-afd-thueringen-oberbuergermeister-wahl.

3 Wiemann, Rieke (2023): Bangen vor der Stichwahl, *taz* vom 11.09.2023, https://taz.de/Oberbuergermeister-Wahl-in-Nordhausen/!5956641/.

4 Vgl. MDR-Thüringen (2023): Nordhausen: Nur eine Partei gibt klare Empfehlung für die Stichwahl (https://www.mdr.de/nachrichten/thueringen/nord-thueringen/nordhausen/oberbuergermeisterwahl-partei-stichwahl-buchmann-prophet-100.html).

5 Eine Kopie des Blog-Beitrags von Jörg Prophet vom 02.02.2020 ist hier abrufbar: https://www.nordthueringen.de/_daten/mm_objekte/2023/09/673880_0913_60705274.pdf.

6 Als Erster verwendete den Begriff der ehemalige SS-Unterscharführer und spätere Republikaner-Vorsitzende Franz Schönhuber 1981 in seiner Autobiografie *Ich war dabei*.

7 Dieser Text ist noch immer online: https://www.afd-nordhausen.de/2020/05/08/der-8-mai-meine-persoenlichen-gedanken/.

8 Seit Dezember 2023 ist es nicht mehr abrufbar. Ein Screenshot vom 12.09.2023 befindet sich im Besitz des Verfassers.

9 Müller, Kristin (2023): Wie der Nordhäuser AfD-Kandidat Prophet zur extrem Rechten steht, *Thüringer Allgemeine, Ausgabe Nordhausen* vom 18.08.2023, https://www.thueringer-allgemeine.de/regionen/nordhausen/wie-der-nordhaeuser-ob-kandidat-joerg-prophet-afd-zur-extrem-rechten-steht-id239224717.html.

10 Sein 2023 in Götz Kubitscheks rechtsextremem Antaios-Verlag erschienenes Buch *Politik von rechts* ist eine radikale Kampfansage nicht nur an den humanen, liberalen Rechtsstaat, sondern auch an den Konservatismus. Vgl. Krah, Maximilian (2023): *Politik von rechts*. Schnellroda: Antaios.

11 X-Post von Benedikt Kaiser (@benedikt_kaiser), 25.09.2023.

Die blaue Welle brechen – was können wir tun gegen AfD und rechtsextreme Ideen?

1   Bergmann, Knut/Diermeier, Matthias (2023): *AfD-Erstarken. Verbände sehen stärker politische als ökonomische Risiken,* IW-Kurzbericht Nr. 63, Berlin/Köln.

2   Deutsches Institut für Menschenrechte (Hrsg.) (2019): Das Neutralitätsgebot in der Bildung. Neutral gegenüber rassistischen und rechtsextremen Positionen von Parteien? (https://www.institut-fuer-menschenrechte.de/fileadmin/user_upload/Publikationen/ANALYSE/Analyse_Das_Neutralitaetsgebot_in_der_Bildung.pdf).

3   Holzhauser, Thorsten (2023): Abschied vom »cordon sanitaire«: Eine Geschichte rechter Tabubrüche in Europa (https://geschichtedergegenwart.ch/abschied-vom-cordon-sanitaire-eine-geschichte-rechter-tabubrueche-in-europa/).